宁波市教育局重点委托项目"近现代甬籍教育家研究"研究成果

近现代甬籍教育家研究丛书编委会

近现代甬籍教育家研究丛书

张光陆 著

张其昀教育思想研究

Zhangqiyun Jiaoyu Sixiang Yanjiu

ZHEJIANG UNIVERSITY PRESS
浙江大学出版社

序

　　走近宁波,从 7000 年前的河姆渡文化到现代的世界级深水港,从梦里水乡的绵绵情致到凭海临风的恢宏气势,都在这块土地上发生发展着。感受宁波,除了深沉的文化底蕴将人打动之外,还有一种自古沿袭的人文精神使人震撼。翻开宁波教育的历史,也就是对甬城文化的再一次提炼。

　　宁波教育源远流长。宁波教育史可追溯到 2000 多年前,古往今来才人辈出,"文教之邦"的美誉是对历史的肯定,也是对未来的希望,教育已积淀在城市文化的河床。宁波的城,宁波的人,处处都展现着"文教之邦"的气质和素质。据史志记载,自宋到清,宁波境内中进士者凡 2478 人,为全国出进士最多的地区之一,其中巍科人物(包括会元、状元、榜眼、探花和传胪)38人。历代杰出的专家学者人数亦位居全国前列。现在宁波籍的著名专家、学者仍然很多,截至 2013 年,在中国科学院和中国工程院中,宁波籍的两院院士就有 108 名。①

　　需要指出的是,文化是靠积累的,进士、院士的产生,不是凭空的,而是建立在宽广而深厚的文化积累层面上的。而文化的流传与发展离不开教育,教育的重要地位是不言而喻的。历史回溯到公元前 1 世纪末,现今余姚境内就有学官的记载。唐宋八大家之一的王安石任鄞县县令时,创建鄞县县学,聘著名学者为师。南宋,经济文化中心随着建都临安而南移,宁波的古代教育进入兴盛时期。王守仁的姚江学派,黄宗羲的浙东学派,都在历史上留下了辉煌的一笔,沉淀在了宁波教育的河床。

---

　　①　参考 http://news.cnnb.com.cn/system/2013/12/22/007940754.shtml。

因为浙东学术的启蒙,宁波成为西方新知最无障碍进入的城市之一。鸦片战争以后,宁波的近代教育随即诞生。1844年,宁波建立了中国第一所女校,由沈贻芗首任国人校长,为地方和国家培养了一大批新时代女性和巾帼英才,可谓"贻芳馨于人间"。1845年,又创立了浙江省的第一所小学,随着工商业的发展,官方与民间不断有人兴办学校。1898春,知府程稻村采纳严信厚等人倡议,创办了宁波第一所官办的新式中等学校——储才学堂,即后来的浙江省立第四中学,也就是今天宁波中学的前身。其后又兴办宁波府师范学堂、宁波府女学堂、宁波政法学堂等专门学校。从此以后,宁波公立、私立的普通中小学、实业学堂和师范学堂逐渐发展起来。宁波人素来尊师重教,有捐资兴学的传统。到了近代,这一行之有效的办法更是相沿成风。宁波各界及近代"宁波帮"的捐资,有力地促进了宁波近代教育事业的发展。如今,宁波著名的效实中学,就是1912年由何育述等人创立的。此外宁波进步士绅亦集资创办宁波公立中等工业学校和鄞县县立女子师范学校等在当时颇具影响的学校。据1931年统计,宁波全市各县仅公、私立小学就有166所,在校学生达130034人。

教育是人类社会神圣的事业,宁波的历史却已将其升华为一门艺术,融入了地方文化的灵魂。教育,对一个城市乃至一个国家的影响将绵延到不可预见的未来。数千年尊师重教的传统,不仅为古代宁波创造了难以估量的财富,也为城市的近代教育奠定了基础。

宁波开埠通商以来,实事求是、经世致用的文化传统和兼容并包的时世风度哺育了一批深受世人尊重的教育家,形成了独特的近现代甬籍教育家群体。这些教育名家在立功、立言、立德和时代影响力诸方面堪称一流,其充满生命力的教育思想和富有个人魅力的教育实践已成为宁波乃至全国教育的思想宝库。他们有的生于斯长于斯,对当地的基础教育做出了杰出的贡献;有的带着宁波乡情走向全国,或著书立说,或参与教育改革,或身体力行办学,以自己满腔热心改造旧教育,呼唤新教育,在高等教育、基础教育、幼儿教育和女子教育、纺织教育、艺术教育以及体育诸领域留风陈迹,在浙东地区、全国乃至世界范围内产生了重大影响。

为进一步弘扬甬籍教育家思想,铭记教育先贤改革与实践的经验和业绩,深度挖掘其思想精粹,2011年11月4日,设在宁波大学的甬籍教育家研究中心成立,由中心承接的"甬籍教育家研究计划"随之启动。"甬籍教育家研究计划"是由宁波市教育局资助、宁波大学和宁波市教科所共同承担的重大教育研究项目,第一期计划耗时5年(2011—2015年),具体研究蒋梦麟、林汉达、杨贤江、张其昀、张雪门、陈训正等 15 位甬籍教育家，最后出版一套由 11 本专著组成的系列丛书。

大学是优秀文化传承和创新的策源地。宁波大学作为宁波人的大学，就有责任去研究和传播这些教育名家的思想，而"甬籍教育家研究计划"便是最好的回应。我们相信，该计划一定会在丰富和繁荣教育思想、推进精神文明建设等方面做出自己独特的贡献。"甬籍教育家研究计划"项目的启动将进一步拓宽宁波市教育科学"十二五"规划重点研究内容，该项目已成为宁波大学人文社科领域近年来获得的较大的科研项目之一。

"甬籍教育家研究计划"希望通过对教育家的人生脉络和主要思想进行系列研究，形成一项具有宁波特色的教育人物品牌研究，为加快推进宁波市教育现代化提供思想滋养，为宁波打造一批当代"浙东名家名师"提供行动启示，为身处教育变革时代的教育学人和实践者坚定创新理念提供精神激励。

国运兴衰，系于教育。岁月熔金，一切的灿烂辉煌都镌刻进历史的丰碑，东方升起又一轮红日，宁波教育也在晨曦中翻开了新的一页。百年大计，教育为本。随着中国教育的快速发展，当下国家、省、市分别颁布了了不同层次的中长期教育改革和发展规划纲要，展望今后十年的教育发展蓝图，教育思想的传承和教育改革的推进尤为关键，介绍和研究甬籍教育家对于宁波教育发展就显得颇为重要。我们期待研究成果可以为当代宁波培育甬派教育家提供思想启示，为宁波市的教育改革提供历史路径。

是为序。

刘剑虹 博士、研究员

湖州师范学院党委书记（原宁波大学党委副书记）

2015 年 3 月

前　言

一、研究意义

在中国台湾台北市的阳明山之腰、淡水河之滨，有一座著名学府，那里山清水秀，风景幽美。"这样一所山上的学校，注定了到处都是风景。清晨，常常被鸟鸣声叫醒，走出宿舍，阳光还像裹在云里，而天已蓝得透亮，路边的树呈现出苍绿色，一丛丛的芦苇沙沙作响，树丛外、山谷中弥漫着蓝色的雾，雾那边，就是刚刚醒来的台北城了。而当这城市华灯初起时，也没有一处地方比阳明山更适合观景。天空一片苍茫，只有几道晚霞还亮着；晚霞之下，是万家灯火，等天完全黑下来，可以清楚地看到猎户座在这南国的夜空闪烁。"①这里就是全台湾唯一以"中国文化"命名的大学——"中国文化大学"，"中国文化大学"的创办人正是张其昀博士。

张其昀，字晓峰，浙江鄞县人（今宁波市鄞州区），生于清朝光绪二十七年九月二十九（1901 年 11 月 9 日）西南乡西杨村（今鄞州区石碶街道西杨村②），于 1985 年 8 月 26 日在台北去世，享年 85 岁，是中国著名的史地学家、教育家。张其昀于 1923 年从南京高等师范学校（后改为东南大学）毕业之后，先后在商务印书馆和东南大学（后改为中央大学）工作，历任中央大学讲师、副教授、教授，中央研究院评议会评议员。1936 年，受恩师竺可桢的邀请，到浙江大学任教，创办浙江大学史地系与史地研究所，并担任史地系系

---

① 马小菲:《文大印象》,《中学时代》2013年第 11 期。

② 《西杨村》,参考宁波地名网,http://www.nbdm.gov.cn/homepage/community_view.aspx? id＝1489。

主任与史地研究所所长,以及史地教育研究室主任,1941年初担任浙江大学训导长,1946年1月担任浙江大学文学院院长。1949年6月去台湾,历任"总裁办公室"秘书组主任、国民党"中央宣传部部长"、国民党"中央改造委员会"秘书长等职,并于1954年担任台湾教育主管部门负责人,为台湾的教育建设做出了诸多贡献。后又担任"革命实践研究院"主任、"国防研究院"主任等职务。① 为实现自己的教育理想,张其昀特于1962年筹建"中国文化学院",因办学有成,1980年被台湾教育主管部门核准升格为"中国文化大学"。

张其昀一生所从事的职业很多,既有学界的,亦有政界的,但宣扬中国传统文化,传播儒学,发扬民族精神则为其一生不变的志业。从根本而言,教育家是张其昀各种社会角色的底色。张其昀曾经在《七十自叙》中说:"我不需要很长的履历,如要本人提供资料,希望能引用下面三句话:'其一,华冈学府的创办人;其二,中华五千年史的著作者;其三,全神教的信仰者。'……我志愿做一个教育家,必须具有无穷的爱心和无穷的忍耐,来支持我再接再厉的勇气,克服不可预测的困难,创造庄严灿烂的大学城。"② 由此可见,张其昀虽然长期担任国民党的高官,但更希望被认为是一名学者、一名教育家。

张其昀家学渊源,自幼深受儒学思想的熏陶,他承袭中国文化之道统,以儒家思想精神为主干,综合了近代伟大的学术家及思想家的思想,形成了自己独特的儒学教育思想,并且成为中国新儒学运动的领袖人物。"作为中国传统文化的捍卫者,从20世纪40年代开始,张其昀实际上已经是新儒学运动的中枢和领袖。"③

根本而言,张其昀的教育思想就是一种儒学教育思想。张其昀的儒学教育思想具有重大的现实意义。一方面,张其昀认为教育的宗旨在于人格教育,主张培养具有完善人格的通才。张其昀明确指出"教师生活一方为学术之传授,一方即为人格之感化"④。由于应试教育的影响,大陆当前的学校教育普遍存在着重学术传授,忽视人格感化的情形,将二者人为分割开来。

---

① 潘维和:《张其昀博士的生活和思想》上册,"中国文化大学"出版部1982年版,第623—625、711—718页;王瑞:《"圣人之徒"的儒生情怀——以探析张其昀学术思想为中心》,2013年华东师范大学博士学位论文,第1页。

② 潘维和:《张其昀博士的生活和思想》上册,第102页。

③ 王永太:《凤鸣华冈——张其昀传》,浙江人民出版社2006年版,序言第3页。

④ 张其昀:《张其昀先生文集三编》,"中国文化大学"出版部2001年版,第107页。

张其昀认为教育应具有教化性,他关注于从整体上培养人,把教育目的、教育方法以及教育内容等联系在一起,试图从整体和人的全面发展的角度去理解和解决教育和教学问题,这对于扭转当前科技理性思维对教育的扭曲——造成学校教育仅仅教给学生们获取各种外在利益的手段,消解在教育过程中见物不见人的弊端具有重大的意义,能够实现教学与育人的有机融合。另一方面,张其昀高举弘扬中国传统文化的大旗,极力倡导儒学思想,在大陆生活期间,虽然他主要从事地理学研究,但是他一直在为弘扬传统文化,为传承儒家道统而奋笔疾书,反对盲目崇拜西方文化,主张东西文化的融合贯通。1949 年 6 月去台湾之后,他研究与工作的重心之一即在于复兴中国传统文化,他的教育思想与教育实践在一定程度上在岛内起到了反"独"促统的重大作用。从 1895 年到 1945 年,台湾经历了日本侵略者 50 年的奴化教育,民族传统文化日渐衰落,部分台湾民众的民族认同感日趋降低,正是在这一背景之下,张其昀高举弘扬民族传统文化的大旗,将传播中国文化作为其到台湾之后的重要志业,不断厚植民族传统文化的根基,增强了台湾民众的民族认同与国家认同,为反对民族分裂和"台独"主张做出了重要贡献。实际上,当前,"中国文化大学"作为台湾地区唯一一所以"中国文化"命名的大学,继承张其昀博士的职志,继续在台湾地区传播弘扬中国传统文化。由张其昀亲自作词的华冈校歌的第一句话就是"华冈讲学,承中原之道统"①。由此可见,张其昀认为华冈人从血脉里、胸膛中以及思想上都密接中华道统,每一个华冈人都应该是一个堂堂的中国人。近些年来,"中国文化大学"不断加深与大陆高校的学术交往,据统计,截止到 2014 年 9 月,"中国文化大学"与大陆的 107 所高校结成姊妹学校,其中包括北京大学、南京大学、南开大学、浙江大学、复旦大学等著名学府,并且与大陆的多所高校互派访学学生。由此可见,张其昀及其所创办的"中国文化大学"是台湾岛内弘扬中国传统文化、反"独"促统的重要力量。此外,大陆由于"文革"以及各种批孔运动的影响,年轻一代普遍对中国传统文化以及儒家思想知之甚少。毫无疑问,研究张其昀的教育思想具有重大的理论与实践价值。

二、张其昀教育思想及教育成就研究的历史回溯

虽然作为一代教育名家,张其昀在教育思想以及教育成就等诸多方面都颇有建树,而且产生了重要影响,但是由于政治隔阂,大陆对张其昀的教

---

① 张其昀:《张其昀先生文集》第 17 册,"中国文化大学"出版部 1989 年版,第 8904 页。

育思想及教育成就等方面的研究相对较少,近些年来,随着海峡两岸关系的转暖,以及两岸学术交流的不断增多,这方面的研究亦逐渐增多,概而述之,研究主要集中在两个方面:

其一是张其昀的地学教育与史学教育实践与思想研究。主要包括:刘盛佳《张其昀的地理思想与学术成就》,王骧的《张其昀编写的地理教科书》,王永太的《张其昀与〈遵义新志〉》一文以及《凤鸣华冈——张其昀传》一书,吴忠良的《传统与现代之间:南高史地学派研究》,钱茂伟的《现代浙东学人张其昀的史地学成就》,任美锷的《学贯史地、博学勤奋、谆谆教导、万世师表》,颜士之、许为民的《张其昀史地结合思想与浙江大学史地系办学特色》,韩光辉的《张其昀及其历史地理学贡献》,王瑞的博士论文《"圣人之徒"的儒生情怀——以探析张其昀学术思想为中心》,郑素燕的硕士论文《继承中国传统士大夫精神》。这方面的研究主要聚焦于或者涉及张其昀的地学教育以及史学教育研究。

其二是张其昀的教育生涯及其贡献研究。主要包括:王永太的《凤鸣华冈——张其昀传》,王瑞的《"圣人之徒"的儒生情怀——以探析张其昀学术思想为中心》。

王永太所著的《凤鸣华冈——张其昀传》一书比较详尽地阐述了张其昀博士的学术贡献,特别是其在教育领域以及地学与史学领域的贡献。王永太用"奠定"一词来突出张其昀博士对台湾地区的教育贡献。研究主要阐释了张其昀在大学、中小学以及社会教育等方面的教育改革和成就,相对而言,针对张其昀的教育哲学、教育宗旨,以及大学、中小学、社会等方面的教育思想的研究较少涉及。王瑞的博士论文指出了儒学思想对张其昀的重要影响,也探讨了张其昀的教育思想与教育成就,这些研究将为本书提供有益的借鉴,但是由于其研究的主线为史学,未能充分剖析张其昀的教育思想及其教育成就。

与大陆相比,台湾的研究较为丰富和深刻。从 20 世纪 80 年代起,由张其昀的学生以及同事等组成的张其昀先生文集编辑委员会对张其昀的生平著述进行了系统的整理汇编,其中:《张其昀先生文集》共 25 册,由"中国文化大学"出版部于 1988—1991 年间陆续刊行;《张其昀先生文集续编》共 3 册,由"中国文化大学"出版部于 1995 年出版;《张其昀先生文集三编》共 1 册,由"中国文化大学"出版部于 2001 年出版。《张其昀先生文集》所收文章大致分为地学、史学、政论、文教、序跋函札五类,涵盖了张其昀于 1922—1985 年间正式署名发表的大部分文章,其中第 16 册到 19 册是文教类著述的汇编。1982年"中国文化大学"出版部出版了由潘维和主编的《张其昀博士的生活和思想》(上、下册),该书除汇编了张其昀的部分自述自序之外,还汇编了诸多学者对张其昀的传记资料、人格与风格、思想与学术以及志事与功业等诸多方面的介绍与研究。1985年张其昀去世后,"中国文化大学"专门成立了"张其昀先生纪念文集编纂委员会",分别由"中国文化大学"出版部于1986年编辑出版了《张其昀先生纪念文集》,2000年编辑出版了《张其昀先生百年诞辰纪念文集》。这些文集不但回顾了张其昀的生平、学术思想与贡献以及交谊等,而且亦收集了许多学者对张其昀的不同方面的研究。这些文集是本书的重要文献资料,就其教育思想与教育成就而言,主要有以下几方面:

其一为张其昀的教育生涯及其教育成就:宋晞的《张其昀先生对台湾文化与教育上的贡献》、刘先云的《一段筚路蓝缕的历史回忆》、蔡栋雄的《一介书生与他的教育王国》、关世杰的《永远怀念晓公海洋宗师》、宋晞的《张创办人办校的理想、精神与方法》、星云的《致力教育事业的宏观人》、潘维和的《张创办人创校兴学的理想与实践》、楚嵩秋的《华冈兴学是晓峰先生的最爱》、宋晞的《张其昀先生传略》、陈克诚的《教育家张其昀先生》等。

其二为张其昀的教育思想及教育哲学研究:林子勋的《张创办人的教育哲学与教育事业》以及张积祥的《张师晓峰先生的教育思想》等。

其三为历史地理方面的教育思想及成就:贺忠儒的《业师张晓峰先生对中国地理学术的贡献》、徐圣谟的《张创办人与华冈制图事业》、宋晞的《张其昀先生对国史研究的贡献》、倪渭卿的《记华冈兴学的张晓峰先生》、潘重规的《追怀创办人对敦煌学之启导》、施雅风的《史学精神与地学研究》等。

此外,李怡纹的《张其昀因应学校教育发展课题之研究(1954—1958)》和李俊霖的《张其昀之教育思想与实践》,亦阐述了张其昀的教育思想与成就。

特别值得说明的是,2009年张其昀先生的著作《孔学今义》[①]由北京大学出版社出版,因为是简体字版本,这就为大陆学界充分研究张其昀的学术思想,特别是其儒学思想提供了良好契机,而2012年11月19日《孔学今义》的英文版由浙江大学出版社出版,在首发式上,张其昀先生之子——"中国文化大学"董事长张镜湖博士说道:"张其昀先生对中华文化眷恋倾恭,是中

---

① 《孔学今义》是张其昀所著的《中华五千年史》第5册,春秋史的后篇,出版于1978年。

华文化复兴运动的重要领袖和儒学复兴运动的中坚。"①

　　一方面,海峡两岸的研究揭示了张其昀的教育思想源于儒学的教育精神,并借鉴了西方的教育思想与教育制度,认为教育的宗旨在于完美人格的培养,张其昀强调通才教育思想的重要性,强调大学教育应该兼顾通才与专才,中小学教育应立足于生活,以社会为中心,在教育方法上主张知行合一。同时,本书还论述了张其昀的教育生涯以及对台湾地区的教育贡献:"他在主持台湾教育期间,重视台湾的各级教育,尤其重视小学师资水平的提高,在新竹大胆推行免试升学的教育实验,重视社会教育,积极发展高等教育,为台湾教育事业的发展作出了举足轻重的贡献。"②"张其昀创办了'中国文化学院',在台湾岛内积极传播中国传统文化,促进对外文化交流。"③虽然岛内外的诸多学者对张其昀的教育思想及其教育成就进行了多方面的研究,但是总体而言,研究较为分散,缺乏对其教育思想及其教育成就的系统全面总结。

　　另一方面,张其昀坚持认为孔子学说为中国思想的核心,是中国思想史的主流;认为孔子是全人类最伟大的思想家之一,也是最伟大的教育家之一。早在1931年,张其昀就指出,孔子为中国历史上最伟大之人格,最伟大之教师。他不但指出"中国讲学之风始于孔子,中国以教授为职业始于孔子"④,而且特别指出孔子对中国教育以及中华文化影响深远,"中国教育宗旨以修身齐家治国平天下为大纲始于孔子"⑤。他认为中国向以孔学立国,孔学为中国之国魂,他强烈反对新文化运动中的去孔思想,倡导新孔学运动,认为新孔学为一切改革之原动力。他更是进一步指出:"在中华五千年历史中,孔子学说是承前启后的枢纽,不明孔子学说,就不明中国文化的由来、发展和未来。"⑥由此可见,孔子在张其昀的心中被置于非常崇高的地位。

---

① 浙江大学求是新闻网,http://www.news.zju.edu.cn/news.php? id=36317。

② 宋晞:《张其昀先生传略》,"中国文化大学"出版部2000年版,第55—92页;张其昀先生纪念文集编委会:《张其昀先生百年诞辰纪念文集》,"中国文化大学"出版部2000年版,第341—357页。

③ 张其昀先生纪念文集编委会:《张其昀先生百年诞辰纪念文集》,第387—392页;宋晞:《张其昀先生传略》,第134—138页;张其昀先生纪念文集编委会:《张其昀先生纪念文集》,"中国文化大学"出版部1986年版,第65—67页。

④ 张其昀:《张其昀先生文集》第16册,"中国文化大学"出版部1988年版,第8083—8084页。

⑤ 张其昀:《张其昀先生文集》第16册,第8085页。

⑥ 张其昀:《孔学今义》,北京大学出版社2009年版,见出版说明。

张其昀的教育目标遵从孔子的教育宗旨。中国向以孔学立国,孔学为中国之国魂,中国文化统一始于孔子。基于此,本书将定位于张其昀的儒学教育思想。

三、研究框架

本书主要分为三大部分:

第一部分包括前三章,这一部分主要阐述了张其昀的求学、教育实践历程以及教育贡献。

第一章主要介绍张其昀从小学一直到大学的求学历程,甚至包含其庭训,特别阐释其身受儒家思想的影响与熏陶。

第二章主要阐述张其昀在大陆时期的教育贡献,张其昀从教科书编辑一直到大学教授再到浙江大学文学院院长。

第三章主要阐述张其昀在台湾的教育贡献,张其昀从担任台湾教育主管部门负责人一直到创办"中国文化大学"。张其昀在台湾不遗余力地弘扬中国传统文化,践行儒家教育思想。

第二部分包括四章,主要阐述张其昀的教育思想和宗旨。

第四章主要对张其昀的教育宗旨从整体上做一全面阐述。

第五章到第七章从不同的角度阐述张其昀先生的教育思想。

第五章主要阐释了张其昀的大学教育以及"中国文化大学"的办学思想。

第六章主要阐释了张其昀的中小学教育思想。

第七章主要阐释了张其昀的社会教育思想。

第三部分主要包括结语、张其昀大事年表以及对张其昀先生的独子——"中国文化大学"董事长张镜湖的访谈等内容。

目　　录

第一章 求学历程:儒学思想的熏陶

张其昀一生的志业在于传播中国传统文化的道统,弘扬儒家学说。溯根求源,这与他的家世背景以及求学经历有着密切的联系。"张其昀自幼即慕心其乡前辈王应麟、万季野、全谢山等诸先生的思想,专心学术,承袭儒家道统;及长,又深受陈康黼、洪允祥、柳诒徵等名师之熏陶,对于国学、地学及史学具有极深的学术基础。"①

第一节 家乡与家世:自幼承袭儒家道统

一、出身书香门第

(一)家乡的影响

张其昀的祖籍在鄞县(今浙江省宁波市鄞州区)西南乡里仁堂,现在属于西杨村的一部分②,实际上,里仁堂距离西杨村非常近,中间仅仅隔了一条公路,一条小河流过这两个村庄。清朝时期,鄞县为浙东学派重镇,有著名

---

① 潘维和:《张其昀博士的生活和思想》上册,第999页。
② 《西杨村》,参考宁波地名网,http://www.nbdm.gov.cn/homepage/community_view.aspx?id=1489。

学者万斯同①、全祖望②等人。张其昀出身于书香门第,他的曾祖父张默人、祖父张朴园都是清朝举人出身。张其昀祖宅门前曾经为此树过两根旗杆,家乡人常常引以为荣。张其昀家学渊源,家中藏书非常丰富,尤其是收藏了许多乡贤著作。

张其昀出生在祖宅附近的西杨村(今鄞州区石碶街道西杨村),这是因为祖父张朴园兄弟众多,他就在祖宅附近的西杨村另建新屋。张其昀故居后面是一条小河,小河自西向东流过西杨村,一直到宁波,如今河水依然清澈,实属难得,许多村民依然用河水洗衣。小河把西杨村分为两部分,小河北面的为后岸,南面的为前岸。张其昀故居就位于前岸,因后有碧水如镜,旁有青葱竹园,称之为"竹荫庐"。现在虽然如镜的碧水还在,但青葱的竹园已经不见了。张其昀故居在 2010 年 6 月被确定为宁波市鄞州区文物保护点,但故居内仅仅残留已破旧不堪的厨房和前厅。

"西杨村是明代名臣杨守陈的故里,杨守陈不但勤于治学,著述丰富,还与胞弟守阯、守随皆'以寒素苦读,由草野而入仕宦',官至尚书。乡人为了纪念前贤,特在村里立下'一门三尚书'的石坊。这块石坊就在竹荫庐附近。"③张其昀幼时入读的私塾"伦叙堂",即张家祠堂,里面还挂有"门前绿水,杨文懿游钓其乡"的联语。④ 张其昀后来之所以发奋读书,学业成绩一直名列前茅,毕业之后不但在学界,而且在政界都卓有建树,不能说不受杨氏弟兄的影响,"受其感召者也深"⑤。

(二)父亲的影响

张其昀的父亲张兆林就出生在西杨村,他对张其昀的影响甚巨。他不但让张其昀自幼就接受儒家经典文化的熏陶,而且自身更是一位安贫乐道的隐君子,一直在践行儒学思想。他在家乡兴办教育和水利,尤其痴迷于家乡的乡土文化,特别留心宋代以后宁波的志书。张兆林对这些乡邦文献都

---

① 万斯同(1638—1702),清初著名史学家,字季野,号石园,他著有明史稿,一生不慕荣利,见人唯以读书励名节相切磋,态度谦恭,与人交往都自称"布衣万斯同"。

② 全祖望(1705—1755),清代学者、文学家,字绍衣,号谢山,学者尊称为谢山先生,全祖望表章南明史迹,确立了学贵自得、融会百家的治学宗旨,他特别反对一味拾人牙慧、步人后尘,或墨守一家、囿于成说,从而失去自己独立思考的品性和学术创新空间的做法。

③ 王瑞:《"圣人之徒"的儒生情怀——以探析张其昀学术思想为中心》,第 16 页。

④ 潘维和:《张其昀博士的生活和思想》上册,第 21 页。"文懿"即杨守陈的谥号。

⑤ 宋晞:《张其昀先生传略》,第 1 页。

非常熟悉,他尤其折服于万斯同、全祖望等学者的思想。"宁波自宋代学风蔚起,继承'中原文献之传',号称'海滨邹鲁'。明末清初,产生了几位著名的爱国史家。前有万斯同,后有全祖望,可称为'万全学派',均以布衣之士肩负国史大业,有其不朽的地位。"①张其昀幼时就居住于西杨村,他父亲从小就勉励他以万斯同、全祖望为模范,父亲曾说,万斯同、全祖望两位最重志节,有志节才有真学问。万斯同与全祖望都是一脉相承,伸张民族大义。他对张其昀循循善诱,崇尚"真志节"与"真学问",这种言传身教所产生的深刻影响,就张其昀的思想观念和人生履历来看,是显而易见的。这种先志节后学问的思想不但影响了张其昀的为人之道,而且也深刻影响了张其昀的教育理念与实践。张其昀一直将人格教育置于教育的核心地位。

张兆林非常推崇中国传统文化,但是生不逢时,当时儒学思想饱经国人诟病与西学冲击,他对此颇为无奈,对于乡贤王应麟②"士不以秦贱,经不以秦亡,俗不以秦坏"③的话语颇有感触。从某种程度来说,张其昀后来积极参与"学衡派",尊崇和维护中国经典文化,不能说不受父亲的影响。"由于受其父亲的教诲与影响,张其昀自幼即慕心其乡前辈王应麟、万斯同、全祖望等诸先生之思想,专心学术,承袭儒家道统。"④

1907年,张其昀入张氏祠堂"伦叙堂"念书,"四书背诵如流,有神童之誉"⑤。张其昀在1913年进入位于本乡横溪的鄞县第四高级小学就读,横溪乃全祖望的故乡,当时其父亲曾把全祖望的《鲒埼亭集》放在张其昀的行李里,并对他说道,你现在还看不懂,但可作为一种纪念。这是很有用意的。父亲的这番话,张其昀时时记在心里。直到1919年张其昀考取南京高等师范学校时,父亲才明白告诉他:当时即寄望他立志效法全祖望以布衣之士肩负国史大业。在以后长达几十年的岁月之中,张其昀的治学处事就以其为方向与目标,这可以说是自幼就身受家庭的影响。

可以说,家乡文化与家世传承无论对张其昀做学问还是做人都产生了

① 潘维和:《张其昀博士的生活和思想》上册,第21页。
② 王应麟(1223—1296),字伯厚,号深宁居士,进士出身,是南宋著名的学者、教育家、政治家。王应麟博学多才,对经史子集、天文地理都有研究。他一生著作甚丰,是中国影响最大、最有代表性的古代童蒙读物之一的《三字经》的作者。
③ 王应麟:《困学纪闻》上册,上海古籍出版社2008年版,第17页。
④ 张其昀曾说:"吾乡王应麟先生是文天祥的老师,曾经说:'士不以秦贱,经不以秦亡,俗不以秦坏。'这三句话何等悲壮,代表儒学的真精神。"
⑤ 潘维和:《张其昀博士的生活和思想》下册,第1414页。

重要影响,他一生追求"真学问"与"真志节",不能说不受父亲的教诲影响,受万斯同追求名节与不慕荣利以及全祖望追求独立思考的品性与学术创新的精神所影响。

二、就读省立第四中学

1915 年张其昀以第一名的成绩考入浙江省立第四中学,即今日的宁波中学,校址在鄞县县城南门外。浙江省立第四中学是一所著名的学校,先后在浙江省立第四中学执教的文学与艺术大师有经亨颐、夏丐尊、朱自清、丰子恺、王任叔、方光焘等。"有三位老师对张其昀影响很深,分别为国文老师陈康黼、地理老师蔡和铿以及历史老师洪允祥。"①

中学教育进一步深化了张其昀的儒学思想,而且决定一生将教育作为自己的志业。张其昀认为历史老师洪允祥对其影响最深。洪允祥(1874—1933)原名兆麟,字樵龄,后改名允祥,别号佛矢,慈溪东安乡洪魏村人。1917 年,应蔡元培之聘,任北京大学教授,讲授中国通史、中国法制史等课,后任上海大夏大学教授。1919 年回宁波,执教浙江省立第四中学、第四师范学校(后合并为浙江省立第四中学,今宁波中学)。五四运动时,组织学生成立殖群社。② 平生好读书,通经史,工骈文,善诗能书。洪允祥一生力学,博通经史,常将历代治乱兴衰之因果,举以为教,使学生知古鉴今,多所成就。据张其昀记载:中学毕业时,洪允祥曾经送给他一个墨盒,上面刻了几个字:"莫抛心力学词人。"又给他一封信,中间引用清初万季野先生入京修明史时乡人的赠句:"四方声价归明水(即宁波),一代贤奸托布衣。"③还送他一部书,就是表章晚明文献最力的全谢山先生所著《鲒埼亭集》。这都是发生在1919 年的事。可见,洪允祥与张其昀的父亲想法一致,不但都倾慕万斯同与全祖望,而且送了他同一部《鲒埼亭集》,更对他抱有类似的期望,这更坚定了张其昀立志治史的决心。张其昀治学锲而不舍,就是想继承万斯同与全祖望二家的学术,以不辜负于当年良师与父亲的殷切期望。

另一位对张其昀产生重要影响的是国文老师陈康黼。陈康黼与张其昀渊源很深,关系密切,"他不但是我祖父的外孙和门生,而且是我父亲的老师。幸运的是,我也成为陈康黼先生的弟子。清朝末年,他做过云南昭通县

---

① 宋晞:《张其昀先生传略》,第 50 页。

② 1919 年,五四运动爆发,消息传来,洪允祥率先响应。他在四中组织"殖群社",选派学生张传畴、盛在珪负责,组织上街宣传,抵制日货,为宁波五四运动之前驱。

③ 张其昀:《张其昀先生文集》第 10 册,"中国文化大学"出版部 1988 年版,第 5068 页。

知县,年老还乡,在第四中学教国文。当时我父亲常坐脚划船到城里拜访亲友,陈家踪迹尤密"①。陈康黼撰有《古今文派述略》,他推崇曾国藩的文章经济,称为"堂堂之阵,整整之旗"。在张其昀毕业前,他已经去世。张其昀从省立第四中学毕业后决定入读南京高等师范学校,而且毕业后又从事教科书的编辑工作,一生将教育作为志业,这都与陈康黼的教导有关,陈康黼临终时对张其昀父亲说:"教育是最基本的事业,尤以中小学教育为最重要。"②张其昀曾说:"饮水思源,实由康黼先生的遗爱。"③不难想见,陈康黼在道统传承上,给予张其昀父子莫大的影响。张其昀曾经说道:我很幸运地做了陈康黼先生的弟子。

中学教育不但深化了张其昀的儒学思想,而且使其初步形成了时空不可分离、史地是一家的通才教育思想。张其昀曾经说道:"他们热心教导我们,尤其讲究教学方法。空间与时间原是不可分离的,历史课须以地理为背景,地理课应以史事来印证。洪先生教我们制表,蔡先生教我们画图。不但使我们深感兴味,且有助于记忆与理解。他们二位都擅长文学,注重修辞,教材故事化、小说化,条理清楚,引人入胜。他们又关怀学生的生活,培育高尚的志趣,真可称为模范的教师。"④这使张其昀不但对历史与地理产生了浓厚的兴趣,而且产生了初步的史地结合乃至于通才教育思想,这也是他后来报考南京高等师范学校史地系的原因。

张其昀在省立第四中学读书期间,学业成绩非常优秀,"曾九次得到第一名,除了八次学期考试,还包括1915年的入学考试"⑤。1919年5月4日,当张其昀即将从省立第四中学毕业之际,五四运动爆发,北京发生了大中学生外争国权、内惩卖国贼的爱国民主斗争,并且迅速得到各地学生的积极响应,当时宁波的学生运动也十分活跃。张其昀后来回忆当时的情形:"学潮迅速传播到本校,深深感到国耻沉重,由本校文史教员洪允祥先生,在课堂上讲解民国四年日本二十一条要求,与最近巴黎和会山东问题决议案的失败,燃起了学生们的爱国热诚!无比的民族主义的狂热。于是本校有学生会的组织,并扩大而有宁波市学生联合会的组织。学生们以革命性的行动,

---

① 潘维和:《张其昀博士的生活和思想》上册,第22页。
② 潘维和:《张其昀博士的生活和思想》上册,第22页。
③ 潘维和:《张其昀博士的生活和思想》上册,第22页。
④ 潘维和:《张其昀博士的生活和思想》上册,第22页。
⑤ 潘维和:《张其昀博士的生活和思想》下册,第1609页。

开始活动,有计划的在大街上游行示威,劝导商店发起抵制日货运动。在爱国旗帜之下,大声疾呼,博得了民众的同情,这是单纯的爱国主义的运动。到了五月底,北京和天津的学生联合会邀请上海、南京、保定、太原、济南、宁波等地的学生联合会派代表到上海组织全国学生联合会,6月16日中华民国学生联合会在上海正式成立,当时上海变成了学生活动最重要的中心,许多能干的学生领导人,汇集于此。"①张其昀被推选为宁波代表参加了中华民国学生联合会成立大会,住宿于南洋路矿学校。这是张其昀第一次参加全国性的会议。当时流行这样一句话:读书不忘救国,救国不忘读书。18岁的张其昀虽投身学生运动,但在他看来,要救国必先读书,因此学运还未结束,他就重新回到书斋继续学习,以第一名的成绩结束了在省立第四中学的学习,并于同年考取南京高等师范学校史地部。

由此可见,张其昀自幼身受儒家文化的熏陶,不但父亲是一位儒家思想的倾慕者,崇尚真志节与真学问,对其言传身教,而且其家乡文化与接受的中小学教育又起到了助推作用,进一步坚定了其立志研习儒家思想,发扬中国传统文化的决心。

第二节 就读于南高师:深受经典文化的熏陶

南京高等师范学校(以下简称南高师)成立于1914年8月,第一任校长为江谦。1915年1月聘请留美教育博士郭秉文为教务主任,1919年,郭秉文接替江谦担任校长。张其昀于同年考入南高师,虽然南高师成立仅有短短的五年时间,但那时南高师"可谓已臻成熟而酝酿改组之时代"②。

一、南高师:儒学复兴运动的策源地

(一)鸿学大儒的荟萃地

1919年,张其昀考取南高师文史地部。南高师的办学理念与张其昀自幼接受的教育与文化理念是一致的,应该说张其昀能够有机会到南高师求学,确实是一件幸事。当时的南高师是人本主义大本营,中国传统文化复兴的策源地。张其昀曾经写道:"学者贵在能自得其乐,南高师成立之始,名师

---

① 潘维和:《张其昀博士的生活和思想》上册,第320—321页。
② 潘维和:《张其昀博士的生活和思想》上册,第431页。

荟萃,他们对中国儒学皆富有研究,一切教法皆能以身先之,注重人格的感化。他们认为宋明儒学有关修养的理论,至为精微,极为有益。"①南高师汇集了多位对儒学富有研究的大儒,他们的一言一行都对年轻的张其昀产生了重要影响,而其中对张其昀影响最为深刻的一位当属刘伯明教授。"当时哲学教授刘伯明先生,尊严师道,为全校重心所寄。他常说:孔子教育哲学与政治哲学,其最后的目的均在于仁的实现。中国传统的教育,注重道德的实践,能自立立人者方称为士。他认为完全的人格,必须把知情意、真善美三者合为一体。人类非能遗世独立,与人为善,即不能专主情感。总之,南高师讲学的宗旨,在于远承孔孟之遗言,旁汲欧美之思潮,融合洞彻,焕然大明,以创造中国之新文化。南高师的理想是致广大,尽精微,去短集长,而务求融会贯通之益。刘先生的主张,大学教育,通才专精,应双方并顾,总期能通达时务,而切于实用。"②刘伯明主张通才教育,认为南高师的办学目标应在于"做人"与"做士"的培养,办学宗旨应以传承孔孟思想为职志,同时亦持开放态度,积极汲取国外的文化思潮,融会贯通。不难发现,刘伯明的办学理念对张其昀的影响是非常巨大的,实际上,从某种意义上而言,张其昀的教育理念与实践就是刘伯明办学理念与实践的延续,抑或说,张其昀一生都在践行刘伯明先生的教育理念。事实上,张其昀曾经在多次演说中提及他对刘伯明先生的办学思想的认同。南高师的办学思想深受孔子教育哲学的影响,以人格教育为职志,更为重要的是,诸位鸿儒大师皆能躬行实践,以身作则。

(二)崇高的学术地位,形成"南北对峙"

虽然当时的南高师仅仅是国立高等师范学校之一,可是它的学术地位很高。20世纪20年代,南高师与北大并称,有南北对峙的形势。"自南京高师成立以来,北大南高隐然为中国之二大重镇,时人对北大与南高有'南北对峙'的看法。"③

南高师与北大的对峙首先体现在对待中国传统文化的态度上。张其昀在南高师求学期间,那时新文化运动正如火如荼地发展,而南高师师生,并未盲目跟风,他们认为不应完全否定中国传统文化而全盘西化,主张融贯新旧,综罗百代,承东西之道统,集中外之精华,因此俨然有中流砥柱的气概。"上世纪二三十年代,新文化运动风靡一时,南高师在批判传统、全盘西化的

---

① 潘维和:《张其昀博士的生活和思想》上册,第440页。
② 潘维和:《张其昀博士的生活和思想》上册,第440—441页。
③ 张其昀:《张其昀先生文集》第9册,"中国文化大学"出版部1988年版,第4362页。

时代风潮中,以继承中国学统、发扬传统文化为己任,成为南北'新旧文化'之争中南方'学衡派'的大本营。"①北大是新文化运动的策源地,民国初年以来,以陈独秀、胡适为代表的诸位学者,先后任教北京大学,创办《新青年》杂志,提倡新文化运动,轰动全国,毫无疑问,北京大学成为新文化运动的大本营。而南高师则是人文主义的大本营,提倡正宗的文化或曰经典的文化。孔子、孟子、朱子以及阳明等都是中国文化的正宗。"1921 年间,南京中央大学②诸教授起而抗衡,宿学名儒如柳诒徵,留美英俊吴宓,相互结合,创办《学衡》杂志,与陈胡对垒。"③其发起人是吴宓,而刘伯明与柳诒徵为《学衡》的核心成员。这些学者以《学衡》杂志为阵地,形成了"学衡派",其办杂志的宗旨是:论究学术,阐求真理,昌明国粹,融化新知,以中正的眼光,行批评之职事,无偏无党,不激不随。这份杂志的创办,一开始就公开地与以陈独秀、胡适为核心的北大新文化运动主力军进行交战,明显带有强烈的文化保守主义色彩。"学衡派"虽反对新文化运动,但并不排斥民主与科学的现代观念,相反却表现出极大的热情,他们并不反对新文化,也不反对吸收外国文化,他们与新文化派的区别只是对新文化与外国文化的理解和侧重不同而已,他们所寻求的是传统与现代之间的一种平衡。"把他们置于文化启蒙运动之外,甚至把他们作为对立面而加以抹煞,这是不符合历史事实的。"④实际上,"学衡派"力图为中西文化的调和开辟一条新路,"学衡"派充分体现了中国传统文化之中的中庸思想,虽然倾向于尊崇和维护传统,但是亦不同于守旧派,而是主张汲取和融合西方文化,以一种开放的而非封闭的态度面对外来文化。"学衡派"的多位领军人物都有国外留学经历,他们"根据来自西方的新人文主义思想,全面检讨中西文化的问题;不仅对固有文化予以理性的反省与批判,对西方文化也作了审慎的评判与选择"⑤。

《学衡》杂志不但成为弘扬中国传统文化的坚强堡垒,亦对张其昀以后的教育思想产生了重要影响。张其昀后来以东南大学学生的身份加入《学衡》,成为《学衡》的年轻作者,为刊物撰稿两篇。"学衡派"学人对张其昀思

---

① 王瑞:《"圣人之徒"的儒生情怀——以探析张其昀学术思想为中心》,第 19 页。
② 这是钱穆先生的原文。1921 年,南京高等师范学校改制为国立东南大学;1928 年,以国立东南大学为基础成立国立中央大学。
③ 张其昀先生纪念文集编委会:《张其昀先生纪念文集》,第 7 页。
④ 乐黛云:《世界文化语境中的学衡派》,《中国现代文学研究丛刊》2005 年第 3 期。
⑤ 沈松侨:《学衡派与五四时期的反新文化运动》,台湾大学出版委员会,1984 年,第 277 页。

想世界的塑造起着相当重要的作用,他受这派学人的思想和言行的潜移默化,不管在大陆生活时期,还是后来到台湾之后,他都坚守儒家文化道统,大力弘扬中国传统文化。张其昀认为南高师敢于在五四运动之后对中国传统文化的批判成为一种主流和时尚的风气之下,敢于坚持自己的文化观,就是一种崇高的精神。张其昀曾经撰文回忆当时的国立中央大学暨南高师的学风:"其一为崇高,南京高等师范学校可以说是中国现代儒学复兴运动的一个策源地。在五四运动以后,对中国历史文化持怀疑与抨击态度者,滔滔皆是。当时的南京高等师范学校屹立而不动摇。南高师所倡导的新学术,虽然深受西洋思想的影响,而不为所转移,而益充实光辉。"①同时,这派学人所一贯坚持的通才教育以及注重人格培养的教育理念也奠定了张其昀的教育思想及办学宗旨。

南高师与北大的对峙不仅仅体现在其对中国传统文化的态度上,而且体现在学校的办学水准上,南高师本身就具有很高的学术水准,许多学科绝不比北大逊色。南高师虽然成立于1915年,但学校发展迅速,这要归功于当时的校长郭秉文先生,"其办学方针以'平衡'为准,如通才与专才,人文与科学,国内与国际,皆使平流并进,迅速发展"②。当时郭校长四处物色学术界的杰出人才,由于这种平衡的办学方针,学校内各类学术才俊云集,结果各门学科齐头并进,快速发展。张其昀曾经回忆道③:北大为文学革命的起源地,南高师则为科学研究的大本营。虽然南高师以传承孔孟之言为宗旨,但是绝不意味着忽视科学研究,恰恰相反,南高师的科学研究水准极高,甚至被认为是当时国内最好的,这不能不归功于郭秉文的"平衡"办学方针,以及通才教育的办学理念。张其昀后来在台湾创办的"中国文化大学",虽然校名冠以中国文化,也以弘扬中国传统文化为职志,但是绝不意味着这是一所文科大学,实际上,张其昀非常注重科学研究,办学专业非常齐全,这不能说不受南高师办学理念的影响。"中国科学社就是1915年与南高师同时成立的,而且设在南高师校园内。科学社的巨子,很多都是南高师的教授。在郭秉文、刘伯明两位大贤领导之下,名师荟萃,极一时之盛。哲学、文学、史学、教育学之外,数学、物理、化学、地学,乃至工学、农学、商学,以及体育,南

---

① 潘维和:《张其昀博士的生活和思想》上册,第440—441页。
② 潘维和:《张其昀博士的生活和思想》下册,第1010页。
③ 潘维和:《张其昀博士的生活和思想》上册,第445页。

高师东大①的教育成绩，一般都认为是全中国最好的。北伐胜利以后，北平著名大学里有好些科学教授，乃自南京应聘北上，他们都是当年南高师东大的高材生。"②由此可见，南高师与北大成为民国初期大学教育的两大支柱，实非偶然。

（三）以南高师为荣，发扬南高师精神

不但南高师对待传统文化的态度以及所具有的较高办学水准，而且南高师的学风以及办学精神都对张其昀的学术造诣以及教育思想的形成产生了重要影响。"刘伯明先生曾说：要能在困苦中不忘奋斗，方为一切事业成功之母。人生的意义与价值，即在以人力克服环境，创造命运；在痛苦的时候，作深切的思维，从而获得新活力与新希望。"③南高师的学人在回忆南高师时，将这种学风称为"南高精神，具体指的是：（一）保持学者的人格；（二）尊重本国文化；（三）认识西方文化；（四）切实研究科学"④。这是一种贯通中西的学术文化特色。

张其昀在大学时代继续延续着他中学以来在学业上的光荣履历，以第一名的成绩考入南高师，再以第一名的成绩毕业。"1919 年，张其昀以'榜首'被录入南京高等师范学校文史地部；直至 1923 年夏毕业，仍然保持着文史地部第一名的纪录。"⑤张其昀对母校南高师怀有很深的感情，1921 年，南高师改制为大学，易名为东南大学。学生中大多数人反对改制，原因是南高师声誉蜚腾，与北大并称，既享受公费，又有良好的就业机会；加之当时的北高师（北京高等师范学校）、武高师（武昌高等师范学校）均沿原称而未改制。张其昀于 1923 年毕业，出于对南高师的挚爱，他坚持领取了南高师最后一届毕业生文凭，放弃了东南大学第一届毕业生文凭。在以后的数十年中，他也一直自称是南高师的毕业生。

二、深受三位先生的教诲与影响

张其昀在南高师求学期间，受三位先生的影响最深：一为哲学史教授刘伯明；二为史学教授柳诒徵；三为地理学教授竺可桢。

---

① 1921 年，南高师改制为国立东南大学，同年 8 月，东南大学、南高师同时招生；1922 年，南高师停止招生。
② 潘维和：《张其昀博士的生活和思想》上册，第 445 页。
③ 潘维和：《张其昀博士的生活和思想》上册，第 443 页。
④ 郭斌龢：《南京高等师范学校二十周年纪念之意义》，《国风》第 7 卷第 2 号，1935 年 9 月。
⑤ 潘维和：《张其昀博士的生活和思想》下册，第 1415 页。

（一）刘伯明：哲学家办学，最重教育理想

1. 南高师之重心所在

刘伯明教授"是南京人，同盟会会员，清末曾经在东京起草片马问题宣言，后留美深造，获美国西北大学哲学博士"①。南高师成立之时，刘伯明先生担任哲学讲座，1920年，担任训育主任及文史地部主任，1921年任校长办公室副主任。刘伯明教授为南高师的重心所在，为南高师的迅速发展以及良好学风的形成做出了突出贡献，在南高师享有崇高的地位。"南高师诸教授以刘伯明先生为重心所在，先生以恕待人，以诚持己，为一理想之教育家。南高师改称大学，先生规划之力为多，而其在校之权威亦日起，高风亮节，实为全校师生所宗仰。当时南高师学生除刻苦读书之外无其他事，学风之良举世所称。"②

2. 注重精神修养，认为教育的目的在于人格的培养

刘伯明办学，最重教育理想。刘伯明认为，一所学校办学的好坏不能从学校的校舍、校具等物质方面来评判，这些方面固然重要，但是一所学校的办学理想、精神以及对社会的贡献等方面更为重要，所以办教育必须具有理想，必须形成一种精神，"他常说物质方面的设备固然要追求完善，但物质与精神相比，仍居次位。所以办学如果没有理想，那么校舍无论如何壮丽，校具无论如何珍贵，其及于社会上的功效必定非常微薄，甚至贻害社会，很有可能造成民众的自私自利。反之，学校如具有一种共同之理想，则学生随教师之后，自然能够积极上进，历时已久，无形中自能造成优美的校风。每逢集会，刘伯明先生常以此意反复申明，认为南高师校舍尽管破旧，但学校师生应当保持一种'朴茂'的精神，不要有铜臭，不可有官气"③。

刘伯明认为理想的教育不仅仅体现在某种精神的养成，而且亦要参与国家以及社会事业，绝不可成为高高在上的象牙塔，脱离社会现实，特别在20世纪20年代，整个中国社会处于一种混沌的状态，但是刘伯明同时也指出，关心国家社会事业绝不意味着依附于某党某派，卷入政治漩涡，而是需要保持知识分子的超然独立性。"先生一意教育，嫉世之势豪如土苴。然其勉学者，则期其于暗修力学之时，兼究心于国家及社会事业，不可徒为一种专门学问，而视国家社会若秦人视越人之肥瘠。比岁政局紊乱，君愀然忧

---

① 潘维和：《张其昀博士的生活和思想》上册，第23页。
② 张其昀：《张其昀先生文集》第16册，第8664页。
③ 潘维和：《张其昀博士的生活和思想》上册，第433页。

之,谓国人所乏者,共和国民之精神;共和国民之精神,曰自由,曰负责。真正之自由与负责,实同物而异名,惟负责而后有真正之自由,亦惟自由而后可为真正之负责。公元前五世纪,雅典市民约五万人,而参与国家事业者有二万人之多,其余或劳心,或劳力,或慷慨输金,或发抒技艺,凡个人所具之心思才力,靡不贡献于国家,而其贡献又出于自动。当时雅典文化灿然美备,未始非此自由贡献之所致也。故君于发展南京市政之计议,恒思以雅典为法,由自由负责之市民,进而为自由负责之国民。视浮湛闾里,噤若寒蝉,或跳踉叫嚣,攘权渔利者,皆深非之。尤恶近今之党争,谓学校不可入政治漩涡。名流学者,有持学说为一党立帜者,君辄鄙夷其人。世徒目君为学者,非真知君者也。君外和而内严,意有不可,力持不为群说所动。"①

刘伯明先生认为学校教育应将节操的培养置于首要地位,应注重学生的精神修养,学问道德是衡量学校教育质量的权威,强烈反对那种一味追求办事效率或可见事功的政客式教育。刘伯明先生谆谆以精神修养为全校表率,他曾说:"吾国古来学风最重节操,大师宿儒,其立身行己靡不措意于斯。所谓不为燥湿轻重,不为穷达易节,最能形容其精神。近年质朴之风渐以消减,其留学归来,又率皆染其侈靡之习。昔之所重者曰清苦自立,今则重兴趣安乐矣。前之自尊其人格者,深自韬晦,耻于奔竞,而今则不以奔竞为耻,其愈工于此者,往往愈为社会所推重。于是政客式之教育出现于世,其所重者,曰办事之效率,曰可见之事功。凡涉及精神修养,高洁操行者,皆其所弗能欣赏,或且斥之为无用。不知其害之中于学生之意识者,至深且巨。盖其估定价值,品第高下,即将据以为准;易言之,其人生观即于是养成也。夫学校既为研究学术培养人格之所,一切权威应基于学问道德。事功虽为人格之表现,然亦应辨其动机是否纯洁,以定其价值之高下,若通俗所重之名利尊荣,则应摈之于学者思想之外。"②

在刘伯明的影响之下,南高师的诸多教授皆将学生的节操与人格的培养以及品性的陶冶置于教学的核心地位,而且以身作则,率先垂范,"这种高尚的思想,曾经弥漫于南高师,若干大师,皆致力于个人之感化,精神之涵养,对于学生无论修学游息,随时加以指导,由是改造其思想,陶冶其品性,不仅以授予智能为教授之职责。淡泊以明志,宁静以致远"③。

---

① 张其昀:《张其昀先生文集》第 16 册,第 8693 页。
② 张其昀:《张其昀先生文集》第 16 册,第 8665—8666 页。
③ 张其昀:《张其昀先生文集》第 16 册,第 8666 页。

刘伯明认为教育的目的在于人格的培养,在于仁的实现,他经常说:"孔子教育哲学与政治哲学,其最后目的皆在于仁的实现。中国传统的教育,注重道德的实践,能自立立人者方称为士。"①刘伯明先生一生都在躬行自身的教育理念,不但谆谆告诫他人要树立节操,形成独立人格,而且其本人就是南高师的三君子之首,以身殉教,"其在学校,谆谆教学者以植身行己,树立节操,不可同流合污。学者化其人格,多心悦诚服。居金陵大学讲席时,学者谓全校教职员中有三君子,君其首也。有美国学生,从君治中国哲学,自谓在中美两国所遇良师至多,惟君为冠。君少寒素,遇贫苦力学之士,扶植尤力。于东南大学创贷金助学法,首以君考沛然公之遗金为之倡。病革时,喃喃独自语曰某科某系,曰南京之贫人太多,奈何?君夫人视其疾,君诘之曰:汝,某系之学生乎?臆如君者,可谓以身殉教育者矣"②。

刘伯明认为完全的人格,必须把知情意、真善美三者合为一体。人类非能遗世独立,与人为善,即不能专主情感。刘伯明先生常常说智德双修,为最完全最高尚最可乐之事。仅有科学不能满足人的需要,人们亦需要有美感,美感为宗教与艺术之源泉。刘先生认为要想达到"出山要比在山清"③的境界,最大的关键在于能明义利之辨。正如前文所述,刘伯明的教育观念对张其昀的影响是颇为深远的,从某种意义上讲,张其昀在以后的岁月中都在践行刘伯明的教育理念。

3. 崇尚民族文化与提倡新孔学运动

刘伯明先生反对全盘西化,认为应该继承中国学统、发扬传统文化,中国的传统文化才是中国的正宗,"刘伯明先生对五四之后的新文化运动,持批评态度。他创办《学衡》杂志,展开思想界的论战,鼓吹共和国民之精神。他认为,新文化运动中有很多治史学的人,但他们把史学狭窄化,甚至只成为一种史科学,他们往往菲薄民族主义,认为民族主义是保守的,这是错误的,历览前史,唯有民族主义才是国家民族继续发荣滋长的根本原因。当时南京高师,就学风而言,的确有中流砥柱的气概。北伐胜利以前,南京与广州在精神上是声息相通的"④。刘伯明认为治史绝非仅仅限于考据,对历史的解释同样是一种研究,这就需要站在国家民族的立场。

① 潘维和:《张其昀博士的生活和思想》上册,第440—441页。
② 潘维和:《张其昀博士的生活和思想》上册,第432页。
③ 潘维和:《张其昀博士的生活和思想》上册,第442页。
④ 潘维和:《张其昀博士的生活和思想》上册,第23页。

刘伯明的文化观对南高师的影响是深远的,南高师不分科系,都非常注重国文,而且坚持使用文言文,"当白话文势力盛行以后,南高学人仍用文言叙说论事。南高师虽然分为许多部科,但有一共同倾向,即注重国文,注重科学的国文,且认为这是造就优良师资的先决条件。人类最大的智力,在能以语言文字表明各自的意志,藉以传布远近,留贻后世"①。

4.主张调和文理、贯通中西

刘伯明先生主张通才教育,反对学科专制,主张不同学科的贯通融合,刘伯明深恐南高师同学失之过专,常常提倡博约之道,刘伯明说:"世界知识,其相互的关系,吾人亦应稍加之意,各专门之学者应互相了解,于分门之中有一致之意,所谓同心相应,此即真正科学之社会也。"②

在刘伯明先生的倡导之下,南高师办学坚持调和文理,沟通中外这一宗旨。南高师有一个最可值得称道之处,即留学生与国学大师的合作。文科方面有几位大师对于中国文化有透彻的研究与超越的见解,同时他们也注意于科学方法,故思虑周密,其探究事理常带有批评的精神。"南高师真正的教育家,常欲防止特种学科的专制,而尽其力之所及,以开放全部之知识,使学生有充分的自由,以选择其最能发展个性的学科。其结果南高师的人文与科学能保持平衡的发展,而且互相影响,得到良好的效果。"③南高师的诸位鸿学大儒虽然主张弘扬中国传统文化,但是他们并不保守和封闭,相反他们对外来文化持一种开放的态度,主张融贯中西。南高师的大师们对于西洋文化多深有研究。这样的一种治学态度对于我们今天的教育研究亦有诸多启发,我们在面对国外的教育理念之时,既不要盲目自大,亦不应妄自菲薄,而应持开放的态度,以一种不断批判反思的精神进行比较与会通。

南高的精神,一方面保持质朴的风气,另一方面又拥有科学的态度,贯通中西,是其特长。南高师推崇传统文化,但是绝不排斥科学,相反他们认为南高精神中包含着科学精神。科学在德育上足以培养独立的精神与高远的感想。科学的目的在于求真,即所谓格物致知。科学家既然以真理为生命,必须虚衷采纳,独立探讨,深思远虑,而无一毫之偏私。刘伯明先生说:"吾人生于科学昌明之世,苟冀为学者,必于科学有适当之训练而后可。所谓科学之精神,其首要者,曰唯真是求。惟其如此,故其心最自由,不主故

---

①　张其昀:《张其昀先生文集》第16册,第8667—8668页。

②　张其昀:《张其昀先生文集》第16册,第8668页。

③　张其昀:《张其昀先生文集》第16册,第8669页。

常,盖所谓自由之心,实古今新理发现必要之条件也。"①张其昀曾经指出:
"世人多称南高师偏于保守,这是一种误解,与其称为保守,不如称为谨慎,
较近事实。南高师的精神中科学的成分极重,以保证不囿于成见,不扭于私
意,发言务求正确,不作妄诞之词,最富于自由的空气与真挚的精神。"②科学
的学习重在科学精神的养成。

不难发现,这样一种通才教育思想以及主张科学与人文融合的精神对
张其昀的影响是巨大的。张其昀后来在浙江大学力排众议,坚持史地合一
的通才教育办学方针,以及将"五育并重"作为"中国文化大学"的办学宗旨,
足可以证明刘伯明的教育理念对其的影响。

5. 重视群育

在刘伯明的影响之下,南高师非常重视群育的价值。刘伯明先生常说:
"吾人治学,宜有社会的动机,研究学问固不宜希望收效于目前,然其与人生
之关系,不可不知,因世界上无离人生而独立之学问,而学问又不是供人赏
玩的美术品。凡社会生活所生的结果,不必皆善,但一切善行若离社会而生
活,则必不成。"③刘伯明指出,学生在学校应有自治的精神,对地方应有"公
民"的精神,对国家应有共和的精神,可以说是南高师群育的大纲。南高师
时代学生自治会最有生气,课外研究又设立各种研究会,其目的在培养良好
的"公民"资格。

刘伯明认为救国之事,全国人民都应承担其相应责任,特别是教育界可
成为其先导,而又必须具有充分的准备,循序渐进,持之以恒,不能仅凭一时
的心血来潮。刘伯明曾经把他的理念明明白白地告诉南高师的学生们:"凡
政治社会问题之关系较大者,宜本学理之研究,发为言论,其心廓然大公,不
瞻徇任何党系之私意,惟以高贵之精神,崇伟之心理,与国人相见,斯真高尚
之学风。"④

张其昀非常推崇刘伯明的教育思想,毫无疑问,刘伯明对张其昀教育思
想的形成产生了巨大的影响,事实上,仔细研究二者的教育思想之后就不难
发现,二者的教育理念几乎是完全相同的,刘伯明所提倡的也是张其昀所主
张的,实际上,张其昀也多次提及刘伯明对自己的影响以及自己对刘伯明教

---

① 张其昀:《张其昀先生文集》第 16 册,第 8667 页。
② 张其昀:《张其昀先生文集》第 16 册,第 8667 页。
③ 张其昀:《张其昀先生文集》第 16 册,第 8671 页。
④ 张其昀:《张其昀先生文集》第 16 册,第 8673 页。

育思想的认同与倾慕。

(二)柳诒徵：新儒家的学术滥觞

南高师对张其昀学术志向的影响非同寻常，不仅在于它已成为现代儒学复兴的策源地，更重要的是，张其昀在这里遇到了一位儒学大师——被誉为"南雍双柱"之一的柳诒徵。柳诒徵是张其昀的恩师，他不但在学校录取时力挺张其昀，使其免于因体检不合格而遭淘汰之悲剧，而且后来又竭力推荐张其昀回母校任教，为张其昀学术造诣的提升提供了一个重要平台。柳诒徵治学严谨，著述等身，在南高师讲授历史期间皆自编讲义，担任《国风半月刊》社长以及《史学与地学》杂志主编。1922 年，柳诒徵与梅光迪、刘伯明等人创办《学衡》杂志，以其为支柱的"学衡派"，成为当代新儒家的学术滥觞。柳诒徵毕生从事教学，总共四十年，张其昀为其得意门生之一。

1. 力倡以儒学为核心的文艺复兴

柳诒徵深究中国历史，著有《国史要义》《中国文化史》等书，他认为孔子是中国文化的中心，"无孔子则无中国文化。自孔子以前数千年之文化，赖孔子而传；自孔子以后数千年之文化，赖孔子而开"①。中国史学通贯儒学，儒学精神才是传统史学的核心。柳诒徵认为儒学之教的根本在于重视礼乐之教，但是现代社会乐教却日趋衰落，从而导致中国文化的衰败与社会道德水准的下降。柳诒徵曰："古今教育之判，固以教之合于礼之实际与否为判，而乐之关系尤巨。周官大司乐章，虽流传至今，而乐教之衰，与时俱降。后儒虽多锐意考订，终不能如古之小学、乡学、国学，一切皆以乐教人而行礼。故尝妄谓宋明儒者，极力从事于诚意、正心、居敬、主静之学，而其成就迥不能追古之圣哲。且其于化俗也，尤形扞格；流俗至以其讲道德而避之，而侮之。盖古有乐教，故讲道德而宽裕安和，行之不形拘苦。后世无乐教，故讲道德而鞭辟强制，行之鲜获同情。不得已而假途释氏，以简易参悟为宗，此风尚迁流之最大者与？"②柳诒徵非常重视乐教的作用，对于当今乐教之衰败深感痛心，他纵览古今，"深深感受到近代中国文化的衰败，叹息礼崩乐坏；他极力倡导以儒学精神为核心再造中华文化，复兴中华民族，认为这是中国真正的文艺复兴"③。柳诒徵提出以儒学来拯救"科学昌明"的现代物质社

---

① 柳诒徵：《中国文化史》上册，上海古籍出版社 2010 年版，第 263 页。
② 张其昀：《张其昀先生文集》第 9 册，第 4717 页。
③ 潘维和：《张其昀博士的生活和思想》上册，第 197 页。

会，"不至以物质生活问题之纠纷，妨害精神生活之向上"①。

柳诒徵力主儒学复兴，而且将礼乐之教置于核心位置，这种思想深深影响了张其昀。张其昀坚持五育并重，而且非常重视音乐和体育学科，应该说这种理念是与柳诒徵的教诲密切相关的。

2. 教授问学之道

张其昀初进南高师之时，那时南高师刚刚开始创设，学校里荟集了各路大家，但是柳诒徵尤为全校重心所在。柳诒徵不但重视思想的熏陶，而且重视问学之道。大学时期，柳诒徵从国文到中国文化史，再到亚洲史，教了张其昀一班同学共四年。作为柳诒徵代表作之一的《中国文化史》，最初即为发给张其昀班上的毛边纸讲义。这是一部广为流传、影响深远的巨著，柳诒徵以其为教本，讲授国史。但柳诒徵认为大学生仅仅读讲义是不够的，必须自行研读名著，潜心探讨，从名著里自己体会做学问的方法，寒暑假期尤其是读书最好的机会。柳诒徵指示学生平均每学期要读两种书，如此四年之间学生们陆续读了十几种名著，于学问得以粗窥门径。由此可见，柳诒徵鼓励学生们开阔视野，拓展思路，不应将学习仅仅局限于课堂之上。

柳诒徵不但要求学生们多读书，而且告诉学生们读书的方法。在张其昀刚进南高师之时，柳诒徵就告诉他们黄梨洲的一句话："学问之道，以自己用得者为真。"②柳诒徵曾经说过，我们要做书籍的主人，便是要立志，要有宗旨与目标，然后读书才能聚精会神，而能自己受用。柳诒徵以为《明儒学案》的表解，看似简单，其实这便是一种最好的治学方法。图表就是教人如何能提纲挈领，明了一代的学术源流系统。南高师在新设地理课程时，深受柳诒徵应多读地理、研习科学的指示，并多追踪二顾之学——顾亭林的史学与顾景范的地理学。张其昀回想起来，认为得益最多有三点："其一，方志学，他以为各省的志书，卷帙浩繁，比国史记尤为详备，应该充分利用，以弥补国史之不足。其二，图谱学，他曾经引宋人郑樵语：'古之学者，左图右书，不可偏废。'他手创史地陈列室，即以搜求图谱和实物为职志。其三，史料学，他引黄梨洲在《明儒学案》语：'学问之道，以自己用得者为真。'史籍浩如烟海，必须有方法加以选择。他以为章宝斋的《文史通义》所说的两种方法，'裁篇别出'和'重复互助'，是做学问的功夫。"③张其昀经常对别人说，柳诒徵的教泽是他终

---

① 柳诒徵：《中国文化史》下册，上海古籍出版社 2010 年版，第 969 页。
② 潘维和：《张其昀博士的生活和思想》上册，第 25 页。
③ 潘维和：《张其昀博士的生活和思想》上册，第 25 页。

生受用不尽的,在教学上,得益最多的是"方志学""图谱学"与"史料学"。

柳诒徵治学很认真,而且对张其昀多有鼓励,让张其昀受益良多。"柳诒徵上课很认真。学生每两星期作文一篇,在课堂上作,时间两小时,柳诒徵亲自批改。一次柳诒徵在张其昀作文批语中有'沉郁顿挫'四字。'沉郁顿挫'是杜甫对自己诗文风格的评价。柳诒徵用在大学生作文的评语中,当然是对张其昀莫大的鼓励。柳诒徵的授课方式不拘泥于文章与课堂,自然美的欣赏,生活的感悟,在教学中有相当重要的地位,张其昀感受很亲切。"①

张其昀不仅深得柳诒徵的教益,在读期间,还积极参与柳诒徵等指导下的南高师史地研究会,成为该会的创始会员之一,历任副总干事、总编辑等要职,为会刊《史地学报》撰稿计 32 篇,发文篇数居众作者之首。此外,他还追随柳诒徵加入"学衡"阵营,为《学衡》杂志撰写《刘知幾与章实斋之史学》②《中国与中道》③二文。

他毕业前夕,恩师柳诒徵题赠"守约"二字,他一直奉为治学做事的圭臬。"我根据他的指导,收集自己用得着的资料,迄今已四十年。在南高师毕业时,柳师写给我两个字曰'守约',现在越想越有道理了。"④所谓"守约",也正是黄宗羲所倡"学问之道,以自己用得着为真"的治学精神。

3. 教学生注重修养

柳诒徵教学生重视修养。张其昀曾经写道:"当桂花开时,他引导我们到鼓楼冈一个佛寺去欣赏,当枫叶红时,带我们游栖霞山,曾在秦淮河畔旧家第宅看花园的假山,也曾过清凉山扫落叶楼,吟味着'山围故国周遭在,潮打空城寂寞回'的意境。"⑤张其昀深受老师的影响,他也经常独自一人在课余到台城上散步,看扬子江头的日落,钟山的月出,潇洒自得,或走得更远一些,到钟山上远眺大江如玉带横围,万家楼阁,一览无余,冈峦历历,绕郭浮青。优美的环境,开阔了张其昀的胸襟,与自然山水的亲近,养成了其不拘小节、豁达的性格。张其昀在创办"中国文化大学"时,十分注重校园环境,这是他对早年生活的感悟吧。

4. 公允直言,帮张其昀渡过难关

柳诒徵给予张其昀的重要影响不仅在知识能力,更有人格的感召,从某

---

① 潘维和:《张其昀博士的生活和思想》上册,第 25 页。

② 《学衡》(南京),民国 11 年 5 月第 5 期,第 641—695 页。

③ 《学衡》(南京),民国 14 年 5 月第 41 期,第 1—24 页。

④ 潘维和:《张其昀博士的生活和思想》上册,第 25 页。

⑤ 柳曾符、柳佳:《劬堂学记》,上海书店出版社 2002 年版,第 113 页。

种程度上说他是改变张其昀命运的人。"孔子以为人生最大之义务,在努力增进其人格,而不在外来之富贵利禄。即使境遇极穷,人莫我知,而我胸中浩然,自有坦坦荡荡之乐。无所歆羡,自亦无所怨尤,而坚强不屈之精神,乃足历万古而不可磨灭。儒学真义,唯此而已。"①柳诒徵曾经公允直言,帮助张其昀渡过入学难关。1933 年,当三十二岁的张其昀在国立中央大学刚刚升做副教授的时候,听到了一件当年投考南高师前所未知的事情,真是感激涕零,感动得不得了。此事经过,张其昀自己并不知道。柳诒徵与别人谈话,偶然提及,张其昀原本没有被考取,可是他在发榜以前,因张其昀榜上无名而发生疑问,经查询结果,说是因张其昀体检不合格,故被淘汰了。南高师在当时属国立学府,学生的学费与膳食费均由学校供给,"入学考试竞争剧烈,成绩审查至为严格"②。张其昀却因身体太过单薄而惨遭淘汰。柳诒徵非常惜才,认为禀赋出众的学生,就因为体格不良而丧失进学的机会,实在太过可惜。柳诒徵因看张其昀试卷,又听张其昀口试,引起他的注意,查得张其昀的分数极高,他以一位资深教授在招生会上提出复议,终被录取,后来在发榜前,张其昀的姓名居然荣膺榜首。

张其昀回忆道:"如果投考高师,失败而归,影响母校宁波中学校誉,更何以负父母对我期望之殷。而我家境清寒,如经这番挫折,会就此失学了,我何幸而遇到恩师,乃有今日。"③在学期间,接受柳诒徵的教泽,使他终生受用不尽。

由此可见,柳诒徵的公允直言在很大程度上改写了张其昀的人生。一有机会,张其昀便将柳诒徵帮助他入学的事情告诉别人。后来张其昀在华冈学园建造大恩塔,"中国文化大学"的行政办公大楼亦命名为大恩馆,其中就包含了报答当年柳诒徵提拔他的殊遇隆恩。

(三)竺可桢:通才教育观

张其昀的地理老师竺可桢亦对其产生了重要影响。南高师的地学大师竺可桢为中国近代地理学与气象学奠基人。竺可桢教授为美国哈佛大学博士,以治气象学著称。1920 年到南高师任地理、气象教授,第二年南高师扩充为东南大学,先成立地理系,随后改为地学系,竺可桢兼任系主任。他终生献身研究,为中国的教育和科学事业做出了巨大贡献。竺可桢对于张其

---

① 柳诒徵:《中国文化史》上册,第 267 页。

② 潘维和:《张其昀博士的生活和思想》上册,第 25 页。

③ 潘维和:《张其昀博士的生活和思想》上册,第 25 页。

昀的地学启蒙以及教育思想影响非常巨大。

1. 指导张其昀走上研究之路

1919 年，张其昀进入南高师文史地部，他主修地理学。作为地学大师，竺可桢在功课的学习以及组织、参与史地学会的各种学术活动中，都给予张其昀许多有益指导与帮助，张其昀从中获益良多。张其昀在竺可桢的指导下，在校期间就发表了介绍西方地理学著作的专论，并进一步用竺可桢率先引入的西方人文地理的学理来整理中国的地理资料，发表了多篇论文①，受到当时地理学者甚至一般知识分子的好评。张其昀在地学研究方面做出了突出成就，成为中国著名的地学名家、中国当代人文地理学的创建人之一。"中国科学地理学初由张相文奠基，竺氏作为第一代宗师，将气象学和地理学结合起来，并尤为注重人文地理学。张氏则作为第二代地学名家，基于强烈的科学强国思想，精研人文地理学及其庞大的分支系统，成就粲然，与胡焕庸、黄国璋同为中国当代人文地理学的创建人。"②张其昀毕业后，致力于地理教科书的编撰，翻译世界地学名著，以及作地理考察等，受其老师竺可桢的影响也深。1936 年，竺可桢受命任浙江大学校长，即邀请张其昀出任史地系系主任一职，尤其可以看出竺可桢对张其昀的器重与期望。"客观地讲，不管是编纂地理教科书、翻译世界地学名著，还是作地理考察、开创中国人文地理学研究的诸多新领域，溯其源流，张其昀在自然科学方面的素养多来自竺可桢的传授。"③

2. 史地合一的教育思想

竺可桢倡导通才教育观，这种教育观对张其昀产生了巨大的影响，可以说，张其昀一生都在实践通才教育思想。竺可桢的通才教育观在历史地理学中的体现，即为史地合一，而竺可桢的此一观念早在 20 世纪 20 年代即有所彰显。竺可桢认为，地理学之性质，介于自然科学与社会科学之间，即以

---

① 1922—1923 年，张其昀在南高师求学期间，在《史地学报》发表多篇论文，如：《最近欧洲地理学进步之概况》，《史地学报》（南京），民国 11 年 11 月第 2 卷第 1 期；《美国之地理学》，《史地学报》（南京），民国 12 年 3 月第 2 卷第 3 期；《关于华府会议之表计种种》，《史地学报》（南京），民国 11 年 4 月第 1 卷第 2 期；《亚洲东南部河流之新解释》（续），《科学杂志》（南京），民国 12 年 5 月第 8 卷第 5 期；《方志之价值》，《史地学报》（南京），民国 12 年 5 月第 2 卷第 4 期；《兑亚二君之大学地理教育观》，《史地学报》（南京），民国 12 年 7 月第 2 卷第 5 期；《远东问题之地理背景》，《史地学报》（南京），民国 12 年 8 月第 2 卷第 6 期。

② 张其昀先生纪念文集编委会：《张其昀先生百年诞辰纪念文集》，第 230—231 页。

③ 宋晞：《张其昀先生传略》，第 4 页。

自然科学为立足点，以社会科学为观察点。彼时竺可桢任国立中央大学地学系系主任，他认为中大地理学仍未摆脱欧洲二元观念：社会科学院史地系中，设有人文地理、中国地理、世界地理诸学程；自然科学院地学系中，设有地文学、气候学、地图学诸学程。竺可桢认为这样的设置打破了地理学的统一有机体，主张将文科与理科中的各种地理学程合为一科，使地理学成为一独立之系统。竺可桢即要谋求地理学的学科统一，又希望在与历史学的结合中达成史地教育的整体性。"早在1923年，张其昀即以'历史地理学'为题，撰文译介法国学者白吕纳与克米尔合著的《历史地理学》一书，发表于《史地学报》第2卷第2期，第一次将西方近代历史地理学这一学科名称及其主要研究内容介绍到中国来，成为在国内最先使用'历史地理学'这一专业术语的学者。"[①]

1936年竺可桢执掌浙大后，浙大史地系的建立即是其意图的具体体现。张其昀作为竺可桢在南高师的得意弟子和国立中央大学的同事，不仅在学术上多有合作，并一直秉持时空不可分离、史地合一的信念。正因如此，竺可桢就任浙江大学校长不久就邀请张其昀担任浙江大学史地系系主任。

由此可见，张其昀的儒家教育思想的形成是其自幼承袭儒家道统与就学期间深受儒家思想熏陶的结果。他出身书香门第，父亲不但尊崇而且以身践行儒家思想，并且经常对其谆谆教诲。更为幸运的是，中学时代遇到历史老师洪允祥与国文老师陈康黼，而大学则就读于以弘扬中国传统文化而闻名的南高师，且有幸成为史学教授柳诒徵这位国学巨擘的学生。在张其昀求学的过程中，他们三位强化了张其昀的传统文化意识。而刘伯明与竺可桢的教育思想直接影响了张其昀的教育观与课程观，他在以后的教育生涯中注重通才教育与五育并重，倡导人格为本的教育哲学，以及所推行的一系列教育改革都可清晰地发现两位先生的影子。

---

① 张其昀先生纪念文集编委会：《张其昀先生百年诞辰纪念文集》，第200页。

第二章 从教科书编辑到大学教授：
大陆时期的教育贡献

　　张其昀不但在庭训以及学校教育中深受儒家文化的熏陶，而且在他工作之后，继续研讨儒学思想，以儒学思想作为自己的行动指针。"张其昀从哈佛大学之讲学及中央大学教授、浙江大学文学院院长任内，均孜孜于学术之研讨，除专研究史地等专门学科之学术外，并对王阳明、张横渠先生之学术思想，尤加仰慕。"①张其昀从南高师毕业之后，其学术与教育生涯大致可分为两个阶段：大陆时期与台湾时期。张其昀在大陆时期曾经工作过三家单位，依次分别为商务印书馆、国立中央大学以及国立浙江大学。

第一节　担任商务印书馆编辑：开创中国地理学的新学风

　　1923 年，张其昀从南高师毕业，同年，南高师并入刚刚成立的东南大学。张其昀在南高师时期，按照学校规定，当了两年的实习教师，毕业之后在商务印书馆做了四年的编辑，主要为商务印书馆编辑初中和高中地理教科书。"在南高时期，我有两年做实习教师的经验。高师毕业后，我替上海商务印书馆编辑初中和高中的地理教科书凡四年。"②张其昀与商务印书馆约定，不成为其正式员工。由于张其昀不属于商务印书馆的正式职员，所得报酬非常低，生活很清苦，但也正是因为这样，他有大量的可以自由支配的时间，

---

　　①　潘维和：《张其昀博士的生活和思想》上册，第 999 页。
　　②　潘维和：《张其昀博士的生活和思想》上册，第 25 页。

"得以整日在商务东方图书馆中总览群籍,博观约取,费时极多"①。这段时间为张其昀在毕业之后提供了难得的进一步学习进修的机会,他收获很大。

张其昀主要为商务印书馆编写了两部地理教科书,第一部是初中地理教科书《世界地理》②,这本书充分体现了张其昀史地结合的理念,完全以人地相关的观念,教给初中学生了解地理与人生的关系。这本书说理深入浅出,组织严密而不呆板,笔调轻松活泼,处处引人入胜。张其昀认为当时的地理学研究者普遍忽视了地理学研究的中心问题,即地理与人生的关系,普遍存在着重考据轻解释的问题,即将重点置于简单叙述省、县地名,缺乏进一步的解释。张其昀认为地理学研究绝非仅仅是地名的简单叙述,而是需要将地理与人们的生活联系起来加以解释,地理学研究从根本而言还是需要探讨人与地理的关系。"张其昀之所以有此认识,是由他的学术研究指导思想所决定的。张其昀以经世致用为治学宗旨,加之受过西方现代教育,对中国传统地理学只重地名考据,忽略自然环境形成、发展与各个要素之间相互影响的关系的现象大为遗憾。"③同时,张其昀的恩师刘伯明教授亦反对重考据轻解释的治史方法,这种研究方法对张其昀应该有所影响。由于具有浓厚的家国情怀,张其昀在编辑这部教科书时,以中国为选择素材与内容的中心,特别关注不同国家和地区与中国的关系,以此来决定详略与本末。这在某种程度上弱化了世界地理的独特性,与编辑的高中地理教科书《本国地理》④比较而言,《世界地理》影响较小。

张其昀所编辑的第二部地理教科书就是在当时产生了重要影响,而且为其带来盛誉的高中《本国地理》,这本教材甚至成为民国时期的三大中学教材之一。"这本教材十分成功,被众多的中学使用,在中国地理教育史上具有重要的地位,成为流传广泛的中学教材之一。与林语堂编写的开明英文课本,以及戴运轨编写的物理教科书,当时被誉为中国三大中学教材。"⑤

《本国地理》共分两册,全书由正文、地图、照片以及表格等组成。张其昀将全国分为二十三个地理区,书中提出的中国自然区划分是中国最早的国土区划方案之一,其根据是地形、气候、风土人情与资源分布等自然因素,

---

① 潘维和:《张其昀博士的生活和思想》上册,第25页。
② 该教材于1926年出版。
③ 王永太:《凤鸣华冈——张其昀传》,第14页。
④ 该教材于1928年出版。
⑤ 王永太:《凤鸣华冈——张其昀传》,第13页。

强调建立自然环境与社会经济以及生活习俗的关系,并将各个要素很好地融为统一的地域特征。该教材仍旧很好地体现了张其昀一贯坚持的史地结合、人地相关的理念。此外,该书还具有很强的可读性,语言表达很生动,非常有文采,其一个重要特征就是经常引用一些简短有趣的民间谣谚和文人诗句来说明不同区域的特征。

"《民国春秋》所载名人张其昀一生治学和从政的经历极为详实,现补充其 30 年代初编写地理教科书一事。那时我肄业省立扬州中学高中师范科,地理课程所用课本就是商务印书馆出版的张其昀编写的高中《本国地理》。厚厚的一册颇为学生所爱读,因其内容不像一般教科书那样干巴巴地介绍知识,而是行文流畅通达,而且有文采,可读性强。我记得书中不时引用一些简短有趣的民间谣谚和文人诗句来说明各处的地方特点,很有情味。例如说明蒙古、新疆的大陆性气候,引用民谣'早穿皮袄午穿纱,怀抱火炉吃西瓜'。说明云南昆明气候宜人,用'四时皆是夏,一雨便成秋'。说贵州地瘠民贫,用'天无三日晴,地无三尺平,人无三两银'。说陕北黄土高原的人民生活,引用前人诗句'人家半凿山腰住,车马多从屋上过',也就是窑洞生活的形容。这些都给我留下了深刻的印象。"①

由此可见,张其昀在地理教科书的编辑中贯穿了一种史地结合与经世致用的思想。张其昀在地理教科书的编纂之中,以近代地理学理论与方法,探究阐明人地之关系,阐述自然环境与人文状况的有机联系,并且关注自然环境形成、发展与各个要素之间的相互影响的关系,这开创了中国地理学的新学风,获得了巨大成功,为年轻的他在中国的地理学界赢得了一席之地,使他在中国地理学的教学方面很有发言权。从某种意义上说,这也为他能够回到母校担任大学讲师创造了重要的条件。

第二节　任教中央大学:奠定了在中国教育界的地位

1927 年春天,北伐军占领南京,南京成为国民政府首都。为了重建学术中心,1928 年决定以东南大学为中心,将江苏境内九所高校合并改组成首都的最高学府,即国立中央大学。"中大虽为新校,可招聘了一批高水准的老师,集中了堪为全国之冠的图书资料和各种设备,学校很快以自己的实力,

---

①　王骥:《张其昀编写的地理教科书》,《民国春秋》1994 年第 1 期。

在全国高校中确立起地位。"①正是在这一年，张其昀回到了自己的母校去担任教师。

一、治学卓著

1927 年，张其昀经恩师柳诒徵教授举荐，任国立中央大学地理学系讲师，张其昀在国立中央大学任职期间，与昔日老师和同学不断切磋研讨，学术成果不断涌现，学术造诣不断提升，张其昀也逐渐成为国内一流的地学人才。"张其昀应聘担任地理学系教席，初任讲师，循序升至教授，执教母校前后十年，其时柳诒徵仍执教于斯，昔日同学缪凤林、胡焕庸等多人均在母校服务，故张教课自修之余复有师友切磋讨论之益，学亦猛进，若干译著和论文先后刊行。"②当时中央大学虽然新近合并而成，但是在师资挑选方面颇为慎重，多位当时留洋的学者都未能被中央大学续聘，张其昀作为一名"本土"学者能长期受聘于中央大学，不能不说其治学水平已经在国内达到了一个很高的水准。张其昀当时在地理方面的研究已卓有成就，他先后发表了不少译著与论文，特别是成功编辑地理教科书为他赢得盛誉，在国内已有一定的影响，是地理专业的拔尖人物。

张其昀不仅在科研方面颇有建树，而且其讲课也深受学生欢迎。张其昀以他受人欢迎的讲述，为一届又一届的大学生服务，学生们喜欢张教授的课，是因为在他身着长衫、悠然自得的文人传统形象外，有着雄厚的专业基础和广博的文理知识，论述精辟，见解独到，更有滔滔不绝的口才，说话幽默风趣，词意表达确切。"张先生以本国地理著称于时，于是我选了他开的本国地理。系外选读者甚多，教室在新落成的科学馆楼下大会堂。我总是很早到教室，坐在比较靠前的位置。张其昀授课的特色，不用书本，也不指定参考书，只挂一张地图，手里拿根粉笔随讲随指随写，他的讲题非常活泼，不拘泥于地理的内容，而杂以历史和人物事故。如讲四川的地理，他用'自古诗人皆入蜀'为标题，讲述李白、杜甫、陆游的故事，给人影响深刻。"③张其昀的讲述真正做到了史地结合，开阔了学生的思维，使地理教学没有沦为干巴巴的地名介绍，这种教学方式极大地引起了学生们的兴趣，学生们在古往今来的历史长河中遨游。学生们与其说是听课，还不如说是在欣赏一门艺术。

---

① 郑素燕:《继承中国传统士大夫精神——记张其昀的生平及其言论》,2008 年华东师范大学硕士论文,第 14 页。

② 潘维和:《张其昀博士的生活和思想》上册,第 644 页。

③ 张其昀先生纪念文集编委会:《张其昀先生纪念文集》,第 169 页。

因此,张其昀讲课时,"同学纷纷前来旁听,致知堂内座无虚席,许多人只好席地而坐,盛况为学校空前"①。

二、三次重要的旅行考察:彰显其经世致用之思想

作为一名浙东学者,张其昀秉承了家乡经世致用的思想传统。他绝非是一个蜗居书斋,不问世事的学者,而总是试图将其所学应用于报国救民之中。"也正由于这样,张其昀感到读万卷书而未行万里路,仍不得为真正的地理学者,更不能深刻全面地理解各区域尤其是边疆地区的现实问题。"②正是基于此,张其昀先后做过三次重要的旅行考察:"一为浙江旅行,历时40天,考察天台山、雁荡山、天目山、雪窦山等名山;一为东北旅行,共55天,走遍安东、长春、吉林等地;一为西北旅行,达一年之久,主要考察地点有陕西、青海、甘肃。"③张其昀不仅仅深刻感受到了地理学研究有助于史学研究,而且将沿途考察见闻以论文形式发表,期望在那种危急时刻唤起国人的爱国情操。张其昀每次考察后,均写有考察报告,这些报告以论文方式陆续在《地理学报》上发表,"丁文江对张论著尤所器重"④。他在考察中所写论文,不仅洋溢着他本人高昂的爱国热情,而且还希望借此唤起民族的觉醒。张其昀写道:"巨石当前,见者多默然而置之!然使此石为大人物之丰碑,则令人低回流连,不忍去焉。一国自然环境与人文环境之关系,殆如巨石之与纪念碑。所谓尺土寸地不能让人者,岂只以山川天然之美丽,地下丰厚之宝藏?尤其为我祖宗手足之所胼胝,心血之所流注也!中国任何地方均含有整个民族艰难奋斗之历史。名胜古迹,处处皆是民族之纪念碑。国民过此,岂有不动可歌可泣之情绪也哉。"⑤

这三次考察中最重要的是东北考察。20世纪20年代至30年代,日本侵华之心昭然若揭,日本军国主义势力实施了一系列入侵中国的行为,日本关东军不断在中国东北地区扩张势力,经常挑起各种事端,当时东北的局势十分紧张。特别是1928年6月的皇姑屯事件,使东北局势日趋紧张。正是在这样的历史背景下,以张其昀为团长的中央大学考察团进行了在东北的考察活动,在去东北之前,张其昀在学校作了《东三省之考察》的演讲,来说

---

① 张其昀先生纪念文集编委会:《张其昀先生百年诞辰纪念文集》,第189页。
② 郑素燕:《继承中国传统士大夫精神——记张其昀的生平及其言论》,第14页。
③ 潘维和:《张其昀博士的生活和思想》上册,第25页。
④ 潘维和:《张其昀博士的生活和思想》上册,第645页。
⑤ 潘维和:《张其昀博士的生活和思想》上册,第645页。

明将去东北考察的目的与宗旨："(一)为游历观光而考察,(二)为采集教材而考察,(三)为民族运动而考察,(四)为科学研究而考察。"①虽然考察有学术与观光的目的,但是从根本而言,其最重要的目的是为民族运动。张其昀认为在当时特殊的历史时刻,遇到特殊的政治问题,不应该道听途说,而应进行一次实地考察,以探明其真相所在,然后对这一问题提出具体的主张,从而获得问题解决之良策,这就是贡献于国家的一种重要形式。这充分体现了一种经世致用之思想。从这个意义上讲,张其昀等人去东北的主要目的,就是在东北形势极其紧张的情况下,收集可以利用的地情资料,并考察日本在东北的势力与动向。东北地理考察团一行七人,张其昀自任团长,成员有学生朱炳海、李鹿萍、杨昌业、李玉林等人。张其昀主要考察了辽宁省,也去了吉林的部分地区。考察团于 1931 年 6 月 27 日由南京动身,8 月 19 日返京,先后计 55 日。他们先从上海出发,乘轮船抵达营口,从营口到沈阳,又从沈阳至丹东(当时称为安东),从丹东乘船到大连、旅顺,再回到沈阳,逗留约一星期,从沈阳到达当时吉林省城吉林,从吉林西行至长春,从长春而南至四平,继而向西到通辽,最后乘车到葫芦岛。

在考察团活动期间,1931 年 7 月 2 日,发生了万宝山事件。一些朝鲜浪人在日本人的唆使之下,在吉林长春县万宝山强占民田,开渠驻坝,结果引起了民愤,当地农民奋起反抗这些朝鲜浪人的野蛮霸道行为,竟然遭到日本军警的枪击,结果死伤数十人。日本政府竟然变本加厉,借此大肆煽动朝鲜排华,结果,仁川、汉城、平壤等地的许多华人被迫流离失所,抛弃田舍财产,流浪于东北等地。为了了解事情真相,张其昀对万宝山事件进行了调查,"7 月 13 日,他带领学生至安东,了解平壤排华惨案的情况,并赴归国侨胞收容所调查,为了更深入了解朝鲜排华案的详细情况,张其昀等人越过鸭绿江铁桥,到朝鲜新义州内调查,当时,朝鲜排华还没结束,张其昀请中国政府驻当地领事详细介绍惨案真相,并到数家已开市的中国商店慰问"②。面对万宝山事件这样的情景,张其昀心情沉闷,他说:"我们这次游历东北,南起大连,北至长春,到处都弥漫着日本人的势力,所谓'山雨欲来风满楼',形势异常险恶,尤其是安沈南满二路,本是中国领土,但我们沿线考察,竟受到不应有的许多麻烦,尤其是在安东看见被驱逐的朝鲜华侨,及在长春乡下访问万宝山案肇事地点马家哨口的农民,心中有无限的伤感,我们在东北的时候,犹

---

① 张其昀:《东三省之考察》,《地理杂志》第 3 卷第 5 期,1930 年 9 月,第 1 页。
② 王永太:《凤鸣华冈——张其昀传》,第 21 页。

如夏天将下雷雨的光景,黑云奔腾,沉闷非常。"①

张其昀东北考察之旅的最后一站是葫芦岛,张其昀到那里时,"港口工程建设正在如火如荼地进行,根据计划,建设可能要五年以后完成。如果东北不被日本侵占,这里将是东北第一个中国人拥有主权的商业港口。我们在葫芦岛受到隆重的接待,葫芦岛港务处把沿海的一号楼提供给考察团住宿,以前张学良避暑便居住在这里。港口工程的建设,让我喜而不寐,坐看渤海的日出,海阔天空,凉风拂拂,此情此景,永不能忘。我认为这里可以看到新中国的曙光,但在欣喜的同时,我也感到忧虑,雷雨是短时期的,而东北的难关是不是容易度过? 是不是我们下次再到葫芦岛的时候,还有港务处的同人用待上宾之礼,来招待我们呢?"②张其昀的忧虑不幸言中,在考察活动结束后的不久,就发生了"九一八"事变,日本侵占了全东北。

张其昀以他严谨的治学精神,丰硕的学术成果,新颖的教学风格,奠定了他在中央大学及当时中国教育界的地位。"1935年,国立中央研究院成立第一届评议会,评议员由全国国立大学校长选举产生,张也被选为评议员,当时他正35岁,是当选议员中最年轻也未曾出国留学的一人。"③

1936年,杭州的国立浙江大学创办史地系,校长竺可桢亲自邀请张其昀去浙大担任史地系主任。张其昀于是离开了他为之服务了近十年的母校——中央大学,来到浙江大学。张其昀在中央大学任教不但在教学与研究等方面有长足长进,成为国内一流学者,成为最年轻的国立中央研究院评议员,而且更为重要的是,通过三次重要的学术考察,其固有的家国情怀则进一步彰显。

第三节　任职浙江大学:通才教育之实践

1936年4月,张其昀的老师竺可桢接任国立浙江大学校长,聘请张其昀新办史地系,并且特聘他为主任教授。张其昀是竺可桢在南高师地学系培

---

① 张其昀:《东北地理考察团经过情形》,《地理杂志》第4卷第5期,1931年9月,第3页。

② 张其昀:《东北地理考察团经过情形》,《地理杂志》第4卷第5期,1931年9月,第3页。

③ 潘维和:《张其昀博士的生活和思想》上册,第645页。

养出的第一批学生之一，在学术思想上深受竺可桢的影响，不但师生之间情谊深厚，而且秉持相同的教育理念。他于 1936 年夏天，在母校服务近十年之后，怀抱着发扬浙东学派、服务桑梓的雄心，回到杭州作育乡帮子弟。实际上，张其昀在决定去浙大任教之时，曾经面临着去北大教书或去英国留学等诸多选择。张其昀曾经回忆道，在接受恩师竺可桢邀请赴浙大之前，曾经有幸得到胡适先生的邀请去北大教课，而且还有赴英国留学计划，实际上，当时的浙江大学在国内仅能算作二流学校，史地教育更是比较薄弱，学校没有一位地理学教授与历史教授，但是师命不可违，张其昀依然接受了竺可桢的邀请，这充分体现了张其昀尊师重道的儒学精神。"1936 年春天，胡适从北平给我一信，约我是年秋到北大教课，并附寄聘书。他并说，当初北大校长蔡孑民先生派姚从吾、毛子水赴德留学，目的在于造就地理学人才，但他们到了德国，改变了初衷。现在他任北大文学院院长，聘请我的用意，是想建立地理学系，因为北大地质学系是著名的。当时我打算赴英国研究一二年，覆信须等英国回来再看情形。但不久竺师受命为国立浙江大学校长，约我在新办的史地系当主任，师命不可违，因之放弃留学英计划。"[①]

到浙大之后的第二年，抗日战争就爆发了，张其昀随浙大西迁，于流离颠沛之中，体悟悠久的民族文化，于频繁迁校之际，不断创作出丰硕研究成果。浙江大学史地系于 1936 年开始创设，当时还属于文理学院，一直到 1949 年其所属的历史组停办、地理组改建为地理系，前后共存在了十三年，虽然 1945 年冬天，张其昀接任不幸去世的文学院院长梅迪生的职务，开始担任文学院院长一职，但是一直兼任史地系系主任。从 1936 年 4 月到 1949 年 4 月，这正是竺可桢任浙江大学校长、张其昀任史地系系主任的十三年。虽然此时国内其他著名大学的史地教育都是分开办学，而且人才的专业化培养已经成为一种风尚，但张其昀在担任浙江大学史地系系主任长达十三年的期间，始终坚持史地合一的办学方针，倡导通才教育理念。这一办学理念虽然遭到不少非议，但是结果证明，浙大史地系与同期其他大学相比有更丰硕的研究成果产出，所培养的人才有更大的发展潜力，这一切都与"史地合一"教育实践中所蕴含的通才教育思想不无相关，而这种"史地合一"的通才教育实践又深受张其昀所推崇的儒家教育思想的影响。

① 潘维和：《张其昀博士的生活和思想》上册，第 323 页。

一、从史地系系主任到文学院院长

（一）接受恩师邀请，担任史地系系主任

1935 年，国民政府选定竺可桢出任浙大校长。当时竺可桢正任职于中央研究院气象研究所所长，他倾心于学术研究，对政治不感兴趣，对出任浙江大学校长一职不为所动，自认"不善伺候部长，委员长等，且亦不屑为之"①。而竺可桢最终同意出任浙大校长，陈布雷、张其昀等人的游说功不可没。张其昀知道竺可桢被选定为浙大校长之后，竭力劝说竺可桢执掌浙大并协助解决相关事宜。这在《竺可桢日记》中有多条记载，如：1936 年 3 月 7 日，"中午肖堂（注：胡焕庸的字）及晓峰（注：张其昀的字）来劝余就浙大事，余允担任半年"；3 月 11 日，"五点至寓，适叔谅（注：陈训慈的字）及晓峰、肖堂亦至寓，谈半小时"；3 月 15 日，"十二点晓峰、叔谅、振公（注：诸葛麒的字）及学素（注：王学素）先后来"②；4 月 4 日，"接晓沧函及晓峰函，知浙大事将于下星期二提出任命，因此余乃不能不决定文理学院事"；4 月 6 日，"晚，晓峰来，谈及浙大情形"③。接受各方劝说准备接手浙大时，竺可桢立即开始为浙大物色优秀人才，其得意门生张其昀与陈训慈成为首选。

1936 年 3 月 10 日，竺可桢致函张其昀："晓峰同学足下：前星期六得晤谈甚快……桢如赴浙，第一问题即在罗致人材，深望足下于下年度能赴杭讲学，如不能久，一年半载亦行。"④5 月 2 日，竺可桢又特意致函张其昀："桢初抵浙校百端待举，头绪纷繁，下学年聘请教员事尚未能详细加探讨，迪生先生处已托由刚复先生在沪电邀，史地方面深望足下与赞虞（注：缪凤林的字）均能惠盼贲来。"⑤

竺可桢担任浙大校长之初，浙大并非国内一流高校，正是竺可桢采取了

---

① 自何春晖、胡岚：《竺可桢与张其昀交谊考》，《浙江大学学报》（人文社科版）2011 年第 2 期。

② 何春晖、胡岚：《竺可桢与张其昀交谊考》，《浙江大学学报》（人文社科版）2011 年第 2 期。

③ 何春晖、胡岚：《竺可桢与张其昀交谊考》，《浙江大学学报》（人文社科版）2011 年第 2 期。

④ 何春晖、胡岚：《竺可桢与张其昀交谊考》，《浙江大学学报》（人文社科版）2011 年第 2 期。

⑤ 何春晖、胡岚：《竺可桢与张其昀交谊考》，浙江大学学报（人文社科版）2011 年第 2 期。

一系列卓有成效的办学方针,毫不犹豫地修改了诸多旧的校规,极大地推动着浙大的发展。"竺可桢担任浙江大学校长期间,他一方面继承了中国文化书院优秀的国学传统,另一方面融合了从哈佛学习来的西方先进科学,以这种东西文化兼容并蓄的教育思想,明确指出浙大的办学理念……浙大的办学宗旨是德育和智育并重,校训是'求是',是研究真理,拥护真理。"①

　　1936 年 4 月,张其昀听从竺可桢召唤,毅然放弃北上和出国计划,出任浙大新成立的史地系第一任主任,全力支持恩师的工作。1936 年夏季,浙大史地系宣告成立,张其昀担任系主任。在张其昀担任浙江大学史地系系主任期间,浙大史地系有了长足发展,不断添设新的研究机构,发展成为拥有两系、一所、一室的较为完备的系科。1938 年 8 月浙大在新增设的师范学院内再设一个史地系,系主任仍由张其昀兼任。1939 年 8 月浙大文理学院分开,史地系归属文学院。浙大在宜山期间,于 1939 年 7 月奉教育部之令成立文科研究所史地学部,张其昀以史地系系主任兼部主任。不分史学、地学,第一届招收五名研究生。此后,张其昀将研究所分为史学、地形学、气象学、人文地理四组,分组招收研究生。虽在战乱期间,研究工作仍然在各种条件都非常困难的情况下进行着。例如遵义土地利用图谱的绘制,根据实际调查资料,凡是耕地、森林、荒地、道路、房屋之分布均绘制成图,加以解释,并附建议事项。这种土地利用图在中国尚属首创。1939 年 8 月又奉教育部令在史地系设立史地教育研究室,从事有关史地教育之研究编纂等工作,目的在于谋求以后史地教育之改进与发展,室主任亦由张其昀兼任。张其昀曾说:"浙大史地系,实际包括了四个单位,即文学院的史地系,师范学院的史地系,史地研究所和史地教育研究室,都是奉部令陆续成立的,而由本人兼任各单位的主任,可以说是一个很兴旺的家庭。"②在组织结构上,当时文学院史地系采取史地分组方法,其中史学组兼重中国史和世界史,以养成学生比较研究能力;地学组兼重人文地理和自然地理,以充实其科学研究的基础。而师范学院史地系不采取分组方法,以使学生对史地二科有全面的了解,更好地培养史地兼备的中学师资。史地研究所则分史学组、地形学组、气象学组及人文地理组,以培养专门研究之人才。而史地教育研究室则以传播史地学术之最近贡献,改进史地学科之教材教法,搜集专题研究之参考资料,编制史地教科之图书设备为主旨。张其昀认为这种分组合系的组

①　赵旭云:《地理学家赵松乔》,"中国文化大学"华冈出版部 2014 年版,第 34 页。
②　张其昀:《张其昀先生文集》第 20 册,"中国文化大学"出版部 1989 年版,第 10854 页。

织形式既能使"时"与"空"分组钻研,各有侧重产生成果;又能融会贯通,各取其长而用之,这是其他大学所不及的。"由于四个单位均由张其昀主持,经费比较充裕,教授人数亦较多,师资力量相当于两个系的实力,先后在史地系及研究所任教的多是国内一时积学之士。"①因此在教学方面,课程比较完备;研究方面,编印书刊,发表研究成果,也非常可观。浙江大学史地系及研究所培植了不少史学以及地学人才。

至此,浙江大学史地系已发展成为包括四个单位,具有一定规模的系科,如图 2-1② 所示。

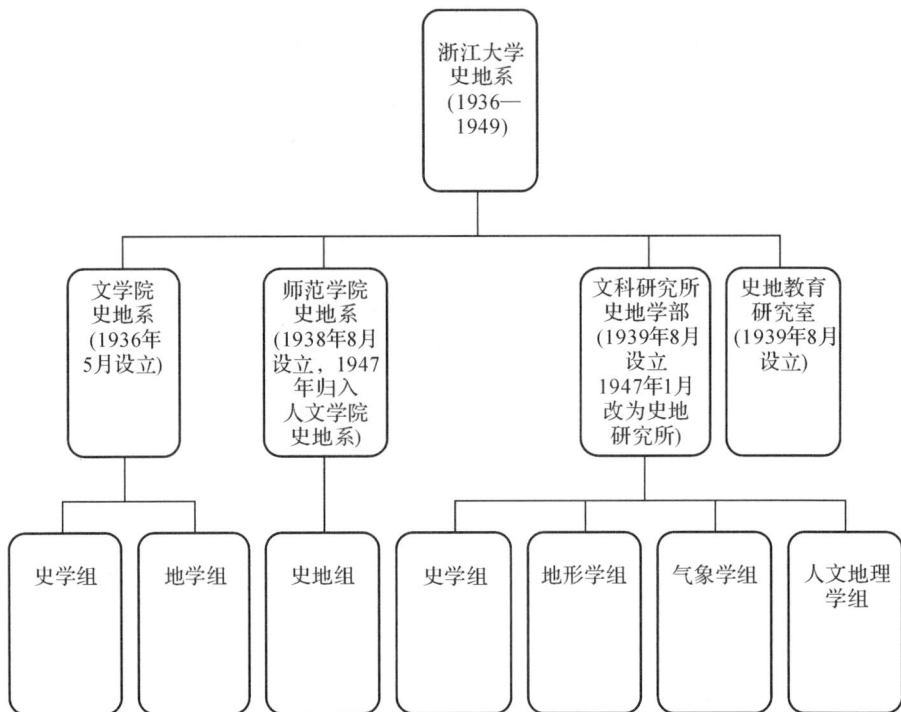

图 2-1　浙江大学史地系的组织结构

一方面,正是由于张其昀的不懈努力与卓越领导,浙大史地系在颠沛流离之中有了长足发展;另一方面,张其昀也竭尽全力帮助竺可桢治理全校事

①　贵州省遵义地区地方志编纂委员会:《浙江大学在遵义》,浙江大学出版社 1990 年版,第 370 页。

②　颜士之、许为民:《张其昀史地结合思想与浙江大学史地系办学特色》,《浙江大学学报》(社会科学版)1998 年第 3 期。

务,在竺可桢担任浙江大学校长以及张其昀担任浙大史地系主任的这十三年间,虽然多半时间处于流离颠沛之中,但是依然取得了丰硕的研究成果,使浙江大学由一所默默无名的学校逐步发展为一所在国内声望一流的高校。"在张其昀的辛勤努力下,浙江大学史地系发展成为一个师资力量雄厚、学术成果丰硕的系科,培养了不少史学、地学人才,当今中国地学科学领域中许多学科的开拓者和权威者,多出自于当年张其昀所主持的浙江大学史地系,如研究干旱区地理的赵松乔,遥感地学的陈述彭,冰川冻土学的施雅风,海洋学的毛汉礼,河口学的陈积余等。"①

张其昀不但为学校以及系所的发展殚精竭虑,而且对学生也是谆谆教诲,充分展现了其教育家办学的精神。据张其昀的高足赵松乔②回忆:"我刚考入浙江大学史地系不久,恩师(张其昀)本着大教育家热忱培养后进的宏愿,命我从教室随行至寓所,作长达四小时的谆谆教诲,主要内容在于'立志'和治学之道。下列几点我终生难忘。(1)必须毕生勤恳治学和工作,不得稍有懈怠之心;并应做到'只问耕耘,不问收获'。(2)努力发扬浙东学派'经世致用'的精神,以科学和教育救中国,并为全人类服务。(3)治地理学必须'读万卷书,行万里路',自然和人文相结合,必须像蜜蜂一样,采百花酿为蜜。(4)'空间'与'时间'必须密切结合,相互依存,相互促进。(5)读书必须苦学和深思相结合,要勤于分类做笔记和搜集资料。"③

《中国科学史》的著作者,英国科学家李约瑟博士,在抗日战争时期曾来中国考察,他称赞西南联大和浙江大学,并以英国的牛津大学和剑桥大学来比拟联大与浙大。"在这 13 年间,张其昀兢兢业业地协助竺可桢治理校务,竭尽所能替竺可桢排忧解难,成为竺可桢最得力的部下之一。抗战胜利后,竺可桢多次向教育部推荐张其昀接任浙大校长之职,都因张太年轻而未成功。"④

(二)流离颠沛之中,壮大学术研究

1937 年 7 月,抗日战争全面爆发。不久,又因为华东战局的急变,杭州

---

① 赵旭云:《地理学家赵松乔》,第 39 页。

② 赵松乔(1919—1995),浙江省东阳人,地理学家,中国沙漠与干旱区研究开拓者与奠基人,中国土地系统研究开拓者和奠基人,中国综合自然地理学奠基人和开拓者。

③ 赵旭云:《地理学家赵松乔》,第 41—42 页。

④ 何春晖、胡岚:《竺可桢与张其昀交谊考》,《浙江大学学报》(人文社科版)2011 年第 2 期。

已经不再安全,浙江大学决定西迁办学。竺可桢派张其昀考察新的办学校址和西迁路线,由此,张其昀成为浙大西迁的主导者之一。事实上,浙江大学的几度迁校,张其昀都参与其中。浙江大学自 1937 年 11 月 11 日开始撤离杭州,张其昀从 1938 年初开始,率人多次前往各地寻访合适的办学地点,其间,竺可桢与张其昀二人多次通过书信就此事进行商讨。浙江大学最初西迁到浙江建德,然后又迁到江西吉安与泰和,再后又迁到广西宜山,最后迁到贵州遵义与湄潭。"抗战时期,浙大沿着浙赣、湘桂与黔桂路线迁至内地,在建德城内、江西吉安白鹭洲、泰和上田村,及广西宜山等地,都曾上过数星期至一学期的功课。直至二十八年岁杪,始在贵州北部遵义、湄潭二地安定下来。这些省份,都有明代王阳明先生讲学遗址,在学术源流上是有深长意义的。"①1940 年 4 月,浙江大学西迁抵达遵义,顺利完成了文军长征的壮举,张其昀功不可没。《竺可桢日记》1938 年 1 月 8 日记载:"晓峰与亦秋(注:卢守耕的字)已赴贵溪办交涉,甚慰。"②

虽在战乱期间,而且居无定所,但浙大的教学与研究工作并没有中断,张其昀带着学生迁徙,躲避警报,护卫其安全,并随时启示同学,祖国山河之壮丽、民族文化之悠久,以激发师生坚强的斗志与奋发的精神。另一方面,张其昀念兹在兹的依然是儒家思想,能够在颠沛流离之际,来到儒学大师们曾经求学或教书的地方,让他有了些许的感动与激励。"吉安城东的赣江中,有白鹭洲书院遗址,乃宋代文天祥肄业之所;渡江东行 15 里青原山,有阳明书院遗址,乃王阳明讲学之处。曾经略述当时校景:泰和北距吉安八十里,浙江大学临时校址在泰和城西五里之上田村。泰和古西昌地,有名白下,前抱澄江,后引科岭,良畴中拓,豁然平衍,庐舍田园,远近映带,衣冠文物,代不乏人。澄江即赣江,公路沿江而行,迳达校门,乃全省之通衢。"③可见战时后方大学,虽在流离颠沛之中,处处都受到大好河山的陶冶与民族悠久文化的启示。

1938 年 9 月,九江沦陷,引起江西全省的震动,浙大被迫从江西吉安与泰和西迁,一直到广西宜山,浙大在广西宜山待了一年多时间,一直到 1939 年 11 月才被迫迁移。这期间学校频繁遭受敌机轰炸,"1939 年 2 月 5 日,日

① 潘维和:《张其昀博士的生活和思想》上册,第 26 页。
② 何春晖、胡岚:《竺可桢与张其昀交谊考》,《浙江大学学报》(人文社科版)2011 年第 2 期。
③ 潘维和:《张其昀博士的生活和思想》上册,第 453 页。

本飞机轰炸宜山,其目标显然是在浙大。当时 18 架飞机,投弹 121 枚,教职员以及家眷大部分均避难于龙江背面石灰岩洞。学生则进入学校附近的防空洞,结果并未有死伤一人,诚属万幸。学生宿舍毁了一半,书籍笔记衣物等荡为灰烬,教职员踊跃捐助棉被,第二天照常上课,若无其事,浙大师生处变不惊,是最值得回忆的一件事情。这就是所谓浙大光荣的洗礼"[1]。学校最后迁移到贵州的遵义与湄潭,才算稳定下来,浙江大学虽然一路辗转迁移,但是一直没有中断学术研究,甚至学校的声誉还不断壮大,实属不易,张其昀为此做出了诸多贡献。"英人李约瑟根据其视察战时我国大学之结果,曾以西南联大譬喻为中国之牛津,浙大则为中国之剑桥。虽系个人的看法,亦足见国际间的重视。"[2]

浙江大学不但没有中断自身的学术研究,而且还通过自身的研究和优势促进了当地的发展,这亦是经世致用精神的一种体现。浙大西迁遵义后,史地系师生结合当地实际情况,对遵义地区的历史、地理、地质、地形、气候、资源等做了大量的研究,对黔北的经济和科教发展起了重要作用。其中刘之远教授与史地系学生在团溪发现的锰矿对开发当地资源和支援当时抗战具有重要意义。战时重要钢铁厂所需的锰,几乎都来自于团溪的锰矿。至今,遵义生产的锰仍是供应全国市场的短线产品。而利用锰粉做原料发展成的遵义化工厂所研制的高锰酸钾填补了中国这方面的空白,并获国家金奖,产品畅销国内外。

（三）赴美留学

1941 年元月底,张其昀在再三推辞之后,出任浙江大学训导长。竺可桢亦非常关心张其昀的学术发展。1942 年美国国务院向中国六所大学发出邀请,希望每所大学各推荐一名教授赴美留学,其中包括浙江大学。当时申请者很多,但是竺可桢在众多的请愿者中力推张其昀。《竺可桢日记》1942 年12 月 15 日记载:"故推渠前往……同事如知有此机缘者,当不乏人愿往也。"[3]张其昀与竺可桢之间是一种以学术和品格为纽带的师生关系,张其昀在关键时刻放弃个人利益,听从恩师召唤,来到浙江大学,给予恩师多方面的支持,竺可桢也任人唯贤,毫不避师生关系之嫌。

---

① 潘维和:《张其昀博士的生活和思想》上册,第 454 页。
② 潘维和:《张其昀博士的生活和思想》上册,第 27 页。
③ 何春晖、胡岚:《竺可桢与张其昀交谊考》,《浙江大学学报》(人文社科版)2011 年第2 期。

1943 年 6 月,张其昀以浙大教授身份出国,留美两年多。张其昀到美国之后,主要在哈佛大学致力于地略学的研究,为了研究方便,哈佛大学特提供魏特纳图书馆中的诺顿纪念室作为他的研究室。除做学术研究之外,张其昀在美国进行了多次旅行,曾经会晤了多位美国地理学大师。张其昀到美国之后,学术研究旨趣发生了一些变化,不仅仅关注地理学,而且对西方的史学亦有所考察,他也非常喜欢西方国家史学名著,如德国迈乃克(F. Meinecke)、英国的曲维扬(G. M. Trevelyan)等学说,他都非常向往,他说:"迈乃克是德国柏林大学教授,他的学说,重视文化价值,以真、善、美、圣四者并重,提倡国家的道德化,以期实现世界大同。他专精于德国'精神史'的研究,曾主编史学杂志四十年之久。曲维扬是英国剑桥大学教授,著有《英国史》及《英国社会史》等书,他以为史学兼有科学与文学两领域,史学家应具有文学家之素养。他又以为历史之价值与其裨益人群之处,较文学艺术为尤大,欲了解一国之事,必先了解其历史。就此种意义而言,则历史实为现代教育的基本课程,一般公民均不可不读历史。"①事实上,这两位教授的通才教育理念以及人格教育思想对张其昀以后的教育实践影响颇深。

张其昀在美国的学术交流非常丰富,曾经做过多场演讲。1943 年 9 月 21 日,他在哈佛大学东方学会发表题为"艾默生论中国文化"的演说,演讲稿于次年 5 月刊发于《远东季刊》。11 月 12 日为孙中山先生诞辰纪念日,他在旧金山利用远程电讯网,向中国国内发表"战时之美国青年"的演说。② 1944 年,他先后在芝加哥、威斯康辛等大学发表演讲,在他的学生留加博士李春芬和留美博士赵松乔的协助下,阐扬中华文化之博大精深,震撼了美国学术界。③

张其昀这次在美国的访学让他眼界大开。访学期原为一年,美国政府提供 500 美元设备费、每日 10 美元生活费以及一切旅费。一年访学期满之后,张其昀非常希望能够在美国继续留学,进一步开阔视野,并增进中美之间的文化交流,他希望能够延期一年,"将期满时,即函请布雷代向蒋申请延长在美研究时间,竺亦同意他在浙大续假,当即得蒋准予特拨研究费。故直至 1945 年 9 月,他才由海路东归上海,留美时日总计二年又二月。因了这种特殊的履历,他的关注重心自 1943 年大为改变,从 1943 年至 1949 年间,撰写了大量介绍海外名士宏论与社会文化状况的文章,如《美国战时大学与

---

① 潘维和:《张其昀博士的生活和思想》上册,第 28—29 页。
② 潘维和:《张其昀博士的生活和思想》上册,第 647—648 页。
③ 王永太:《凤鸣华冈——张其昀传》,第 26 页。

学术研究》《马歇尔之国防论》等文并将其中部分文章结集,出版单行本《旅美见闻录》"①。这两年的留学经历让张其昀收获颇丰,学术研究颇有成就,并且研究重心有所转移。张其昀于1943—1945年在美访学期间,还不忘为浙江大学物色一批新的教研人才,而浙大也逐渐因其不断增强的学术实力与人才队伍,而成为抗战时期后方的重要学府。

(四)担任文学院院长

1945年秋天,张其昀从美国学成归国,当年冬天,文学院院长梅迪生不幸病逝于贵阳,张其昀继任文学院院长,同时还兼任史地系所主任,行政工作更加繁忙。

1946年夏,浙大返回杭州,颇有新气象,以新建的梨洲馆为文学院办公之处,而且新增哲学、人类学二系,由谢幼伟、吴定良二教授分任系主任。张其昀担任文学院院长一直到新中国成立前夕。由于其国民党员背景,张其昀也开始思忖自己的未来,对于是否离开浙江大学,他曾经与竺可桢交谈过。《竺可桢日记》1949年4月24日记载:"张晓峰来商渠去就问题……余劝其不必如此惊动,为校着想,渠去系一巨大损失,为渠个人着想,则或以离去为是……可从长商酌也。"②张其昀最终还是决定离开浙大,他乘坐杭州解放前沪杭线的最后一趟火车来到上海,5月初,张其昀又乘船来到广州。张其昀原打算与谢幼伟、崔书琴、钱穆等人一道去香港办学。而此时正在广州的国民党秘书长郑彦芬将张其昀到达广州一事向蒋介石做了禀报,蒋立即要郑彦芬请张其昀去台湾,张其昀只能放弃原先计划,匆匆携妻、子赶往台北。张其昀颇受蒋介石器重,国民党政府迁往台湾,正是蒋介石采纳了张其昀的建议。到台湾以后,张其昀开始在国民党政府担任要职长达十几年。

二、史地合一的教育实践

(一)浙大史地系的成立与发展

由于竺可桢非常认同史地合一的办学理念,倡导通才教育思想,所以1936年5月9日,设立史地系的提案在浙江大学第一次校务会议上未经讨论即通过。"即使不久竺可桢前往南京在教育部会晤王雪艇时,王氏曾建议竺可桢将史地系分设为历史或地理,免得以后再改,竺可桢则坚持认为二者

---

① 王瑞:《"圣人之徒"的儒生情怀——以探析张其昀学术思想为中心》,第65页。

② 何春晖、胡岚:《竺可桢与张其昀交谊考》,《浙江大学学报》(人文社科版)2011年第2期。

应该并存。"①这与竺可桢所秉持的通才教育理念密切相关。专才与通才并重是竺可桢一贯坚持的教育方针,即使竺可桢本人是一位科学家,但作为大学校长,他强调德育应与智育并重,科学与人文统一。总体而言,浙大史地系的成立,在当时的中国大学中是非常特殊的。20世纪40年代,尽管中国仍处于抗战的困难时期,但是学科专业化之程度已非常成熟,历史学与地理学无疑都已成为具有独立学科意识的专门学科体系,当时国内的著名大学如西南联大、中央大学等各大学无不将史学系与地理学系分开设置,历史、地理课程大多分属文学院和理学院,并没有合在一起。然而,浙大史地系则因竺可桢、张其昀等所坚持的史地合一理念而得以成立并延续多年。

深受恩师的教育理念的影响,张其昀提出办大学教育的宗旨就是要"网罗百家,囊括大典"②。由此,他在国内大学中率先倡导并实践了"史地合一"的办学理念,张其昀多次强调史地结合、时空合一的优越性。浙大史地系之所以能够成立,是与校长竺可桢的坚持与系主任张其昀的贯彻执行分不开的。张其昀担任系主任之后,广揽英才,史地系很快就汇聚了吴定良、向达、叶良辅、谭其骧、张荫麟、钱穆、任美锷、赵松乔、黄秉维、沙学浚等一大批地学界和史学界的著名学者。

(二)史地系的办学方针

史地系的办学方针为:"造就史学与地学之完全人才,但仍注重史地二科之联系性,伴专精与通识得其平衡。史学组的教学目标是以国史为本位,兼重世界史的课程,以养成学生比较研究的能力;地学组则地形、地质、气象诸学与人文地理并重,以充实学生作科学研究的基础。师范学院的史地系从三年级起,采取分组原则,目的在于使史地两科之间的联系性更为密切,以造就健全的中学师资人才。在课程设置上,史地系分为史学与地学二组,学生一年级时不分组,基本上都是共同必修课,自二年级起须认定一组,或史学或地学,进一步加以研习。"③由此可见,张其昀虽然倡导通才教育,但并非否定学科专业化的价值,而是坚持通才教育与专才教育融为一体。通才教育是目的,专才教育是方法。张其昀作为系主任,为了贯彻其史地合一的

① 何春晖、胡岚:《竺可桢与张其昀交谊考》,《浙江大学学报》(人文社科版)2011年第2期。

② 张其昀:《张其昀先生文集》第10册,第5185页。

③ 《附录:国立浙江大学文学院、师范学院史地学系概况》,《史地杂志》第1卷3期,1940年9月,第63页。

通才教育观,所承担的课程更是跨越史地两科,张其昀主要讲授历史地理学、本国地理总论、国防地理等科目,这些科目要求史地两组都要修习,由此可见其不遗余力推行通才教育的努力与决心。史地系史地合一的教学方式,使史学组和地学组的学生能从史地两个学科领域中学习综合的方法,有利于史学精神与地学精神的结合。同时,培养学生时亦不仅注意引导他们沟通史地二学,而且也特别注重文理学科的互补,要求学生旁听或选修其他院系专业的课程(见表2-1)。

表 2-1　浙江大学史地系二、三、四年级课程(1939 学年度第一学期)①

| 课程名称 | 上课时间 | | 学分 | 任课教师 | 修习学生 | | 修习类型 |
	星期	课时			组别	年级	
中国上古史	1.3.5	8—9	3	刘节	史学组	3.4	必修
中国近古史	1.3.5	9—10	3		史学组	3.4	必修
中国近世史	1.3.5	8—9	3	梁嘉彬	史地两组	2	必修
中国文化史	1.3.5	7—8	3	刘节	史学组 地学组	2 3.4	必修
历史地理	1.5	4—5 3—4	2	张其昀	史地两组	3.4	必修
西洋上古史	2.4.6	9—10	3	顾毂宜	史学组	3.4	必修
西洋近世史	2.4.6	10—11	3	费巩	史地两组	2	必修
俄国史	2.4.6	8—9	3	顾毂宜	史学组 地学组	3.4 3.4	必修 选修
史学专题研究	3.5	10—11	4	向达	史学组	4	必修
本国地理总论	1.3	3—4	2	张其昀	史地两组	2	必修
欧洲地理	1.3.5	2—3	3	任美锷	地学组	3.4	必修
国防地理	3.5	4—5	2	张其昀	史地两组	3.4	选修
绘图学	3	3—4	3	刘之远	地学组	3.4	必修
地形学	1.3.5	1—2	3	任美锷	地学组	3.4	必修

---

① 参考《国立浙江大学文学院各系学程上课时间表》,浙江省档案馆浙江大学全宗,档案号:53-1-699,第 13 页。

续表

| 课程名称 | 上课时间 | | 学分 | 任课教师 | 修习学生 | | 修习类型 |
	星期	课时			组别	年级	
气象学	2.4.6	3—4	3	涂长望	地学组	2	必修
气象预告	2.4.6	7—8	3	涂长望	地学组	3.4	选修
普通地质学	2.4.6	1—2	3	叶良辅	地学组	2	必修
历史地质学	3.5.6	10—11	3	叶良辅	地学组	3	必修
地理研究法	2.4	10—11	4	叶良辅 张其昀等	地学组	3	必修
西洋通史	1.3.5	2—3	3	顾毂宜	史学组 地学组	3.4	必修 选修

浙江大学史地合一的办学方针具有重要的意义,其促进了浙大史地系的大发展。首先,从人才培养方面而言,浙大史地系成果丰硕。"新中国成立后,虽然浙大史地系停办,但是浙江大学史地系的学生中,当选中国科学院院士和中国工程院院士的依然有多人,具体有陈述彭、叶笃正、施雅风、谢义炳、陈吉余、毛汉礼等。"①浙大史地系的毕业生不墨守成规,善于进行开拓性研究。其次,史地合一的办学方针不仅仅体现于史地合一,从根本而言,体现了一种通才教育理念,是把专才教育与通才教育相结合,专才要以通才为基础的教育理念。这一教育理念,就是谋求"做人"与"做士"的培养。张其昀在浙大文学院第十九次院务会议报告中就强调"通才教育与专才教育应该并重,纯粹研究与社会效用亦不容偏废"②。张其昀进一步指出,史地系总方针一方面在于造就对史学与地学有志深造之人才,即进行专才教育,另一方面在于培养对现代问题具有通识之人才,即融贯史地之学风,时空结合,进行通才教育。而史地分组合系正可达到这种目标:分组主要着意于专才培养,以稳固专门研究之根基;合系则着意于史地兼通的通才教育,由此即可把专才教育与通才教育统一起来。当时张其昀认为美国哈佛大学出版的《自由社会中通才教育》一书是讨论战后教育措施的一本巨著,他借书中观点讲:"中等教育中史地二科关系至为密切。历史与地理能联系学习最为有益,近代世界史之地理因素当加充分说明,欲了解 20 世纪之重大问题必

---

① 王永太:《风鸣华冈——张其昀传》,第 31 页。
② 《国立浙江大学日刊》,复刊新四号,1948 年 6 月 10 日。

须有经济地理与政治地理之智识,方能明其底蕴。"①

(三)"史地合一"办学理念的渊源

张其昀之所以主张"史地合一"的办学理念与其个人对中国学术传统的理解密切相关。"张其昀承柳诒徵之教,生平推重史地名家顾炎武和顾祖禹,对《天下郡国利病书》《读史方舆纪要》均有精研。建立史地学系,主张史地合一,不仅因张其昀个人学术通贯史地,亦因'史地合一'向为本土学术传统,又有来自西方的成功经验。中国历史悠久,史料丰富,历史成因复杂,无论研究中国人文地理,还是其他人文领域的问题,相关历史背景都不可忽略。唯有融会贯通,才能有充分、全面、真实的了解。而贯彻'史地合一'的精神,也更能在国际学术舞台上彰显出我国史地学术的特色。"②事实上,"史地合一"的办学理念正是其儒学教育思想的具体体现。

另一方面,张其昀也深受法国地理学家白吕纳(Jean Brunhes)(1869—1930)地理学教育思想的影响。白吕纳曾言:"二十世纪学术上最大的贡献是史学精神与地学精神的综合。"③事实上,张其昀对其师白兰士作为近代法国地理学派的开创者非常欣赏。白兰士教书时,认为地理学属于文科,要求学生应多到理科去听讲,这足可以展现其破除学院界限的努力。同样,张其昀也认为时空二者有不可分离的关系。史学在于传递时间的演变原则,而地学则为空间的分布原则,只有二者相互结合,才能展现人类生活中时空的整体性与完整性。在张其昀看来,历史学与地理学两门学科,分工只是方法,综合才是最终目的。"史学组的学生能够练习野外习察的方法,地学组的学生能够练习整理文献的方法,都是终身受用不尽的。当然,史学精神与地学精神,演变原则与分布原则,也是任何其他学问所不容忽视的。"④这种综合的精神不仅仅见于史地两科,事实上,科学与人文需要融合。

实际上,20世纪20年代初,当张其昀还在南高师求学时,他就开始对西方历史地理学发生了浓厚兴趣。"是他第一个概要地翻译了法国著名学者布伦汗(今译为白吕纳)与克米尔(Vallaux Camille)合著《历史地理学》一书的主要内容,并发表在《史地学报》1923年第2卷第2期上。尽管张其昀在按语中说,'愧未读原书,仅取美国哥伦比亚大学地文学教授蒋苏博士所摘

① 张其昀:《张其昀先生文集》第16册,第8126页。
② 王瑞:《"圣人之徒"的儒生情怀——以探析张其昀学术思想为中心》,第118页。
③ 张其昀:《张其昀先生文集》第20册,第10854页。
④ 张其昀:《张其昀先生文集》第20册,第10855页。

述者,移译其概',但将西方近代历史地理学这一学科名称及其主要研究内容介绍到中国却是第一次。"①特别值得注意的是,他在译述《历史地理学》一书的纲要与内容之前所加的评论或称按语:"历史地理学,明地理在历史上所占之位置;前世学者类能道之。此门之学,其功用有二:穷源以竟委,温故而知新,由系统之研究,寻因果之线索,此其一也,现代政治经济诸大问题,皆有地理的原因,欲解明之,不得不识已然之迹,所谓彰往而察来,又其二也。是则地理之书,至此方为有用之学。"②"张其昀的这一段按语,代表了当时这位年轻学人对近代历史地理学的深刻认识及对新兴历史地理学学科特点与功能的高度评价:一历史地理学是穷源竟委、探索规律的学问;二历史地理学是彰往察来、预测未来的科学;三历史地理学使地理学成为经世致用的有用学问。他的这些总结与认识,显然已超越当时的一般认识水平,符合现代历史地理学的理论认识和实践操作。这也为他后来在所长期从事的地理教学与地理科研中极其重视历史地理问题的研究奠定了坚实的思想理论基础。"③

当然,从另一方面来看,这种史地结合的方法并非没有争议,特别是在当时专业分工已经成为一种趋势,国内大多数大学都采纳史地分离的教育方法的情况下。事实上,史地结合的教育理念在某种程度上也加重了学生的学习负担,所以张其昀"史地结合"的办学理念不可能不引起很多非议。"1946 年 1 月 27 日上午,在浙大文学院院长梅光迪逝世追悼会上,就有外语系学生在致辞时借机批判张其昀。当日晚,史地学会开会欢迎张其昀由美访学归来,气象学副教授么枕生在致辞中提出应史、地分组,又有学生'乘机大肆攻击张其昀先生'。么桂生当时深感只能在地理学的基础上钻研气象学,'在史地系发展气象,那是走入歧途的想法',科学分工日趋细密,科学工作不专精,不能一门深入,就无法应付迅速发展的科学事业,'因为我有这样坚持多年的思想方法,所以我在当时史地学会的发言乃出于好意,认为人生短暂,而科学发展又无止境,历史学与地理学实难兼顾',而绝无派系之争。"④虽然面对种种非议,但是张其昀的这种"史地结合"的通才教育理念在今天看来依然非常有价值,它足以成为一面明镜,让我们深刻反思当前高等

---

① 韩光辉:《张其昀及其历史地理学贡献》,《中国科技史料》1997 年第 1 期。
② 张其昀:《历史地理学》,《史地学报》1923 年第 2 卷第 2 期,第 73—77 页。
③ 韩光辉:《张其昀及其历史地理学贡献》,《中国科技史料》1997 年第 1 期。
④ 王瑞:《"圣人之徒"的儒生情怀——以探析张其昀学术思想为中心》,第 121 页。

教育人才培养模式中所存在的诸多弊端。

三、创办《思想与时代》月刊

1940 年 2 月,浙江大学经过几番迁移,最终全部迁至贵州北部的遵义与湄潭。文学院与师范学院的文科各系均设在遵义。1940 年 3 月下旬,张其昀赴重庆,与陈布雷恳谈文化宣传与青年思想的引导问题,初步形成了创设《思想与时代》月刊的构想。1941 年 8 月,张其昀与梅光迪、钱穆、谢幼伟、张荫麟诸教授决定创办《思想与时代》月刊,其宗旨在于弘扬中国经典文化,沟通中西文化。特别值得注意的是,国民党政府暗中赞助该刊,却并没要求它在征稿上实行政治挂帅,陈布雷仅仅提出,希望该刊能维持"中和平实"的论调。正是因为如此,《思想与时代》月刊得以不受"三民主义"范畴所限,在阐扬民族文化传统与中西文化比较研究方面拥有更多的空间与自由。陈训慈曾回忆:"继《三民主义月刊》受命编印发行之后,布雷常感到还缺乏一种既符合国民党宗旨而又多学术界名人学者撰文的期刊。这时,张其昀亦正有自办一种刊物的意图,经布雷与他商定,报请蒋准拨特费资助,要求文章水平要高,稿酬较多,经张拟定刊名为《思想与时代》。举聘钱穆、郭秉(斌)和、张荫麟(一九四二年病故)、朱光潜、谢幼伟连张自己共六人为特邀撰述,六人供稿较多;亦征载通人学者如贺麟等的论著。另聘浙大一讲师兼干事。这一刊物并不显露国民党面目,确也不局限于三民主义政治范畴,而着重阐扬我民族优良文化传统与中西文化之比较研究。布雷原旨希其以中和平实论调,使读者看不出与国民党有何关系。出刊后,布雷对之深表满意(也送蒋一份),始终支持《思想与时代》社的发展,几度增加预算。当张其昀出国时,由郭斌和代主编,原在遵义出版,胜利后在杭州继续刊行。"[①]《思想与时代》月刊的办刊宗旨就在于弘扬中国传统文化,在中外文化比较的基础之上融贯中西。《思想与时代》月刊内容包涵哲学、科学、政治、文学、教育、史地等各项,而特别注重时代思潮与民族复兴的关系。多为通论之作,但穷理力求精密,立论务期微信,以要言不烦,深入浅出为时尚。陈布雷阅读初印本后,曾称赞道:"篇篇精湛,甚为可喜。在抗战期间,隐然为后方学术期刊之一重镇。"[②]

---

① 浙江省政协文史资料委员会:《从名记者到幕僚长——陈布雷》(《浙江文史资料选辑》第三十七辑),浙江人民出版社 1988 年版,第 15 页。

② 浙江省政协文史资料委员会:《从名记者到幕僚长——陈布雷》(浙江文史资料选辑第三十七辑),第 15 页。

《思想与时代》月刊虽然创刊于 1941 年,但是其创办渊源则可追溯至 20 世纪 20—30 年代,与 20 年代的《学衡》"宗旨相同"。实际上,张其昀在思考创办《思想与时代》月刊之时,就意图继承南高师的文化理想并力图使其发扬光大。张其昀本人曾坦言:"当时浙大文学院同人创办《思想与时代》杂志,以沟通中西文化为职志,与二十年前的《学衡》杂志宗旨相同。"①二十年后,《思想与时代》月刊在"学衡派"开拓的中西融通之路上,高扬"科学时代的人文主义"大旗。《思想与时代》月刊社的同人因对中国固有文化抱有同情和信心,故被认为是战时保守主义思潮的一部分。"据对刊物上发表文章类型及数量的统计,思想文化类的文章占有多数,其中介绍西方哲学、伦理、教育文化等领域新成就的文章固不在少数,亦有相当数量的文章乃对中国固有文化的阐述及阐释。更以核心撰述人群体为主要作者,此亦表明刊物的一个倾向,即对我国固有文化与民族理想根本精神之探讨。"②与民国时期的"文化保守主义刊物"如《理想与文化》《历史与文化》《学原》《理想历史文化》等声气相投,推进了当代新儒学的发展。

张其昀认为儒家思想才是当今救世的唯一良药,他指出:"孔子以仁为诸德之统一原理,而具有最高之价值……今日对此高速度之物质文明,须有高度之组织以为制裁;对此大规模之国际关系,复须有普遍之秩序以相调节。礼义二字在今日更有崭新之意义。如何将自由与组织,平等与秩序,调和适中,确保平衡,以谋世界人类之安宁与幸福,此为世界最新之思潮,亦即中国儒家学说之基本概念。"③张其昀认为儒家所倡导的"仁"具有最高价值,儒家所倡导的礼义是解决当前混乱格局,调和各种利益,从而确保人类和平与幸福的重要法宝。"《思想与时代》月刊社的同人对于中西文化及现代科学抱有融贯新旧、沟通文质之理想抱负,其最终目的或仍可用张其昀的话来概括:为通才教育作先路之导,为现代民治厚植其基础。钱穆、张其昀等更是在人生的后半段岁月中亲身兴办教育,亲身实践着通才教育之理想。"④在《思想与时代》月刊的创办过程中,对于张其昀教育思想的影响而言,两位人

---

① 潘维和:《张其昀博士的生活和思想》上册,第 27 页。

② 何方昱:《"科学时代的人文主义":〈思想与时代〉月刊(1941—1948)研究》,2006 年复旦大学博士学位论文,第 80—81 页。

③ 张其昀:《张其昀先生文集》第 6 册,"中国文化大学"出版部 1988 年版,第 2936 页。

④ 何方昱:《"科学时代的人文主义":〈思想与时代〉月刊(1941—1948)研究》,第 134 页。

士值得一提，他们是钱穆与张荫麟。

（一）钱穆：倡导通才教育

钱穆(1895—1990年)，原名恩鑅，字宾四，江苏无锡人，国学大师，历史学家，儒学学者，教育家。钱穆九岁入私塾，1912年辍学后自学，任教于中小学。1930年因发表《刘向歆父子年谱》成名，被顾颉刚推荐，聘为燕京大学国文讲师。钱穆居北平八年，先后授课于北京大学、清华大学、燕京大学、北京师范大学等名校，与学术界友人时相切磋。抗战时期，辗转任教于西南联大、武汉大学、华西大学、齐鲁大学、四川大学、江南大学等高校。撰写了中国通史的扛鼎之作《国史大纲》，采取绵延的观点了解历史之流，坚持国人必对国史具有温情和敬意，该书被定为全国大学的通用教材而风行一时。1950年钱穆在香港创办新亚书院使流亡学生得以弦歌不辍，而办学有成，亦获香港政府尊崇，于1955年赠予香港大学名誉博士学位。钱穆一生以教育为业，五代弟子，冠盖云集，余英时、严耕望等人皆出门下。

钱穆是张其昀相识多年、引为知己的老友。20世纪30年代，钱穆虽执教于北京大学，但是其思想却与远在南京的中央大学的"学衡派"思想更为接近。"但余之大体意见，则与学衡派较近。"[①]1937年，张其昀特别去信邀请钱穆到浙江大学任教，那时虽然北京局势已经不稳，但钱穆因为一些其他原因而未能去赴任。抗战之后，钱穆南下，任教于西南联大。当钱穆在昆明郊外的宜良县撰写《国史大纲》之时，张其昀从遵义辗转到重庆再到昆明，坐了半天的火车穿过八里田埂才到钱穆住的岩泉下寺，两人"在地板上铺床休被，连席而卧，作长夜之谈"[②]。多年以后钱穆回忆那一晚的情景还是禁不住感动，又道"晓峰远道只身来，浓情蜜意，终生不能忘"[③]。这一次，张其昀又邀请他为浙大学生讲学，钱穆欣然应允。1943年2月，钱穆接受张其昀的邀请来到遵义。2月15日，钱穆来到了贵州北部的古城遵义，开始了为期一月的讲学。钱穆为浙江大学学生主讲中国学术思想史，讲课地点安排在何家巷底的龙王庙中。"中国文化大学"教授、当年在史地系读三年级的程光裕写有《龙王庙的讲学震撼》[④]，叙述了当时的情况：

① 张其昀先生纪念文集编委会：《张其昀先生纪念文集》，第7页。
② 张其昀先生纪念文集编委会：《张其昀先生纪念文集》，第8页。
③ 张其昀先生纪念文集编委会：《张其昀先生纪念文集》，第8页。
④ 程光裕：《常溪集》，"中国文化大学"出版部1996年版，第2589页。

下学期,钱穆(宾四)师到校讲中国学术思想史,文学院史地系、师范学院史地系同学全部选修,外系同学来旁听的更超过本系学生,总共一百多人,教务处排定在何家巷底的龙王庙上课。

上课铃声响起,同学入座,女生在前,男生在后,鸦雀无声。宾四师衣蓝布长衫,穿着布鞋,轻步而来,于讲桌前立定,众男女生起立为礼。只见宾四师目光四射,卷起衣衫,手执粉笔,开始宣讲,教材内容深入浅出。每讲一小时,起承转合,自成段落,无锡官话,声调起伏有节,忧伤激昂,其声如空谷佳音,岩瀑奔腾,举手投足,各种表情,尤引人入胜,课后有余音绕梁之感。众皆言又是龙王庙的震撼。

张其昀邀请钱穆赴浙江大学讲学,还有另一个意图,就是想聘请钱穆担任史地系主任,并负责主编《思想与时代》月刊。此前张其昀一直有聘钱穆入浙江大学之意,虽然钱穆因其他关系不忍离开北大,但并未影响二人的情谊。此次张其昀希望钱穆主持浙江大学史地系,主要是因为他已接受美国政府的邀请,代表浙江大学去哈佛大学做访问教授,原定3月份赴美,所以希望钱穆尽快来接替他的位置。1943年3月8日,竺可桢还专门为聘任一事会晤钱穆,"约其下年留此,继晓峰为史地系主任"①(见《竺可桢日记》1943年3月8日)。但钱穆当时任齐鲁国学研究所主任,答应返回成都处理好所务,于秋后再来浙江大学。

1943年2月底,钱穆曾给张其昀写过一封长信,信的原稿至今还保存在浙大档案馆。当时钱穆已在浙大讲学约半月,期间承担了一部分浙大史地系及《思想与时代》杂志社的日常事务。在这封信中,钱穆坦然表露自己的真实性情,说明暂时离开浙大的原委,请张其昀对主持史地系与《思想与时代》杂志社的人选"另作安排"。钱穆终未能入浙大任教,但在他的学术生涯中与浙江大学史地系,尤其是《思想与时代》杂志学术阵营一直有密切的关系。钱穆描述道:"其时晓峰为浙大遍觅国内名学者,如缪彦威(钺)、郭斌和、谢幼伟等诸人,皆在浙大文学院任教,与余皆一见如故,相聚畅谈,诚为当时避难后方难得一快事。"②可见遵义讲学期间钱穆与浙江大学史地系同人切磋学问、相谈甚欢。同时他在文化上的见解也与当时因《思想与时代》杂志而汇聚的如贺麟、汤用彤、张荫麟等人甚为契合。

---

① 竺可桢:《竺可桢全集》第8卷,上海科技教育出版社2006年版,第521页。
② 张其昀先生纪念文集编委会:《张其昀先生纪念文集》,第8页。

自 1941 年《思想与时代》杂志创办以来，钱穆就是该社基本社员和主要撰稿人之一。他为《思想与时代》杂志撰稿 40 余篇，大部分是以文化研究为中心，可以看作是其学术方向由历史研究转向文化问题的标志。他在《纪念张晓峰吾友》自述道："余自《国史大纲》以前所为，乃属历史性论文。仅为古人申冤，作不平鸣，如是而已。以后造论着书，多属文化性，提倡复兴中国文化，或作中西文化比较，其开始转机，则当自为《思想与时代》撰文始。……是则余一人生平学问思想，先后转捩一大要点所在。不得谓与晓峰之创办此一杂志无关联。"①

钱穆不仅在《思想与时代》月刊的编辑与撰稿方面与张其昀通力合作，而且他的教育思想对张其昀也产生了重要影响，特别是钱穆的通才教育理念对张其昀影响甚巨，从根本而言，张其昀的教育宗旨就在于培养通才。这种教育理念的提出是针对当时大学教育的过分专业化，以教给学生谋生的手段为目的，从根本上忽视了人的全面发展这一弊端所提出。实际上，我们当前的大学教育同样存在着专业化和实用主义越来越严重的情形，因此，再次提出通才教育理念具有很强的现实意义。"钱穆提出通人尤重于专家的观点。钱穆认为，今天的大学教育，以培养专门人才为己任，专业成为一个人安身立命之根本，这已是社会发展之必然，此毋庸讳言，针对当时的大学教育只在传播知识，只望人成家，而不望人为通人的现象。西方大学进入现代以来，专业化与实用主义的倾向愈演愈烈，这是和其社会演变及大学发展紧密相关的，而中国的大学制度袭自欧美。"②对于当时的中国而言，更需要各种中坚人物而非仅仅掌握某种技术的专门人才。钱穆断言："对学生而言，在彼自以为专门之绝业，而在世则实增一不通之愚人；对于国家社会而言，则会生心害事，以各不相通之人物，而相互从事于国家社会共通之事业，几乎而不见其日趋于矛盾冲突，分崩离析，而永无相与以有成之日。"③因此，钱穆反对学术专门化的倾向，对于中国的大学教育分院分科之支离破碎，尤为不满。钱穆则认为："若只专注于知识与职业，个人必陷于一种狭窄之境，钱穆指出，若果为职业与知识而求教育，则此种教育比常在转移动摇之中，

① 张其昀先生纪念文集编委会：《张其昀先生纪念文集》，第 9 页。
② 何方昱：《"科学时代的人文主义"：〈思想与时代〉月刊（1941—1948）研究》，第 136 页。
③ 钱穆：《改革大学制度议》，《大公报》（重庆），1940 年 12 月 1 日，第二版（星期论文）。

而受教育者亦必陷于徘徊惶惑之境。"①

（二）张荫麟：主张史地结合

张荫麟，常用笔名素痴，广东东莞人。1921年入清华学堂，1929年秋至1933年夏，张荫麟留学美国，在斯坦福大学先习西洋哲学，后改习社会学，然立志以史学为志业。1933年，张荫麟回国，在清华大学历史系任教。抗战时期，先在西南联大，后接受浙江大学之聘，成为浙大史地系教授，直至1942年因肾脏病逝世。张荫麟是《思想与时代》最初之发起人，《思想与时代》月刊的发起与张其昀、张荫麟二人的密切联谊有关，二人由共同的史学抱负延至创办一份刊物。

张其昀与张荫麟的相识是从文字开始的，张其昀曾经撰文写道："民国十五年作者在《东方杂志》发表《金陵史势之鸟瞰》一文，承荫麟兄撰为提要，刊在《清华学报》附篇中，是为吾二人文字缔交之始。在抗战以前，我们仅会晤两次。民国十八年夏，荫麟兄在清华大学毕业，赴美留学，作者适以事经沪，由王以中兄之介绍，获一夕之畅谈。以后他在美国斯丹福大学攻哲学四年，自称'居西美一僻乡，与世绝缘，真成韬隐'。回国后即在母校清华大学任教。民国廿四年夏，作者自西北漫游而归，道出北平，访荫麟兄于清华园，他与其新夫人一同进城，为我洗尘。卢沟桥事变以后，他只身脱险南下，就国立浙江大学之聘，住天目山禅源寺，为新生讲史学。浙大几度播迁，他回故乡广东东莞，后在西南联合大学授课，至二十九年浙大迁至黔北遵义，他亦重来本校，迄今二年有余。"②

对历史地理学以及国史的共同志趣奠定了两人的深厚友谊与共同事业。按张其昀自己的话说："吾二人之友谊渊源于史地关系之结合。"③张其昀一直都主张史地结合，张荫麟也同样认为史地是不可分的，二者为姊妹学科，其相辅相成之处甚多，治一时代之史必须要清楚当时的地理背景。张荫麟的史学功底相当深厚，对于哲学、社会学又素有研究，然特别认为史学应与地学相结合。二人都有编撰国史长编的愿望，1941年二人共同发起的《思想与时代》月刊社，其初衷即为以学社为中心，承担国史编撰的事业，刊行国史长编丛书。由此可见，集合众人之力，编纂通史乃张荫麟与张其昀共同的学术抱负。

---

① 钱穆：《理想的大学》，《思想与时代》月刊第20期，1943年3月，第1页。
② 张其昀：《敬悼张荫麟先生》，《大公报》（重庆），1942年10月27日，第一版。
③ 张其昀：《敬悼张荫麟先生》，《大公报》（重庆），1942年10月27日，第一版。

张荫麟自留学回国以后,专精于《中国史纲》之撰述,其初稿曾在《大公报》发表一部分,其上古史之部,经改订后,刊为《中国史纲》第一辑,于1941年3月由国立浙江大学史地教育研究室出版。宋史之部曾在《思想与时代》月刊发表两篇,预定陆续整理刊布,因病中辍。"《中国史纲》一书是呕心血的著作,他常常工作至午夜以后,因此就深伏了病源。本书价值,识者自有公评,即就文字而论,亦用力至勤。世人多惊羡其文笔之粹美,以为胜过一般文学创作,不知其字字珠玑,皆为潜心涵泳几经锤炼而后成。他是一位饱学之士,能禁其阅书,而不能禁其运思。他念念于《史纲》之完成,虽在病中仍精思不休,而病势遂陷入深渊。由于是抗战时期,物资困难,此一计划未能实施。"①但张其昀并未放弃过努力,他在晚年的回忆中提及此事:来台以后,我主编中国丛书,十年以来,已出版三百种,大都与国史有关,可算实现了当时的志愿,以后当继续编印。

正是由于过度劳累,张荫麟不幸病倒,英年早逝。张其昀曾经在悼文中深情回忆两人交往的点点滴滴,清晰可见两人惺惺相惜、志趣相投。1940年4月间,张其昀因有事赴重庆开会,提前一晚去张荫麟寓舍拜访。"其时他住在遵义老城石家堡三号第三层阁楼,窗前竹树森蔚,湘川在望,据全城登眺之胜。吾二人纵谈至夜深。谈话结果我们拟纠合同志,组织学社,创办刊物,在建国时期从事于思想上的建设,同时想以学社为中心,负荷国史编纂之业,刊行'国史长编丛书'。盖以国史艰巨之业,决非少数人力所克负荷,断制营构,固须自运匠心,至若网罗散佚,分析史材,及各方面之综合,则非资众手不可。拟约集同志,先成一国史长编,此非徒为少数人谋,后来任何有志通史者,均可用为资藉。此长编不必有一贯之统系,各册自成段落,为一事一人一制度一时代或文化一方面之专史,谓为丛杂之论集亦可,要以于国史知识有新贡献者为准。各册随得随刊,不必按伦类或时次编排,这是我们共同的理想。是晚话别,他从曲折的幽径,送我到门口。此时遵义山城百花盛开,在纯洁的春夜,和风送来一阵清香,诵'数点梅花春读《易》'之句,相为欢乐。他是多么精壮,多么兴奋,回首不过一年多以前的事。"②

1941年11月,张荫麟血压升高,鼻孔流血。第二年7月,发现尿血,当即住进贵阳中央医院治疗,诊断为慢性肾脏炎。到了同年十月,张荫麟病势进一步恶化,病情加重,当时贵阳中央医院的医生都束手无策,张其昀了解

---

① 张其昀:《敬悼张荫麟先生》,《大公报》(重庆),1942年10月27日,第一版。

② 张其昀:《敬悼张荫麟先生》,《大公报》(重庆),1942年10月27日,第一版。

情况后,立即奔赴重庆,打算为其请名医,可是意料不到的是汽车半路发生倾覆,经历这一件事之后,到重庆已经是四天以后了。张其昀一到达重庆,就立即去请名医金诵盘先生乘专车赴遵义,还未到达,就接到电话,告知张荫麟当日上午已经去世,张其昀痛悼至极。

张荫麟不幸去世之后,张其昀曾经含泪书写悼文,以表达对张荫麟英年早逝的不舍与思念:

> 张荫麟先生于(民国三十一年)十月二十四日上午十三时在遵义逝世,享年三十七岁。他于去年十一月间曾患血压太高,鼻孔流血,至本年七月间发现小便有血,旋进贵阳中央医院,诊断为慢性肾脏炎症,需要静养。本学期未授课,旬日前患失眠,病势转剧,群医束手,作者驰赴重庆,延医诊治,因途中覆车,历四日方达,抵渝后请医官金诵盘先生乘专车赴遵,作者随行,至东溪站,站长告以适接重庆电话,荫麟兄于今晨去世,原车折返重庆,痛悼曷极。他的生平及其在学术上的贡献,他的至友当有详文纪念,兹就作者近年交游讲论所及,含泪濡墨先述此篇,以抒哀感,以代赴告。①

张其昀与张荫麟不仅有共同的志趣,而且惺惺相惜,互为知己。张其昀不但对张荫麟的英年早逝甚为悲痛,而且在以后的岁月之中,竭力完成其未竟之业,并尽力照顾其家人。张荫麟去世后,《思想与时代》月刊第 18 期特辟一期纪念专刊《张荫麟先生纪念号》。张其昀撰写了《敬悼张荫麟先生》,以表达他对张荫麟的哀思。张荫麟的善后之事与遗稿之整理,都由《思想与时代》月刊社同人及浙大史地系师生在做。张其昀在史地研究室为张荫麟设一研究室,名为东莞室,张荫麟的遗著与遗物均存放在里面。张其昀对张荫麟可谓情深意长。1946 年 4 月,仍在遵义的浙大将搬回杭州,临行前,张其昀与竺可桢、李絜非、黄尊生一起去张荫麟墓前祭扫,见其墓前只有一石碑而四周无石磴,竺、张二人商量出资修理。当时张荫麟尚遗有书两屋,张其昀意欲以史地研究室出四十万元购置,其中拨十万元修墓,竺可桢应允。张其昀去台后,仍不忘照顾张荫麟的遗孀遗孤,1957 年,张其昀任台湾教育主管部门负责人时,特接张荫麟之妻及其子女到台湾暂住,张荫麟的子女如今都学业有成。

---

① 张其昀:《敬悼张荫麟先生》,《大公报》(重庆),1942 年 10 月 27 日,第一版。

四、《遵义新志》与经世致用

浙江大学史地系一路辗转迁移,从杭州来到遵义,不但没有中断其学术生命,而且还利用其研究专长为当地的经济建设服务,造福于当地人民,这也是儒家经世致用精神的一个重要体现。《遵义新志》的编纂就是一个很好的例子。"从 1942 年 9 月 24 日至 10 月 27 日,他们在南迄刀靶水,西到鸭溪,东抵遵义城郊,南北约 52 公里,东西约 50 公里,面积 1340 平方公里的遵义地区,进行了土地利用调查。他们以 1940 年陆地测量局出版的五万分之一地图为基础,根据实际考察资料,将耕地、森林、荒地、道路以及房屋分布填绘到图中,并从科学角度加以分析解释,从而提出有关民生利弊的具体建议。"[1]在遵义期间,浙大史地系所教授著述很多,张其昀汇集和综合史地系所各组导师及研究生的这些科研成果,"编成《遵义新志》一书,内容包括地质、地形、气候、土壤、人口、聚落、土地、利用、产业、交通、民族与史迹等。这些科研成果都是实地考察之后,经过详尽研究而得,总共有 17 万字,附地图22 幅。1948 年《遵义新志》在杭州刊行"[2]。

《遵义新志》之所以取名新志,在于其方法的创新,该书确实可以成为治方志学者可以借鉴学习的范例。《遵义新志》完全打破了传统的地方志的编纂方式,与那些仅仅注重编纂桑梓文献、注重地方史料的以文献为主的旧体例有诸多不同,是中国地方志编纂史上的一个创举。浙江大学史地研究所在张其昀的主导下,以对遵义土地利用调查的实际结果作为编纂的基础,这充分体现了其经世致用的教育思想。

《遵义新志》的基本资料或是通过实际观测取得,如气象资料和水系变迁史;或进行专题研究,得出研究结论,如相对地势、地形、土地利用和产业与旅游以及聚落等。全书抄录其他文献的极少,这一点可以说同一般的地方志有着明显的不同。《遵义新志》在内容编排上作了周密又科学的取舍,选取具有代表性的对象加以分析、研究和载录。地质剖面图就有遵义城至金鼎山等 11 个代表性地区的剖面图。遵义地景素描图包含有各地域的代表性景观,如碧云峰南麓(代表湘江区)、乌江渡(代表乌江区)、杨家坞场对岸(代表娄山区)和七里沟南岸(坡度与土地利用)。有特定借鉴意义的有遵义家屋密度图、金鼎山森林带(图)。

---

① 赵旭云:《地理学家赵松乔》,第 53 页。

② 潘维和:《张其昀博士的生活和思想》上册,第 28 页。

地图是表示地域事物分布的最好方式。《遵义新志》采用了 21 幅地图，从不同的角度表述了地质、地形、相对高度、地景素描、家屋密度、土地利用、土壤利用、遵义户均占有耕地面积等等，选题十分合理，许多图至今仍为我们参考。遵义夜雨具有显著的地方特点。《遵义新志》将春、夏、秋、冬四季，每日 21 时到 6 时夜雨占总雨量的比重均一一列出。对每两小时的雨量加以统计，得出了遵义降水的地方特征，全年雨量的 3/5 为夜雨，除了夏季外，各季的夜雨均大于日间，春季夜雨量多，又通过和南京地区的对比，突出了遵义夜雨的特点。《遵义新志》还有极其缜密的科学逻辑。有遵义土壤图、遵义土壤成土母质图、遵义土壤利用图、遵义土壤标准剖面图、遵义土地利用图、遵义县水旱田百分比图、遵义县耕地面积图。从土地到土壤，又从土壤到耕地，耕地的水田和旱田，土地的利用，土壤的利用，耕地的利用组成系统，每个部分又为独立的个体。[1]

我国第一次完整的土地利用调查工作，便始于《遵义新志》的编纂。土地利用情况调查是掌握土地基本情况的基本手段。这项工作从 1942 年 9 月 24 日开始，到 10 月 27 日完成了土地利用地图的绘制。该图名为《遵义附近土地利用图》，制作者为任美锷、杨利普、陈述彭。该图是我国第一次完整的大范围土地调查工作成果，尽管十分简单，从今天的角度看，甚至有点简陋。然而，此图被各类土地利用方式的标识填满，是对遵义全面的土地利用普查工作之后，经过大量的资料整理工作才得以编绘完成。该图将土地利用类型分为 5 种：水田、旱田、旱田荒山混合、森林、森林荒山混合。这种分类方式简明扼要，实际上，即使我们现在的土地利用分类，也没有脱离这一原则。今天我们花费大量人力、财力进行的土地利用调查工作并以土地利用图绘制为最终成果，从本质上说，今天编制的土地利用图与《遵义新志》的土地利用图的价值是等同的。

《遵义附近土地利用图》以 1∶50000 的地形作为底本。然后，根据实际调查的材料，把森林、荒地、耕地、道路、房屋的分布画到图纸上。《遵义新志》中土地利用调查与土地利用图的绘制，为中国土地利用调查之始。土地利用图的绘制，是土地利用调查工作的最终成果。缺少

---

[1]　王永太：《张其昀与〈遵义新志〉》，《中国地方志》2005 年第 2 期，第 58 页。

了土地利用图,土地调查工作实际上是没有意义的。因为地面上一个点,如果用文字叙述其位置,即便用经纬度表示,也至少需要20个字符。即便是这样,也很难给读者以清楚的信息;而在地图上,只需要一个点即可表示清楚,而且直观、简明。土地利用的情况,实际是地面上不同信息的汇集。因此,土地利用调查,其最终成果必须要用地图表示。《遵义新志》绘制的土地利用图与土地利用研究,是中国最早出现的完整的土地利用调查与研究。[1]

早在20世纪40年代,《遵义新志》之《土地利用》章已经提出了要"防止山地之过度垦种"观点。《遵义新志》中相对地形、土地利用等内容,不但有新的理论创新,而且能够服务当地的社会发展。书中所提出的诸多结论,具有很强的实践价值,能够解决许多现实问题。实际上,《遵义新志》为合理利用遵义的土地资源,改善遵义的农业耕作制度,提高农作物产量上的开拓提出了诸多良策与建议。张其昀在《遵义新志》序言中说:"此种土地利用图之绘制,在我国尚属首次,倘能普遍推行于各地,裨益建国大业,当非微薄之意。篇中关于农业改良之若干结论,均本之田间目验,实事求是,非但可供今后遵义地方建设之准绳,且为我广大农村画出一幅剖面,深望我国言农政者留意及之。"[2]

---

① 王永太:《张其昀与〈遵义新志〉》,《中国地方志》2005年第2期,第56页。
② 张其昀:《遵义新志》,国立浙江大学史地研究所,1948年,第88页。

第三章　从担任台湾教育主管部门负责人到"中国文化大学"的创办人:对台湾教育建设的贡献

　　1949 年 5 月初,张其昀来到广州,原计划与谢幼伟、崔书琴以及钱穆等人一道去香港办学,但是 6 月的某一天,他突然接到蒋介石的邀请去台湾,张其昀只好放弃去香港办学的计划,匆匆携妻带子渡海赶往台湾。自此以后,张其昀就再也没有回到大陆,而他的生活开始与政治更紧密地联结在一起,开始担任党政要职。1949 年 8 月,张其昀担任国民党"总裁办公室"秘书组主任;1949 年 10 月 16 日,国民党成立"革命实践研究院",蒋介石任院长,张其昀主持具体工作;1950 年 4 月,出任国民党"中央宣传部部长";1950 年 8 月,担任国民党"中央改造委员会"秘书长;1954 年 8 月,出任台湾教育主管部门负责人;1958 年,出任"革命实践研究院"主任;1962 年创办"中国文化学院"。从张其昀担任的职位不难看出,张其昀赴台之后与政治太过亲密,这无疑会在一定程度上影响他的治学以及论述的公正性,但另一方面,正是因为与政治过于亲密,张其昀有足够的资源与机会来实践自身的教育理想。实际上,张其昀赴台之后对于台湾的教育建设以及弘扬中国传统文化、传播儒学思想,从而遏制部分台湾民众的"皇民化"遗毒,无疑做出了突出的贡献。

　　张其昀对台湾教育建设的贡献主要体现在两个方面:一是担任台湾教育主管部门负责人期间对台湾教育建设的贡献。张其昀曾经于 1954 年至1958 年担任台湾教育主管部门负责人,对于台湾的教育建设做出了卓越的贡献。张其昀做事不畏阻难,只要认定的事情就持之以恒地坚持下去,直到成功,这让许多学者、教育专家都认为他是历任教育主管部门负责人贡献最多的。其教育政策的根本要旨在于:"昌明孔学、弘扬华化,融贯新旧,沟通中外,致广大而尽精致。"①根本而言,这是一种人本主义的教育政策。二是于 1962 年创办"中国文化学院",后改制为"中国文化大学",这不但促进了台湾地区高等教育的发展,而且也成为岛内弘扬中国传统文化的重要基地。

第一节 对台湾中小学教育建设的贡献

张其昀虽然长期担任大学教授,但也一直关注中小学教育,早于 1927 年,他曾经发表了一篇纪念宁波高等小学十周年的文章,从学生、教师以及乡贤等方面提出了他的教育理念。② 张其昀担任台湾教育主管部门负责人之后,非常重视小学教育,他曾经指出,"根本在教育,教育的根本在小学"③。张其昀认为教育上最重要的任务就在于谋求小学教育的进步。张其昀把小学教育视为大树的根基,他进一步指出:"我们就拿树木来比仿,小学生就是树根……小学生这个根如能培护得好,就会有好的中学生、好的大学生乃至未来的伟大人物和光荣事业。"④张其昀在担任台湾教育主管部门负责人期间,不遗余力地推动小学教育大发展,"本人在'部'四年,平日有一件最用心的事,那就是对于'国民教育'的重视。'国民教育司'是本人任内恢复的,聘请叶楚生女士为司长,意思是要鼓励优秀女青年多多担任'国民学校'教师"⑤。

一、倡导初中免试升学

张其昀担任台湾教育主管部门负责人期间,所提出的最重要的同时也是备受争议的教育政策之一即"初中免试升学",这也是成为台湾后来实施"九年国民教育"的肇始。

(一)"初中免试升学"政策提出的缘由

"初中免试升学"的政策起始于 1954 年 11 月 11 至 12 日,当时张其昀参加与日本前文部大臣前田多门的晚宴,谈及日本战后办理延长九年义务教育的详情之后,张其昀深受日本的做法所启示,就萌发了这一动机。据说当

① 张其昀:《张其昀先生文集》第 16 册,第 8567 页。
② 张其昀:《张其昀先生文集三编》,第 1—3 页。
③ 张其昀:《张其昀先生文集》第 17 册,第 9131 页。
④ 张其昀:《张其昀先生文集》第 17 册,第 9131 页。
⑤ 张其昀:《张其昀先生文集》第 16 册,第 8613 页。

时日本全国人民对延长九年义务教育的措施非常反对,幸亏得到美国当时驻日本的麦克阿瑟将军(General Douglas MacArthur)的大力支持,才能够勉强实施。日本的情形让张其昀深刻意识到,尽管会遭遇到各种困难,但是延长义务教育确实非常有必要。根据台湾地区当时的财政状况,直接提出实行九年义务教育,必定会遭到极大的反对,基于此,张其昀避谈实行"九年义务教育",反而提出"'国民学校'毕业生免试升学"。在张其昀的强力主导之下,台湾教育主管部门于1955年9月25日,研议通过"发展初级中等学校方案",使"国民学校"毕业生志愿升学人数与初中招生人数大致相同,换言之,"国民学校"毕业生只要愿意继续升学深造的,都会有继续升学就读的机会,如此就可以免除初中入学考试,从而取消严重损害孩子们身心健康的恶性补习。

张其昀之所以提出"初中免试升学"方案主要基于如下两方面考虑:其一,试图与国际教育的新发展接轨,以便迎接世界各国和地区延长义务教育之趋势。为了促进经济发展,以适应社会发展的需要,第二次世界大战之后,世界各国和地区为了配合经济的新发展,对劳动力的素质有了新的要求,许多国家和地区均已延长国民义务教育,即使东南亚各国,均延长为九年,然而同期的中国台湾地区仍为六年。张其昀也深刻意识到为了促进台湾地区的经济发展,提供适应社会新发展的合格劳动者,需要延长义务教育为九年,同时,他也清楚地意识到,基于当时台湾地区的财政与政治现实,一旦贸然提出此项政策,必定遭到强烈反对,但是张其昀高瞻远瞩,认为为了配合经济社会发展,让台湾地区成为富强地区,必须延长义务教育年限。

其二,该项政策之所以提出,其最直接的诱因是有一个事实上非常迫切的要求——救救孩子,这就是由于初中升学考试所引起的恶性补习严重损害了小学生们的身心健康。张其昀实在不忍心看到正在发育成长期的学童,身心受到"恶性补习"的戕害,大多数家长本来以为读书是一件快乐的事情,可是实际上却变为一件苦事,不但儿童痛苦,父母亦痛苦。他描述道:"一到小学五六年级,全家都紧张起来,恶性补习,深夜未休,孩子们用功的程度,不下于老先生,影响睡眠,有害健康,而且使全家寝食不安。儿童为民族幼苗,正在发育时期,何忍横加摧残。绝大多数家长怨声载道,可是家长们一方面埋怨恶性补习,一方面又不愿意十二三岁儿童失学,在家游荡,政府未有办法之前,忍痛亦无可奈何。因此任何严格取缔,终究难以彻底收效。"①张其昀认为："虽然教育主管部门可以通过修改课程，减轻学业负担，改进考试技术等措施来解决恶性补习问题，但是这些措施不能从根本解决问题，仅有隔靴搔痒之力，不能对症下药，唯一的可行的办法就是使志愿升学者都有升学机会，这才能从根本上解决这一恶症。"②免试升学方案不同于义务教育，不是强制性的，而是完全出于个人志愿的。"免试升学方案仅为延长义务教育之准备，其不同之点，则为实验的、志愿的、收费的，而非为义务教育之普遍的、强迫的、免费的。"③事实上，基于当时的政治经济状况，台湾地区尚不具备实行九年义务教育的条件，因此，张其昀才提出如此折中方案。在当时，小学毕业生志愿继续升学者，大约在百分之七十左右，而初中容量平均达百分之五十左右，差额为百分之二十。免试升学的好处，就是解决这些差额，来根除恶性补习，以后逐年提高升学率，就轻而易举，水到渠成了。它并不像延长义务教育那样是普遍性的、百分百的、强迫的、免费的。既然是志愿升学，初中阶段可酌量收取学费，以资弥补教育经费的不足，可见这确实是一种稳扎稳打的做法。"国民学校"毕业生志愿升学者得免试升入初中，可以为将来延长义务教育至九年做好准备。实际上，张其昀所提出的"初中免试升学方案"在今天仍然具有很强的现实意义。当前，大陆的广大中小学学生依然面对着"恶性补习"的戕害，学业压力不断增大，虽然教育行政部门采取了种种措施来缓解学生的学业负担，但是总体而言，收效甚微。张其昀的教育改革告诉我们给学生减负的釜底抽薪之策就是充分保障学生的升学自由。

张其昀进一步指出，"初中免试升学方案"仅仅是一个过渡方案，其最终目的在于延长义务教育年限。"当前教育上之严重问题，为中等学校数量的发展尚感不足，尤其以初级中学数量过少，致使'国民学校'毕业生升学感到困难。以台湾省'国民教育'普及程度，以及'国民经济'增进之情形，可以考虑参照世界先进国家和地区，延长义务教育年限。"④因此张其昀创立此一方案，使志愿升学者以均等的机会，即为矫正升学主义的弊害，使"国民学校"恶性补习消弭于无形。

但要实行这一方案，绝非一件易事，需要考虑到方方面面的事情，尤其

①　张其昀：《张其昀先生文集》第 16 册，第 8604 页。
②　张其昀：《张其昀先生文集》第 16 册，第 8604 页。
③　潘维和：《张其昀博士的生活和思想》上册，第 216 页。
④　张其昀：《张其昀先生文集》第 16 册，第 8396—8397 页。

是在教育的经费、校舍、设备、师资均感不足的情况下推行,自然更是困难,所以这一方案开始之初,各方反应不一,且反对者远多于赞成者。张其昀面临巨大的压力,但是他没有退缩,他仍然坚持这一个备受攻击的"初中免试升学"方案,其动机是:"奈因教育上不能大刀阔斧的兴革,致儿童呻吟于恶性补习之下,而莫能为之援手。难道教育的负责当局能够置身事外,熟视无睹,束手无策吗?"①就是这一片恻隐之心加重了张其昀对教育的责任感,他认为责无旁贷,必须采取行动,于是顶住种种压力,提出了免试升学方案。此外,这与张其昀的儒学教育思想亦密切相关。首先,他认为学习应该是一件快乐的事情,他曾经多次提到《论语》之中充满了"乐"字,而未见一"苦"字;其次,这与其一贯信奉的孔子"有教无类"的全民教育思想有关。

(二)"初中免试升学"政策的实施

在 1956 年 2 月 9 日台湾教育主管部门的决策中,张其昀首先提出要办中学会考及小学毕业生免试升学两案的构想,希望台湾省政府能够支持实施。他充分意识到在当时的境遇下强行推行九年义务教育势必遭遇到更大阻力,所以只能将此方案进行变通,提出"国民学校"毕业生升学初中方案:"因之我们审度环境,经过'教育部'研究委员会的商议,而有发展初中五年计划的提供。这是一种稳健的缓进的计划,希望五年之内,本省各县市分期分区来发展初级中学,等到五年之后,我们可有相当基础,以为政府延长义务教育至初中阶段的准备。我们现在所做的,只是初步准备工作,并无变更现行学制(即把义务教育年限六年延长到九年)之意。"②经过多日的讨论,并审查其预算,台湾省政府觉得问题、困难重重,最终决定采取分期分区实施的办法进行,在 4 月 1 日经张其昀指示,以新竹县为实验区。

1956 年 4 月 15 日,张其昀请新竹县县长朱盛淇、教育科科长覃吉生以及林清辉与余瑞麟两位校长于教育厅开会,决议补助新台币 210 余万元,给新竹县为第一年试办免试升学方案之用。1956 年 4 月 30 日,张其昀强调"免试升学方案"务必在新竹县试办。1956 年 7 月 22 日,张其昀偕同台湾教育厅科长黄季仁,新竹县县长朱盛淇、教育科科长覃吉生、各乡镇长、有关学校校长等数十人,参加新竹县举行的免试升学座谈会。1956 年秋,台湾省新竹县"初中免试升学"教育实验开始,这一实验,确实为台湾教育翻出了崭新

---

① 潘维和:《张其昀博士的生活和思想》上册,第 752 页。
② 张其昀:《张其昀先生文集》第 16 册,第 8362 页。

一页。这一实验的目的在于发展初级中学，即各乡镇均设一初中，使"国民学校"毕业生，得以就近升入初中。过去因初中学额有限，必须竞争考试，因而发生恶性补习现象，损害儿童健康。此方案实行后，"国民学校"毕业学生不必再参加升学考试，故又称免试升学方案。张其昀计划先以新竹为试点，将来再逐渐推广至各县市，可作为延长义务教育之准备。

（三）"初中免试升学"政策的成效

新竹的初中免试升学实验，取得了显著成效。作为实验园地，新竹县不但扩充了初级中学的学额，教育实验之后，新竹每一乡镇均设有中学，而且山地同胞所住的山地乡镇，有初中两所，使"国民学校"毕业生志愿升学者，都有升入初中的机会。而且自恶性补习停止之后，儿童体重普遍增加，"国民教育"步入正轨。不但学生的学习程度未见降低，而且儿童的身心得以全面发展。免试升学方案实行一年之后，台湾"监察委员"侯天民、李锻和朱宗良三位先生曾经提出调查报告："其一，填鸭式教学已渐次矫正，教学日趋正常化；其二，学生程度未见降低，根据学区统计，初中成绩反见提高；其三，四育并重的正常授课，使儿童身心获得平衡发展，体重普遍增加，即六年级学生，亦有同样的结果；其四，消除了家长担心子弟不能升学的恐惧与不安心理，衷心感激政府的此一德政。"①

新竹县教育实验的工作，并非仅限于增加儿童升学机会，而是为积极改进变革中小学教育，使中小学不再以升学作为唯一目的。新竹实施免试升学后，学区初中兼顾职业训练，以期培养学生就业能力。初中阶段特别提倡社会中心教育，其目的在于使学校与社会、教育与实业融为一体。本着因地制宜之原则，于关西等校设置农业训练中心，竹东等校设置工业训练中心。一切措施以社会中心教育为依归，适合当地社会实际需要，实施建教合作，善用社会资源，以期获取最大经济效果。注重儿童生活知能的训练，使初中毕业生不能升学者，均有就业的机会与能力。新竹县实行免试升学后，"国民学校"学生儿童身高与体重平均都增加。免试升学足以保障学生的健康，实在比其他一切问题重要。正如高梓指出的那样："我们所看到的仅仅是体重一方面的进步；其在儿童心理上、精神上所获得的种种益处，就无法用数字计算了。"②

---

① 潘维和：《张其昀博士的生活和思想》下册，第 1394—1395 页。
② 潘维和：《张其昀博士的生活和思想》下册，第 1394—1395 页。

新竹"初中免试升学"方案实施之后,虽然遭遇到不少非议,有人认为张其昀好大喜功,好高骛远,一方面担心财政困难,另一方面又担心降低教育质量,粗制滥造,但是却得到了学生家长和新竹县议会的支持,虽然当时缺乏法律的依据,并且遭遇政府的财政困难,以及家长的沟通与协调工作做得不够,但是新竹教育实验依然在艰难中前行了。张其昀极力于免试升学之方案,就是希望可以提升"国民教育"之水平,消除恶性补习对学生身心的摧残,以获得健全均衡之教育,"因为过去为求升学,只知注重补习,虽残害儿童身心,在所不愿。举凡降旗、早操及一切课外活动,均行停止,音乐、美术、劳作等科目,亦几乎取消,而实行填鸭式的反常教育,致学生放弃许多修习之学科,不能获得健全平衡之教育。今施行免试升学制,则上述弊病自能矫正,对学生诚有益无害"①。张其昀在新竹成功的经验之上,极力扩大实验区之范围。1957 年 6 月 22 日,张其昀约王亚权"司长"商谈如何在高雄市办理免试升学作为第二实验区,并于 1957 年 7 月 23 日获得通过。

但是由于张其昀的教育改革触动了社会上部分中上阶层的既得利益,导致社会上的各种反对声音不断高涨,"要知道'部长'的建树固然有人喝彩,也有人讲闲话。最近从台大传来的诽话,说目前教育界有两位高人。一个是非非大士,一个是渺渺真人。前者指的是先生,后者指的是教育厅长刘先云"②。又加之当时台湾行政主管部门改组,新任负责人陈诚是军人出身,他与张其昀的立场存在诸多差异,虽然蒋介石竭力挽留,但是张其昀坚持辞去教育主管部门负责人一职。1958 年 7 月,张其昀卸除教育主管部门负责人之职,同年秋,这一方案就停止在新竹县试办了。

虽然新竹教育实验方案由于张其昀的离职而遭停办,但是这一实验具有重要的意义,随后的诸多教育评价都充分表明了这一实验不但有量的扩充,更有质的提高,绝非粗制滥造,降低教学质量。新竹县第二女子中学学生朱以铮,是"免试升学"方案实行后新办初中的第一届毕业生,于 1959 年荣膺台北市高级中学联合入学考试的榜首,有人说免试升学是好大喜功、个人主义、本位主义,甚至说是好大喜空,其实不然。张其昀曾经写道:"当新竹县免试升学停办时(1958 年第二学期告一结束),在 1959 年 1 月 24 日中华日报新竹讯,新竹县县议会议长郑玉田曾说:'我代表新竹县四十三万民众,反对此种决定。''监察委员'报告所称大多数家长认为识政府德政,完全

---

① 潘维和:《张其昀博士的生活和思想》上册,第 217 页。
② 张其昀先生纪念文集编委会:《张其昀先生纪念文集》,第 43 页。

可以证实。"①"如今活泼可爱的学童,健康的比例大幅度地提高,所以张其昀的教育思想,在'教育部长'任内的'免试升学'的构想与实验,可说是为九年义务教育铺下平坦的成功路基。"②因此,在新竹办免试升学时,新竹县教育科中等教育股股长梁宗鲲,在 1960 年 3 月出版《新竹县实验免试升学的成果》一书,前言内述:"我相信公道自在人心,不久的将来,终于有真相大白的一天,将来写教育史的人,必有公平的评论。无论如何,这一次的实验,是台湾教育史上的创举。其办理的成果与经验,对于今后发展初中教育,以至延长义务教育年限,都有重大的参考价值。"③

二、扩充小学教育经费

张其昀虽极力倡导初中免试升学,但这绝非意味着不重视小学教育,恰恰相反,在担任台湾教育主管部门负责人的四年期间,他积极扩充教育经费,加强小学教育,对于小学教育的重视是其平日中最用心之事。张其昀明确指出:"小孩子是民族的希望,所以要培育儿童,有强健的身体,新颖的智识,优良的品行和习惯,使每个人都成为勇敢爱国的良好国民。所以小学教育办得好,小学生生活过得好,就是巩固国基的工作。"④虽然有明文规定,但是在当时台湾地区的财政经费非常紧张的情况下,用于教育文化者的经费非常少,不足以发展教育事业。张其昀担任台湾教育主管部门负责人之后,提倡教育经费应按照有关规定实施。他主张扫除文盲,发展小学教育、体育等事业,台湾地区今日教育之成果,即张其昀当时力主扩展教育经费之功。

三、创办"国民学校"教师研习会

张其昀将"国民教育"视为教育上最重要的任务,而提高"国民教育"的质量,尤在提高"国民学校"师资的素质。张其昀认为,提高"国民教师"素质的途径有二:一为大力发展师范教育;二为在职教师的研修。"本人出任台湾'教育部长'一职时,深感'国民教育'为一切教育之基础,而优良师资又为'国民教育'之根本,于 1954 年九月二十六日,颁布了提高'国民学校'师资素质实施方案,其内容以'良师兴国'为主题,一面积极发展师范教育,一面注重'国民学校'教师之在职进修。"⑤师范教育旨在培养"国民学校"未来之

① 张其昀先生纪念文集编委会:《张其昀先生纪念文集》,第 217—218 页。
② 潘维和:《张其昀博士的生活和思想》上册,第 700—701 页。
③ 宋晞:《张其昀先生传略》,第 78 页。
④ 张其昀:《张其昀先生文集》第 17 册,第 9132 页。
⑤ 张其昀:《张其昀先生文集》第 16 册,第 8543 页。

师资,而"国民学校"教师之在职进修是提高"国民学校"师资的素质,是谋求"国民教育"进步的正本清源之道,基于此见解,张其昀决定创立台湾省"国民学校"教师研习会,其目的就在于推动在职教师的研修,提高在职教师的专业素质。

在张其昀的积极倡导之下,台湾省"国民学校"教师研习会于 1956 年 5 月 10 日正式成立,地点在台北县(今新北市)板桥公园。研习会以中国文化为核心,以现代科学为工具。本着古代教育家"虚心涵泳,切己体察"的实训,采集中外教育上各种实施有效之优点,为研习之内容。而其最值得重视之特点,则为实事求是,着重实际问题之研讨,研习学员与专家教授集思广益,交换心得,以寻求有效之解决途径。张其昀在六十年前就倡导通过创办教师研习会来促进教师的专业发展,以问题解决为主线,以教师之间的对话交流、教师与专家的沟通、"临床会诊"等方式来不断提升的教师的专业素养,确实很有超前意识。

张其昀特别挑选新竹师范附属小学校长高梓女士为教师研习会的筹备主任。在高梓的带领下,教师进修学校特别注重两方面素质的提升,其一为教师职业道德的提升,其二为教师的教学实践能力的提升。高梓女士"办学成绩卓著,主持此一机构,以实施爱的教育与动的教育为号召。爱的教育就是情感教育,人间的温暖发生于最优美最崇高之情感。动的教育可归纳为三句话,即'身教为先,力行第一,实践至上'。当此物力维艰之时,教育上精神与方法实在至为重要,以期达到古人所谓变化气质与移风易俗的目的"①。张其昀将教师职业道德的提升置于教师研习会的首要功能,毫无疑问,这正是其儒学教育思想的具体体现。

张其昀非常重视教师研习会的作用,将教师研习会比作新教育的苗圃。"来此进修的教师们,对提高专业精神,改进教材教法,都深感兴趣,希望能扩大施教。孔子曰:'君子务本,本立而道生,孝悌也者,其为仁之本与?''国民学校'教师研习会的要旨在于启发新教育的理想与方法,而提倡生活教育,即所谓的'修身',乃为整个'国民教育'的灵魂。所以应当从家庭生活孝敬父母、友爱兄弟着手,以期推而至于爱乡土、爱同胞、爱国家、爱人类。"②研习会本着由近及远、层层开展的理念,极有条理与系统,这种理念与《大学》所谓的"修身、齐家、治国、平天下"非常类似。

---

①　张其昀:《张其昀先生文集》第 16 册,第 8544 页。
②　张其昀:《张其昀先生文集》第 16 册,第 8645 页。

张其昀非常重视"国民学校"教师研习会的工作,而且每一期研习会,他都亲自参加,并且把教育宗旨告诉各位,第一是注重体育,第二是注重音乐。"我们要培养儿童坚强的体格和优美的情感;必须有健全的身体与健全的精神,打好一生事业的基础,那么从事学习,自然会事半功倍,胜任愉快。"①教师研习会主任高梓女士付出了宝贵的心血。到张其昀离任时,结业学员已达三千人,"良师兴国"的精神,逐渐弥漫于宝岛。

第二节　对社会教育建设的贡献

张其昀不但重视学校教育,而且特别关注社会教育,其在任内,采取特别措施来提升台湾地区的社会教育事业,其中有两件事情对台湾地区的社会教育而言具有特别的重要意义:一为社会中心教育之开展;二为南海学园的建立。

一、社会中心教育

张其昀担任台湾地区教育主管部门负责人以来,特别注重贯彻"建教合一"的方针,其目的就是要使学校成为建设社会的中心力量,"要把教育与实业冶为一炉,学校与社会打成一片,读书与生活、学习与工作融为一体,要以民族精神教育、科学教育、职业教育、成人教育四者为支柱,而构成一座新的完整的大厦。这种教育上的新思想与美国的社区中心教育(community-center education)用意相同"②。这种新教育在台湾地区被称为"社会中心教育"。张其昀认为,初中阶段应特别提倡社会中心教育,旨在使学校与社会、教育与实业融为一体,注重儿童生活智能之训练,使初中毕业生不能升学者,均有就业的机会与能力。他还认为,童子军教育与四健会运动与社会中心教育脉络相通,使其互相扶持,则收效更大。

"社会中心教育的核心在于学校社会化,社会学校化。一方面,学校应充分利用当地的各种资源,包括一切人力、地力、物力、财力与心力,因地制宜,因势利导;另一方面,社会应充分利用学校教育的各项设施与设备,使其成为实业发展与经济建设的原动力。"③学校与当地社会相辅相成,互相促

---

① 张其昀:《张其昀先生文集》第16册,第8547页。
② 张其昀:《张其昀先生文集》第16册,第8257页。
③ 潘维和:《张其昀博士的生活和思想》上册,第220页。

进,共同发展。因此学校越进步,则地方越繁荣,经济越发展,则教育越发达,建教合作,相辅相成。如此一来,学生的失学与毕业之后的失业问题有望彻底解决。简单地说:社会中心学校就是为当地社会所有、当地社会所治、当地社会所享的学校。社会中心教育,简而言之,就是手脑并用,教养兼施,知行合一的教育。社会中心教育即学校与社会双方交流的意思。学校社会化,社会学校化,真正做到建教合作的地步。社会资源,包括经济的(指物力、财力与各种生产)与人文的(指组织、技术与各项人才),学校应设法充分运用,以巩固教育之基础。同时,学校一切设备与设施,均为地方经济繁荣与文化发展而努力,使学校成为社会进步之原动力。社会中心教育真正体现了儒家经世致用的教育思想,这种思想在张其昀的教育实践中不断显现。

1953年,台湾教育主管部门决定设立社会中心实验学校,很快就引起教育界同人的极大兴趣,要求逐渐推广,于是社会中心学校的数目不断扩大,在台湾各地遍地开花。"嘉义的东石中学与新竹的竹东中学是最初所指定的二个实验中心学校。1954年夏天在举办中学教师暑期讲习班时,特别增设'社会中心教育'一科。同年秋天,宜兰的罗东中学,花莲的凤林中学,彰化的鹿港中学,高雄的旗山中学,也被指定为实验中学,总共六所实验中学。实验至今虽然仅有两年的时间,但教育界同人已经对此发生莫大兴趣与信心,要求逐渐扩充,全面展开。从本年秋季开始,台湾全省各县市至少各有中学及小学一所,推行此项实验工作。四年之内,做到了台湾省每县市至少有此类示范的中学一所。较著名的,如新竹竹东中学、嘉义东石中学、宜兰罗东中学等;彰化鹿港中学与当地水产试验所密切合作,从事水产养殖与加工制造等。"[①]

社会中心学校的教学方法以问题解决为中心,注重教学中的探究性与合作性,主张知行合一。从某种程度上说,社会中心学校的教学方法非常类似于今天大陆所大力倡导的综合实践活动课程。"其要点为充实教学设备(如图片、标本、模型、仪器、实物以及各种器材),实施电化教育,注重实习、讨论、参观、调查等方法,以问题为出发点,尽量使用活的教材,由教学做三者合一的过程中,获得生活智能与实际经验,必能养成学生自动自发的精神与劳动服务的习惯。"[②]社会中心教育的设施,经费由地方人士承担,教材与

---

① 潘维和:《张其昀博士的生活和思想》上册,第702页。
② 张其昀:《张其昀先生文集》第16册,第8260页。

教法之编订与改进,则为政府之职责。

社会中心学校的一个特点就在于学校社会化,学校要与当地社会融为一体,要为当地社会服务,所以学校的"教学设备,如礼堂、图书馆、运动场,均对外开放。并举办民众补习学校,或民众夜校,采取小先生制,指导学生,推行'国语',扫除文盲。罗东中学设有商业职业补习学校,夜间上课,学生多为失学青年,以及在机关工厂商店服务之成人。竹东中学设有妇女家事指导班,训练妇女刺绣、抽纱、缝纫等。社会中心教育为此时此地之民生教育,以社会调查为起点,以社会服务为目标。故学制与课程在全省统一规模之下,自当因地制宜,因材施教,而富于弹性。新竹县竹东中学为一社会中心学校,改校设水泥、玻璃等十五科目,供学生选修,以适应当地需要,则为一例"①。各校都从事于社会服务工作,必成为名副其实的社会中心。社会服务,由点而扩至面,则为实验农村的建设工作。以东石中学为例,其活动范围包括东石区各乡镇,面积 450 平方公里,人口 22 万人。该校师生每逢节假即结对前往各地农村,从事各项服务工作,深受农民之欢迎。张其昀认为,实施社会中心教育既可以有效解决"国民学校"毕业生升学问题,并且能够解决初中毕业生就业问题,更为重要的是,通过让社会中心教育成为实现地方自治的核心,能够有效推动乡村建设,从而整体推动台湾岛内的各项建设事业的发展。张其昀指出:"孔子曰:吾观于乡,而知王道之易易也。乡村建设乃立国之本,而兴学育才尤为乡村建设之重点。"②

二、南海学园之建立

张其昀出任台湾教育主管部门负责人之前,台湾地区的社会教育是一片荒凉的沙漠,全台北仅有新公园在日本侵略时代设立的一所博物馆,和同址一座聊胜于无的图书馆。张其昀意识到台湾社会教育的薄弱,因此在担任教育主管部门负责人之职时,做出了一个重要的决定,那就是设立南海学园。台湾教育主管部门依据相关规定,建立了诸多新的社会教育设施如图书馆、博物馆、科学馆、美术馆、历史文物馆、音乐台、体育馆等。台湾教育主管部门新建的社教机构有四个:"中央图书馆"、台湾历史博物馆、台湾科学馆、台湾艺术馆。因为这四个社会教育机构都建在台北市南海路植物园东首,形成一个文化中心,所以合称为南海学园。

---

① 张其昀:《张其昀先生文集》第 16 册,第 8259—8260 页。
② 张其昀:《张其昀先生文集》第 16 册,第 8569 页。

张其昀所倡导设立的南海学园各机构,内容重点如下。①

(一)"中央图书馆"

"中央图书馆"自 1933 年成立以来,由于国家多难,阻力重重;"中央图书馆"迁到台湾后,于 1954 年 8 月恢复工作,1955 年 9 月迁入南海学园新址,由蒋复璁出任馆长。该馆除一般业务外,并为台湾对外图书交换之法定机构。故"中央图书馆"是全台湾图籍总汇之区,也是集大成的地方,负有辅导全台湾图书馆事业的责任。与该馆有交换关系者,凡 61 国或地区,图书馆及学术机构 512 处,193 名研究中国学的专家,进行赠送与交换图书工作,此名单仍继续增加。

(二)台湾历史博物馆

"'故宫博物院'及'中央博物院'在台中雾峰,其陈列室已局部开放。惟台北市为'中央政府'所在地,中外观瞻所系,需要有一象征中国文化之地址。1956 年成立台湾历史博物馆,该馆收藏以河南开封博物馆的中州文物为主,可以让中外人士得以仰瞻三千年前殷周时代文物之精华。该馆馆址系利用日据时代之商品陈列馆,房屋亦感不敷,现在添筑钢筋水泥之陈列室一座,以供展览珍贵古物之用,当时建筑经费新台币四十万元,由'教育部'社教经费内支付。"②包遵彭先生为台湾历史博物馆首任馆长,在寻觅馆址时,他与张其昀和刘先云三位先生看中了植物园内的原日本商品陈列馆,但内部住有台湾交通主管部门邮政人员眷属六十余户,要他们搬家颇非易事,幸承当时之台湾交通主管部门负责人袁守谦先生慷慨支持,由台湾交通主管部门新建眷舍一批,他们全部迁出后加以整修使用。

张其昀曾说:"台湾历史文物美术馆(后改称台湾历史博物馆)的宗旨,不仅在展览几千年来光荣史迹,而欲以此为凭借,为象征,以激发民族意识和爱国思想。"③

(三)台湾科学馆

"台湾科学馆于 1955 年 7 月开始建筑,1956 年 4 月开幕,除了陈列、展览、讲演、实验、示范表演及放映科学教育电影多用途之外,全台湾专门学术

---

① 张其昀:《张其昀先生文集》第 18 册,"中国文化大学"出版部 1989 年版,第 9563—9565 页。

② 张其昀:《张其昀先生文集》第 18 册,第 9563—9564 页。

③ 张其昀:《张其昀先生文集》第 18 册,第 9517 页。

团体亦得以该馆为活动中心。该馆是仿照 1945 年成立的名称与组织,定名为台湾科学馆;科学馆共四层,已经落成,当时建筑费共新台币三百万元。设备费一部份出于本'部'预算,已向美国购到全套中学科学教育适用之仪器,以供实验;一部份出于捐助,如底层星象仪室,由'清华大学'基金利息捐助,开放以来,观众极感兴趣。"①

科学馆具有教育性,是科学教育馆或科学实验馆的简称。"此馆有关科学教育之陈列与表现,除供一般学生与市民参观外,并可藉电化而扩大其功效。台湾科学馆的工作项目内容,如下:1. 放映科学教育电影;2. 举行公开通俗科学演讲会;3. 举行科学座谈会及研讨会;4. 举行科学团体科学著作、科学论文检讨会;5. 设置科学实验设备,以备举行科学实验表演;6. 试制科学仪器及标本;7. 展览应用科学模型及表演;8. 陈列本省各地工艺产品,供大众观摩,并研究改进生产的方法。"②

张其昀于 1957 年 11 月 12 日,在台湾科学馆星象仪室开幕典礼讲述中指出:"真知特识必自科学研究而来。而天文学在科学中历史最古,以星象仪表演天文现象的动态,在台湾尚属创举,星象仪室成立典礼,乃是以天文的新知,介绍于台湾民众,并且使台湾民众面对太空时代向上努力的一种表示。"③张其昀认为建立台湾科学馆的意义是非常重大的。

(四)台湾艺术馆

"台湾艺术馆于 1957 年 4 月成立,当时建筑经费新台币一百五十万元,'教育部'与省教育厅各负担半数。"④张其昀设立台湾艺术馆的想法由来已久,早于 1954 年 12 月 19 日,张其昀就指出:"我们想以此为发扬图书、音乐、戏剧、舞蹈、建筑、雕塑、摄影及美术、工艺等中心机构,与台湾艺术学校以及艺术研究机构互相配合;学校与研究所作为培育人才之地,艺术馆则为实习表现之活动中心。我们深刻认识到文艺对陶冶'国民'情感、培养民族精神,关系至为重要。"⑤张其昀又于 1955 年 10 月 31 日在台湾艺术学校成立典礼致辞中讲述"美育的新发展"时指出:"希望台湾艺术学校能添设专科程度的影剧编导科,以培养电影之编剧导演人才;而教育电影制片厂,负有制片之

---

① 张其昀:《张其昀先生文集》第 18 册,第 9564 页。
② 张其昀:《张其昀先生文集》第 18 册,第 9382 页。
③ 张其昀:《张其昀先生文集》第 18 册,第 9489 页。
④ 张其昀:《张其昀先生文集》第 18 册,第 9564 页。
⑤ 张其昀:《张其昀先生文集》第 18 册,第 9379 页。

任务,台湾艺术馆则为音乐、戏剧、舞蹈与电影经常表演、映演与训练之场所,希望将来能够左提右挈,密切配合。"①"'教育部'于 1955 年 10 月恢复原有之'中华教育电影制片厂',以板桥公园为厂址,先行建立技术室,聘郎静山为厂长。当时拍摄有新竹小学、宝岛风光、社会教育中心、'故宫'名画、中国歌剧等影片,今后工作重点在拍摄台湾历史影片,以加强民族精神教育。"②

该馆亦为台湾艺术学校之实习场所,兼为各种艺术如美术、音乐、戏剧、舞蹈、电影等之活动中心。该馆剧场虽仅能容纳七百余人,但梯形座位,收音良好,为一适宜之实验剧场,使现代艺术发展拥有表演之场所,也能培养出真正的艺术人才。

除这四馆之外,张其昀还在南海学园设立"献堂馆"。"台湾耆宿林献堂先生逝世后,其友好亲属为纪念其生平在经济文化上之贡献,当时集资新台币一百万元,捐助于'教育部',建筑献堂馆,为台湾与对外文化合作之一中心,用意至善。该馆现为'中国文化研究所'所址,国际学人来华考察及通讯询问,由该所任联系之责,并发行英文本《'中国文化'季刊》,颇受外国汉学家之重视。"③总之,献堂馆为纪念台湾耆宿林献堂而兴建,建筑经费系几家银行捐献,省政府亦为补助,张其昀以此馆为"中国文化研究中心"及"国际文化交流中心",并利用馆内会议室、贵宾室等处接待学人之用;在南海学园献堂馆,原有台湾音乐研究所之设置,但在张其昀离职后即停办。

张其昀在台湾教育主管部门负责人任内,不仅仅设立了南海学园,还设立了台北县板桥学园与芦洲学园。"台湾教育资料馆于 1956 年 4 月 5 日在台北县板桥公园正式成立,这是一个教育实验室,也是一个教材教法的研究中心,其重点是'教育部'鉴于中小学校程度不齐,设备未充,拟实施电化教育,利用教育广播与教育电视,供给标准化之教材,统一施教,以期提高水平,由台湾教育资料馆为教材研究之中心,其成果可直接播送各校教室,此为改进教学最新工具与快捷方式。当时建筑设备费合计二百四十万元,美国援助经费及教育厅协款各占半数。广播与电视果能兴办,一般民众亦可享受,为社会教育之利器。"④台湾教育资料馆的宗旨是以陈列展览为其手

① 张其昀:《张其昀先生文集》第 18 册,第 9537 页。
② 张其昀:《张其昀先生文集》第 16 册,第 8409 页。
③ 张其昀:《张其昀先生文集》第 18 册,第 9565 页。
④ 张其昀:《张其昀先生文集》第 18 册,第 9564 页。

段,而以研究实验为其目的,是具有专门的博物馆与研究所的规模。台湾教育资料馆原系于台湾教育科学馆楼上加建五层之圆形建筑,是刘先云任职馆长时争取美国协助所兴建,特请时任"考试委员"之名建筑师卢毓骏先生设计,初展风貌时可说是美轮美奂。

台湾教育资料馆与"联合国教育科学文教组织技术援华处"合作,训练师资,灌输基本知识与技能,使学校教育与社会教育更有声有色,进而改进教学方法,提高教育效率,并且能深深地印入人们的心坎里。张其昀指出:"'教育部'教育资料馆分为七个部门:1.比较教育馆;2.'公民教育馆';3.社会中心教育馆;4.劳作教育馆;5.视听教育馆;6.校舍建筑馆;7.师范教育馆。该馆与'教育部'教育研究会密切配合,相信对台湾教育发展,一定能有所贡献。"①

张其昀担任台湾教育主管部门负责人之后,使教育主管部门的权责不仅是为了教育与学术,更是兼及艺术与文化。而且,张其昀认为教育之设施非限于学校,是整个社会均为教育之园地;而教育的设施亦不限于青年,是整个民族均为施教之对象。

张其昀在推行社会教育的过程中,依然遭遇到各种阻力,困难重重。那时台湾教育主管部门的预算非常少,结果导致许多建筑虽然开工,但由于经费不足,只得接受民间捐款。由于经费未能到位,许多设施不完善,园区也较为荒凉,即使张其昀极为重视的台湾艺术馆规模也较小,仅有700个座位。而南海学园落成之初,"除历史博物馆因为陈列安阳出土的周初铜器,有足够的号召吸引力之外,其它各馆内容难以充实,于是又招来各种指责,有的说张其昀'公私不分'(指建筑经费中有私人捐款),有的说'好大喜功'(做事过分积极);但张其昀总是对教育、学术、艺术与文化界中付出卓越的贡献,恰如降下一阵甘霖,使得台湾的社会教育从沙漠奇迹似的便成了绿洲园地"②。

第三节 对台湾高等教育建设的贡献

张其昀非常重视高等教育建设,这也是他儒学思想的重要体现,他曾经

---

① 张其昀:《张其昀先生文集》第16册,第8320页。

② 李俊霖:《张其昀之教育思想与实践》,2006年台湾师范大学硕士学位论文,第96页。

指出：汉武帝时，董仲舒著天人三策，其一言教育为建国之本，其二言开设大学的重要，其三言教育必须以仁义礼乐为宗旨。汉武帝用其言，于是大学正式成立，地方教育普遍推行。张其昀同样也认为高等教育是非常重要的，在担任台湾教育主管部门负责人之后，殚精竭虑地推动台湾高等教育的大发展。应该说高等教育是张其昀最为熟悉的领域，事实也说明张其昀担任教育主管部门负责人期间所推动的诸多高等教育领域的政策较少争议，而且备受好评。"张其昀自接任台湾'教育部长'，其后四年之间，把台湾荒芜的高等教育环境，滋润得欣欣向荣。"①具体而言，张其昀对高等教育的贡献体现在量与质两个方面。

一、量的方面的发展

（一）"恢复"大陆原有大学及学术机关

从 1954 年担任台湾教育主管部门负责人起，张其昀致力于"恢复"大陆的原有大学以及学术机关。当时的国民党当局之所以决定"恢复"大陆的原有大学以及学术机关，一方面，与张其昀的大力推动密切相关；另一方面，当时的国民党当局亦意识到"反攻大陆"遥遥无期，而台湾社会经济发展急需各方面人才，所以决定陆续开放原先在大陆的学校在台"复校"。实际上，许多学校虽然名为"复校"，但仅仅继承了校名而已，教职员工、组织多已毫无直接的关系。第一所在台湾"复校"的是台湾政治大学；随即"清华大学"在新竹"复校"，并先后成立电子科学研究所；两年后，台湾交通大学也在台"复校"。

1. 台湾政治大学的"复校"

在张其昀的努力与坚持之下，1954 年秋天，台湾政治大学首先在台湾"复校"。"台湾政治大学于 1954 年 11 月在台湾复校，校址设于台北木栅。台湾'教育部'于 1954 年 7 月 3 日，举行台湾政治大学复校筹备委员会第一次会议，同年 8 月 21 日、9 月 30 日、10 月 15 日与 28 日，分别举行第二、三、四、五次会议。会议内容谈及有关经费、追加预算、增设研究所、聘请教授与录取、保送学生等事宜。"②经过讨论，决定首先恢复四个研究所，第二年秋季又恢复大学部。张其昀亲自裁定台湾政治大学在台湾的校址。"台湾'教育部'派陈大齐代理台湾政治大学校长，并由陈雪屏、邱昌渭、崔书琴、陶希圣

---

① 李俊霖：《张其昀之教育思想与实践》，第 104 页。
② 潘维和：《张其昀博士的生活和思想》上册，第 465—466 页。

分别任'公民教育'、行政、国际关系、新闻四研究所主任。后陶希圣因故未就职,改聘曾虚白为新闻研究所主任。1955年5月秋季招收大学部一年级生,先设有教育、政治、新闻等五学系。7月决定共招生新生一百名,各系名额分配,以不超过二十二名为原则。8月27日,大专院校联合招生发榜,各系共录取新生102名。这是台湾政治大学大学部招生之始。"①

2."清华大学"的"复校"

1955年8月12日,"清华大学"在台湾"复校"。校址设在新竹。"秉持着'清华精神'恢复'清华大学研究院',运用'清华'基金历年积存息金,筹设各科研究所,罗致科学专家,从事科学研究,藉以配合经济建设。'清华大学'基金总数为四百三十四万美元,再加上1949年以后历年利息积存数合计共达五百五十七万美元。'教育部'认为如果不用基金,只用利息,则第一两年每年希望能用息金约六十万美元;如此则'清华'复校以后,有一比较完善规模。"②

台湾"行政院原子能委员会"为台湾原子能研究之决策中心,于1955年6月2日举行第一次会议。委员十五人,包括"外交""国防""经济""教育"四部代表及有关之科学家,由张其昀为召集人。"'行政院原子能委员会'在1955年9月17日举行第三次会议时,决定以'清华大学'核子科学研究所为原子能研究与训练人才之中心机构,故'清华大学'复校之任务,就是政府重视基本科学研究的证明。同年12月16日,'清华大学'研究院筹设委员会举行第一次会议,梅贻琦校长出席报告,决议校址设在新竹,并决定1956年秋季始业,招收研究生。"③张其昀于1955年12月16日,在"清华大学研究院"筹备委员会第一次会议致辞"'清华大学'复校经过"中指出:所谓"清华精神"就是现代大学的精神。

3. 台湾交通大学的"复校"

1957年5月3日,在张其昀的主导之下,台湾的"教育""国防""经济"以及"交通"四部门上报台湾行政主管部门,谋求恢复台湾交通大学研究院,成立电子研究所。同年10月24日,台湾行政主管部门同意筹设。张其昀负责组织筹备委员会,聘请凌鸿勋为主任委员,李熙谋为副主任委员,以及委员多名,着手筹备。1958年6月1日,台湾交通大学电子研究所正式成立,

---

① 潘维和:《张其昀博士的生活和思想》上册,第467页。
② 张其昀:《张其昀先生文集》第17册,第8827页。
③ 张其昀:《张其昀先生文集》第17册,第8825—8826页。

最初在台北市罗斯福路设立办事处,聘请李熙谋兼任所长,由台湾大学电机系系主任盛庆来处理具体所务,并于新竹市博爱街建造校舍。同年 7 月,举行了首届招生考试。

(二)将台湾部分学院升格为大学

张其昀核准省立师范学院和台南工学院扩充升格而为"省立师范大学"和"省立成功大学"。

"台湾'教育部'为培养中等学校健全师资与提高高等师范教育地位,于1955 年 6 月 5 日,将当时台湾省立师范学院改制为台湾省立师范大学,设文、理、教育三学院。文学院设'国文'、史地、英语、艺术、音乐五学系。理学院设数学、理化、博物三学系。教育学院设教育、社会教育、工业教育、体育卫生、家政五学系。为加强学术研究,增设教育研究所。并为提高'国民'程度,及培养侨教、童教、工教师资,附设'国民教育'专科、华侨师资专修科、童子军专修科及工场师资训练班。并于台湾师范大学设立'国语教育中心'与英语教育中心。"①

1956 年台南工学院改制为"省立成功大学"。

(三)鼓励兴办私立大学

由于当时台湾的经济不断发展,人民生活水平不断提高,各级学校学生亦因此逐年增加,同时希望攻读大学的学生亦不断增多,而当时的公立大学由于生额有限,不能满足这部分学生需求,但是当时台湾当局由于财政紧张,不能拨出更多资金筹建更多的公立大学,基于此原因,台湾教育主管部门为顾及当局财力与社会需要,特修订私立学校章程,简化申请手续,并鼓励私人捐资兴学,于是在 1954 年度和 1955 年度经核准新成立了私立高雄医学院、私立东吴大学、私立东海大学、私立中原理工学院等。

"私立高雄医学院于 1954 年 10 月 16 日成立,此为私立大学最先开办者。当时省府曾补助该校图书设备新台币一百万元,以资鼓励。私立东吴大学法学院,亦于 1954 年 7 月经'教育部'核准在台复校,设法律、政治、经济、会计四学系,并附设外国语文学系,当时决定在阳明山士林镇外双溪建筑新校舍。1955 年度新成立的有私立东海大学与私立中原理工学院,均为教会所设立。东海大学校址在台中市郊外西屯区大度山,当时先设文、理两学院,文学院分中国文学系、外国语文学系、历史学系,理学院分物理学系、

---

① 张其昀:《张其昀先生文集》第 16 册,第 8390 页。

化学系、生物学系、化学工程学系，该校为实践手脑并用之原则，配合工读自助办法，推行劳作教育，平均每一学生，每周劳作五小时。中原理工学院校址在桃园县中坜镇浦里村，当时设有物理、化学、土木工程、化学工程四系。"①

（四）大学联考制度与大学推广教育

张其昀在担任台湾教育主管部门负责人之后，一方面为了减轻考生的赶考压力，另一方面又为了能够扩大青年学子接受大学教育的机会，建立了大学联考制度与大学推广教育制度。这极大地推动了台湾高等教育的发展，特别是在量的扩张方面。

首先是大学联考制度的建立。为了减轻学生的不断赶考压力以及为了保障部分家庭经济困难学生的公平升学机会，张其昀在台湾开创了大学联考制度。"1954 年以前，台湾各所高校招生均单独进行，考生为了有更多升学机会，不得不一所接一所地参加升学考试，不得不花费大量的时间与财力。张其昀主持'教育部'后，立即着手建立大学联考招生制度，并于任职当年，便在台湾大学等几所主要高校中推行联合考试，实行统一招生。此后联考范围不断扩大，很快建立起全省统一的大学联考制度。"②这一举措极大地促进了教育公平。

为进一步扩大大学教育，满足部分人群希望接受大学教育的愿望，张其昀建立了大学程度的"夜间补习班"。"台湾'教育部'于 1955 年 4 月令台湾大学于秋季开办'夜间补习班'，九月间已正式开学，这是一个大学程度的成人补习班，也是在当时台湾省内的一个新尝试。补习班的学历资格不加限制，入班也不须经过考试，但必须由班收费，政府不另拨款，凡有志进修并具有高中毕业相当程度者，均可报名入班。补习班采学期制，每一课程于学期结束经过考试，参加考试及格学生由班发给学科成绩单，因入班学生并无学籍，故不发给毕业或结业证明文件。夜间补习班开办时，报名人数极为踊跃。之后，师范大学与台南工学院亦如同开设夜间补习班，作为公务人员与社会青年之进修。"③台湾教育主管部门将各院校的侨生补习班改为"侨生大学"先修班，并附设"华侨中学"，以便辅导港澳地区及岛外其他地区高中毕业侨生回台湾升学。

---

① 张其昀：《张其昀先生文集》第 16 册，第 8391 页。
② 王瑞：《"圣人之徒"的儒生情怀——以探析张其昀学术思想为中心》，第 78 页。
③ 张其昀：《张其昀先生文集》第 16 册，第 8393—8394 页。

（五）其他方面的扩张

除了以上诸多方面的扩张之外,张其昀亦在以下多方面推动了台湾高等教育的发展与扩张。在培养艺术人才方面,张其昀创设了台湾音乐研究所与台湾艺术专科学校;在台湾省内专科学校方面,核准设立私立实践家专与铭传商专。除此之外,为迎接太空世纪,曾有核子科学、地球物理、电子科学等研究机构的创办与筹设;为了振兴孔学运动,倡导中华学术研究,筹设"中国文化研究所",致力于中国之文艺复兴。"台湾'教育部'为充实高等教育之内容,自 1955 年第一学期起,指定台湾大学理学院增设地理学系、气象两组;法学院原附设之法律专修科,改为法律系司法组;法学院商学系,分为会计银行与国际贸易两组;农学院之农化系分土壤肥料与食物加工两组、植物病虫害分病害与虫害两组、畜牧兽医系分畜牧与兽医两组;省立台南工学院,经指定增设水利工程、工商管理、交通管理、会计统计四学系;台湾省立农学院,经指定增设农业教育学系;台湾省立农业专科学校,特增设森林科。"①

在张其昀的努力之下,仅用一年的时间,台湾的高等教育在数量上就有了非常大的发展。"1955 学年度专科以上学校学生人数,较 1954 学年度增加百分之三十四,至于各大学研究所研究生人数,1954 学年度共计八十二人,1955 学年度共计一百六十九人,增加一倍以上。"②

表 3-1　1954 学年度与 1955 学年度台湾高等教育量的比较发展③

		大学	独立学院	专科学校	先修班	合计
1954 学年度	校数	2	5	7	0	14
	学生数	4853	4532	4465	0	13670*
1955 学年度	校数	4	6	5	1	16
	学生数	8267	6586	3321	115	18289
增加数	校数	2	1	—2	1	2
	学生数	3414	2234	—1144	115	4619
学生增加数百分比		70%	51%	—26%		34%*

注：* 处原文有误。

---

① 张其昀:《张其昀先生文集》第 16 册,第 8391 页。
② 张其昀:《张其昀先生文集》第 16 册,第 8388—8399 页。
③ 张其昀:《张其昀先生文集》第 16 册,第 8388—8399 页。

二、着重于质的提高

张其昀不仅仅注重高等教育量的扩张,更重视高等教育质的提高。具体而言,主要体现在以下诸多方面。

(一)加强"国文"教学

张其昀一贯重视中国传统文化的弘扬,所以他指示各大学应特别注重"国文"教学,借以启发学生的民族精神,有效抵制日本的"皇民化"影响,并且亦增进学生的发表能力。在张其昀的大力推动之下,台湾教育主管部门编纂了后来享有盛誉的《中国文化基本教材》,作为高中以上学校的"国文"必修教材。"《中国文化基本教材》就《论语》《孟子》《大学》《中庸》四书选录三万三千字,作为'国文'精读教材,自1954年学年起在省立师范大学以及各师范学校施教以来,成效良佳。并进行推广,使高中以上学校均采用学校'国文'精读教材。"[①]这套《中国文化基本教材》在台湾产生了巨大的影响,不但有力地弘扬了中国传统文化,而且成为许多台湾民众的生活行为准则,"台湾有一套《中国文化基本教材》的教科书,它被列为高中的必修课程,所以台湾人从小被要求熟读《论语》《孟子》等经典,像'有朋自远方来,不亦乐乎'和'己所不欲,勿施于人'等经典的句子,台湾的小朋友都能朗朗上口地朗诵。但更重要的是,台湾民众已将儒家文化的精髓内化为平时生活行为的准则,我们重视孝道并敬长尊贤。举一个例子,在台湾坐'捷运',没有人会抢座,如果看到老弱妇孺,无论是学生还是四五十岁的中年人都会主动让位"[②]。

(二)提升高等教育教研水平

张其昀不但注重大学的科学研究,而且亦非常重视教学研究。张其昀于1955年9月5日,在"当前教育的工作重点"演讲中指出:"为提升台湾高等教育的教研水平,特别注重如下方面:教本之编订、设备之充实、建筑之扩充、师资之进修、研究所之增设、建教合一制度之推行、学术研究的奖励与恢复'清华大学研究院'等,作为当前高等教育的工作重点。"[③]

---

① 张其昀:《张其昀先生文集》第16册,第8392页。

② 孔垂长:《儒学的本质与精神没有时代局限》,《中国评论》月刊10月号,http://mag.chinareviewnews.com/crn-webapp/mag/docDetail.jsp? coluid=0&docid=102811628&page=1。

③ 张其昀:《张其昀先生文集》第16册,第8278页。

"教本之编订"①,大学用书有关基本学程者,以有三十六种在编印中,其他各院系各选修科教本及参考书约两百种,已着手编纂,分两年完成。

"设备之充实"②,以台大为例,1954年度此项经费,共约六百万元。对于高等教育之各项重要设备,自应多方设法,以资补助。例如"清华大学"为了原子能之研究,是动支"清华"基金利息,以设置机器设备;台湾大学实验林,每年林产收益可供该校建设之用。

"建筑之扩充"③,以台大为例,同年度此项经费共约一千万元。

"师资之进修与引进"④,1954学年度台大出岛进修之教师共四十六人。另一方面,注意引进岛外之师资,张其昀于1957年4月2日,在"中央研究院"院士会议开幕典礼报告中指出:"'教育部'除鼓励旅外学人回台湾服务外,并计划利用暑假,延聘留居岛外之教授回台湾讲学,以提供高等教育师资方面之需要。"⑤

"研究所的增设"⑥,现政大、台大、师大三校,共有研究所十八所。博士学位实施法,从1955学年度起,已获得硕士学位者可在台湾继续研究,取得博士学位。

"建教合一制度"⑦,学术机构与经济机构联系合作的加强,增加学生在工厂、农场等实习与实地考察之机会,进一步解决青年就业问题。"'中央建教合作委员会'于1955年5月28日举行第一次会议,由'教育部长'兼主任委员,经济、交通、财政等'部'及建设事业机构均有代表参加。主要是希望大专高职毕业学生,参加研究及实际工作,以期改进科学技术,提高生产能力,并解决青年就业问题。如:当时省立台南工学院与'经济部'中央水利实验所组合台南水利工程试验室,省立台北工业专科学校与台湾纸业公司合作设立造纸实验示范工厂,又与公卖局及工矿公司合作开办二年制化学工程科,与纺织公司合作开办短期训练班等。"⑧

---

① 张其昀:《张其昀先生文集》第16册,第8278页。
② 张其昀:《张其昀先生文集》第16册,第8278页。
③ 张其昀:《张其昀先生文集》第16册,第8278页。
④ 张其昀:《张其昀先生文集》第16册,第8278页。
⑤ 张其昀:《张其昀先生文集》第17册,第8874页。
⑥ 张其昀:《张其昀先生文集》第16册,第8278页。
⑦ 张其昀:《张其昀先生文集》第16册,第8278页。
⑧ 张其昀:《张其昀先生文集》第16册,第8395页。

"学术研究的奖励"①,其用意在于表示对大学文理学院基本学术之重视,使大学各院系之发展渐趋于均衡。由此可见张其昀对台湾高等教育之重视。如:"'教育部'设有'学术奖金'与'文艺奖金',其主要系奖励在学术研究及文艺创作有崇伟之贡献,以期端正学风,激劝后进。"②

（三）创办研究所及博士学位之设置

台湾的学位规定早已颁布,但多未实施,即博士学位并未授予,张其昀认为既然有相关规定,为何不能实施,为提高学术研究,培养青年研究风气,应当实施。张其昀以"教育部"命令各大学按照规定成立研究所,为本科毕业生提供继续深造机会,并在硕士班的基础之上,开设博士班,完善了台湾高等教育体系。在1957年4月2日"中央研究院"院士会议开幕典礼报告时,他指出:"1954年政治大学在台复校,先成立四个研究所;1955年'清华大学'复校,亦先创设核子科学研究所。这是台湾大学注重研究部门之证明。1956年起,政治大学与省立师范大学首次招收修习博士学位之研究生。于是高等教育之完整体系,始行建立。"③张其昀也因此被誉为台湾教育界"博士之父"。

为了鼓励大学生踊跃报考研究生,张其昀亦采取多种措施以消除或缓解学生的经济负担。张其昀对高等教育之目标是"希望每一专门学科,在'国内'至少有一个研究所,以供大学毕业生有志深造者之需求;设置'中国文化及自然科学奖学金',另还特设置'三民主义奖学金'以兹鼓励研究"④。台湾教育主管部门希望"除各研究所招收研究生外,并经规定助教兼任研究生之办法。除能一面研究,一面协助教学,待修学分后,加以考试,授予学位,藉以为鼓励后进之用意"⑤。时至今日,台湾各大学硕士、博士人才辈出,就是张其昀的教育政策决定下所培育者。由此可见,张其昀对于完善台湾的高等教育体制,推动台湾高等教育的深化发展,确实厥功至伟。

（四）增进对外文教交流

张其昀主持台湾教育主管部门期间,积极促进对外文化、教育的交流与合作。"'台湾政府'与各'友邦'订立文化协议,进行交换教授与学生等事,

---

① 张其昀:《张其昀先生文集》第16册,第8278页。
② 张其昀:《张其昀先生文集》第16册,第8392页。
③ 张其昀:《张其昀先生文集》第17册,第8872页。
④ 张其昀:《张其昀先生文集》第16册,第8392—8393页。
⑤ 张其昀:《张其昀先生文集》第17册,第8874页。

以期促进对外文化交流与合作。例如台湾大学农学院与加州大学之合作，师范大学与宾州大学之合作，省立成功大学与普渡大学之合作，均有良好之开端。"①张其昀重视前沿科技，支持设立"清华大学"原子研究所、台湾交通大学电子研究所，以及台湾大学与美国海军医学研究机构合作设立的防治亚热带地方病的研究所。

　　1954年底，为吸引留学生去台湾，张其昀主持在美国纽约设立"教育文化事业顾问委员会"，由梅贻琦任主任，胡适、郭秉文、陈立夫、顾毓琇等为委员。1957年夏，台湾教育主管部门又分别在美、法、日三国设立"文化参事处"，纽约的原"顾问会"迁往华盛顿与"文参处"合署办公，改由郭秉文任"主委"。"据统计，1956年台湾各大学研究所中，岛外学生已近20人。此类机构还调查海外学者的科研工作，鼓励海外学人发表论著。'中央图书馆'择定六十所美国大学及学术机构，经常赠送重要书刊。当时，台湾对外还比较封闭，张其昀极力拓宽留学瓶颈，举办公费留学考试。到1958年张其昀即将卸任时，台湾获得硕士学位者即可免试留学；在大学任助教一年且获得岛外大学助教奖学金者，可免试留学；任助教两年且获得岛外一般奖学金者，也可免试留学。总体看来，张氏增进对外文教交流合作的诸般举措，促进了台湾教育、学术的发展和人才的培养。"②

第四节　兴办"中国文化大学"以及传播中华文化

　　张其昀以"承东西之道统，集中外之精华"，为其毕生之志业。所以张其昀希望创办一所大学，以弘扬中国文化为宗旨。经过多方考察和比较，张其昀决定在台湾阳明山的华冈之地首先创办研究部，校名为"中国文化研究所"，并于1962年筹建"中国文化学院"，经过十八年的发展，1980年台湾教育主管部门以华冈兴学成绩卓著，于是核准改制为"中国文化大学"。

　　"中国文化大学"所在地为华冈，这里原来是一大片位于台北市阳明山区的未开垦的橘子园，是一个丰草长林的山头，最初这里既没有地名，也没有任何建筑，华冈地名是由张其昀所创，取名为"美哉中华，凤鸣高冈"之意。张其昀于1976年暑期青年自强活动华冈营区自强集会致辞中提及"华冈"

---

①　张其昀：《张其昀先生文集》第17册，第8874—8875页。

②　王瑞：《"圣人之徒"的儒生情怀——以探析张其昀学术思想为中心》，第79页。

两字的用意是："'华'代表中华，即'美哉中华'之意，'冈'字代表山冈，即'凤鸣高冈'之意；'华'字可以表示我们中国的国格，'冈'字可以表示'中国文化学院'的校风。"①张其昀志向宏远，办学具有远大的理想，并且以其作为引导，而这远大的理想，也就是张其昀经常说的一句话，"就是要办一所驰名国际的第一流大学"。由此可知道，张其昀希望他所创办的学府，不仅是一所中国台湾的学府，也是一所远东的更是一所世界的学府。

时至今日，"中国文化大学"已经成为名扬中外之学府。"经过创办人、董事长与历任校长领导，及全体华冈人数十年耕耘，文大办学已具规模。本校现有 12 个学院，包括文学、外语、理学、法学、社会科学、农学、工学、商学、新闻传播、艺术、环境设计及教育学学术领域，大学部 60 系组、硕士班 43 所组、博士班 12 所，是一所科系多元、完备的综合性大学；不仅可让学生选择专长研读，更可为兴趣广博的青年学子，提供跨领域的学习机会。此外，本校于北、中、南都会区设有推广教育部，为社会大众终身学习的理想园地。"②

一、华冈的兴学历程

1961 年 8 月下旬在台北市阳明山庄举行了一个以文教建设为主题的座谈会，参加会谈的人员有从美国回来的代表吴经熊、程其保、顾毓琇、薛光前等国内外学术教育界人士，他们共同倡议筹设"中国文化研究中心"，并得到当时台湾地区最高领导人蒋介石的关切，嘱咐他们与张其昀商议进行。华冈学府在创办之始，原来定名为"远东大学"，后来奉蒋介石之命，改为"中国文化研究所"，随后再改名为"中国文化学院"。张其昀提出创校计划，并论述创校的三宗旨。所谓创校的宗旨有三："一、建立一所以发扬中国文化为主旨的完整大学；二、建立一所以宏扬中国学术与三民主义为主旨的研究机构；三、倡导音乐、美术、戏剧、体育（含舞蹈）及大众传播等学科，以期开展中国文艺复兴之机运。"③由此可见，华冈兴学的主要目的就在于传承、研究并发扬中国文化。"中国文化大学"内的建筑被命名为大成馆、大仁馆、大义馆、大雅馆、大恩馆等，都具有浓浓的传统文化色彩。这一方面与当时台湾的政治文化环境有关，另一方面亦是张其昀儒生情怀的重要体现。华冈得以兴学，主要原因在于张其昀期望能够成立一个"国际华学研究"的中心，使凡对中国文化有信心、有希望的人到了华冈之后，都会有不忍离别的心情。

---

① 潘维和：《张其昀博士的生活和思想》上册，第 534 页。

② 参见"中国文化大学"网站，http://www.pccu.edu.tw/intro/intro_about.asp。

③ 李俊霖：《张其昀之教育思想与实践》，第 112 页。

而菲律宾华侨领袖庄万里慷慨捐助乃是"中国文化学院"得以创立的近因。

（一）创业之艰难

虽然华冈学园创办的目标早已明确，但是华冈学园的创办绝非一件易事，可说是"好事多磨"。张其昀曾经有感而发，"1975 年 3 月 1 日是'中国文化学院'第十三届校庆，曾有以建校经验相询者，张其昀的感想综括起来，是'好事多磨'。磨就是磨练，亦即不畏艰难，埋头苦干之意。凡事必经磨练，方能成功，若从磨折疑难中磨练出来，更有意义"①。但张其昀也明确指出，虽然历经磨难，但是他是为自己的理想而奋斗，是在从事一件嘉惠学子，弘扬中国文化的好事，所以创办这样一所大学的意义是非常巨大的。他曾提及："我是高等师范毕业的，毕生志愿在于办教育。华冈兴学，为我实践我的教育理想，故不顾困难，创办这所新的学府。（现在名为'中国文化学院'，实际乃是华冈大学）。经过全校师生的辛勤耕耘和鼓励努力，已经开始放着美丽之花，结着美满之果。"②在华冈的实践过程中，可说是"创业艰难、成就辉煌"③。

首先，学校名称一波三折。学校最初定名为远东大学，但是台湾教育主管部门要求张其昀必须要先办研究所，再办大学部，而且学校不能定名为大学。最后只能根据蒋介石的建议，命名为"中国文化学院"。由于先办研究所，只能先培养研究生，但是研究生教育不但不能收取学费，而且还要给予生活费，这就意味着学校不但没有任何收入，而且还要额外付出一大笔费用，这对于资金非常匮乏的私立的"中国文化学院"而言，无疑是一种磨练。

其次，华冈兴学，其经费的筹募可谓实属不易。张其昀在决定办学之初，苦于没有办学经费，幸亏菲律宾华侨庄万里先生的大力资助，捐款五万美元，让张其昀颇受鼓舞。虽然如此，仅有五万美元是不够的，亦需要多方的募款，这其中充满了诸多艰辛。"中国文化学院"的总务主任侯畅先生④曾经说到一件艰难的筹款事宜："第一次筹款，由张宗良、高信、侯畅、林子勋等先生联袂至徐柏园先生处，请协助筹款五十万元，以资肆应，徐谓：'你们办学，有预算吗？'此言一出，众皆不便与之相谈，表示不耐。徐又说：'我不久前为你们的出版中心借款处理完毕，现在又来募捐，实在无法应付。'众仍不

---

① 潘维和：《张其昀博士的生活和思想》上册，第 493 页。
② 潘维和：《张其昀博士的生活和思想》上册，第 101 页。
③ 潘维和：《张其昀博士的生活和思想》下册，第 1397 页。
④ 侯畅先生曾经担任"中国文化学院"教授、董事、总务主任。

发言,空气极为沉重严肃,我解释说:'政府兴建土木,自应依法先立预算。私人兴学,有如教徒建筑庙宇教堂,只有一个理想和大体的计划,全靠各方善士及教友捐助,集腋成裘,陆续不断的建筑而成。办学校亦复如是,只要意志坚定,力量集中,总有成功之日。'徐谛听之余,态度转而和颜悦色的说了一段客套话,将来一定尽力设法帮助,此公究属老成练达,否则,我们无法出大门。张其昀不但不计较此事,乃于学校开设经济研究所时,并聘请徐担任所长,以借重其学识经验,慰其退休后之寂寞,即此一端,可见张其昀胸襟之豁达与其对人之敦厚。"①

张其昀借钱建校,欠债度日,有借有还,平日自己的俸禄非常微薄,而且从不用公家分文。尤其张其昀在 1980 年 4 月 10 日华冈学会中所讲:"创业办事经验谈"中,特别指示毅、谦、正、行四字诀,这四个字可以解释成"坚忍图成尽其在我,虚怀若谷博采众长,大中至正公而忘私,决心力行终达理想。"②这是张其昀多年来兴学办事累积的经验心得,也是张其昀所特别具有的卓越伟大精神。这可以充分显示出张其昀在华冈创建过程中的艰难困苦,更可以充分理解张其昀争取岛内外捐款与协助、创设华冈兴业公司、广设奖学金、成立华冈学会、创设华冈教授制度、设立评议会等一系列举措。事实上,华冈兴学是一项浩大的工程,外来的援助功不可没。菲律宾华侨庄万里先生,与严庆龄、陈济棠、赵聚钰等先生的慨捐,以及考试委员卢毓骏先生义务为学校设计校舍建筑的图样,正是因为有了这些"道义的赞助",才会有今日的华冈大楼。

最后,"中国文化学院"校址的选择也颇费一番周折。由于台北市土地狭小,选择一块开阔的地方办一所理想的大学,确实不是一件容易的事情,而且又考虑到学校设在市区,必定非常喧嚣,不适合定心读书研究,因此决定向市区附近的台北县(现在的新北市)以及阳明山方向寻找合适的办学地点。

"听到这一消息之后,当时台北县三峡镇镇长林雪美小姐主动表示愿意免费提供土地数十顷,作为建校之用,希望能前往办学,经过多次接洽,认为可以办学,但是许多委员在经过实地考察之后认为在三峡办学,距离台北市区较远,将来在聘请教授以及学生的往返方面,都有许多不便。张其昀为了了解实际情况,曾经亲自前往查勘,而且林镇长又非常尽心尽力,实在难以

---

① 潘维和:《张其昀博士的生活和思想》下册,第 1324 页。
② 潘维和:《张其昀博士的生活和思想》下册,第 1397—1401 页。

取舍。"

"后来又经友人介绍阳明山菁山道进去有一块平坦的大土地,北面有山可以挡台风,非常符合办学理想,交通方便,松林苍翠,风光幽雅。正打算在此划区筑路,接到'国防部'通知,说附近有卫星电台,本校必须迁移,但可补偿地价,张其昀为了避免纷扰,于是决定放弃在此地办学,故不得已另行觅地。一日,负责帮张其昀选择校址的卢毓骏、林子勋以及侯畅三人偶遇一位故人,此人为四川人谭淳风,在战场上负伤之后,由侯畅安排送医院救治,知其正选购办学土地,主动推荐自己的一块土地,大家看过之后,认为此地视界开阔,气象万千,只是风口稍大一些。"①

张其昀前往实地勘察土地,他不畏毒蛇,不避荆棘,走了一圈,对土地非常满意,在问明地权、地则、地号、水源、电源等之后,再问:"地价谈过吗?"当听到谭先生说地价为三百万元之后,张其昀很爽快地同意了。因为侯畅负责总务,他郑重地说明:"先只能付十万元,其余二百九十万元,从订约之后满足六个月,即从第七个月起,每月付款十万元,或十五万元,或二十万元不等,共计开出一年十个月华南银行远期支票二十二张。"②谭淳风完全同意,乃定期签约照办,办校之地因而圆满解决,张其昀命名为华冈。"事后我问谭淳风为何如此痛快答应,他说道:'张部长'自己廉洁无钱,但他的牌子硬,声誉好,是个好官,我信赖他,他很痛快地同意我提出的地价。"③

"后来终于卜宅华冈,从荒烟蔓草中,宏开学府;校址之择定,乃经三迁,真有出于幽谷,迁于高冈之快,地价虽然贵了十倍以上,但精神价值之高则无法估计。"④因为张其昀认为在华冈办学具备居住、教学、休息以及娱乐的四大功能,确实是一个理想的办学之地,虽然地价高了一些,但是与华冈兴学所具有的精神价值是无法估量的。"故君子之学也,藏焉修焉,息焉游焉。夫然故安其学而亲其师,乐其友而信其道。一个大学的校址,应该具备藏(就是居住)、修(就是教学)、息(就是休闲)、游(就是娱乐),四种功能具备了,才是一个理想的基地;故华冈创办时,最后选定华冈为校址,是本于这样的见地的。"⑤

---

① 潘维和:《张其昀博士的生活和思想》下册,第 1328—1329 页。

② 潘维和:《张其昀博士的生活和思想》下册,第 1329 页。

③ 潘维和:《张其昀博士的生活和思想》下册,第 1329 页。

④ 潘维和:《张其昀博士的生活和思想》上册,第 493 页。

⑤ 张其昀:《张其昀先生文集》第 17 册,第 9105 页。

（二）建校三阶段

根据张其昀的兴学理想，将"中国文化学院"的建校分为三期："第一期是自 1962 年至 1971 年，乃是初创规模时期。这一时期的努力，就是建立学制，创办研究所，目前已经成为学制最齐全，研究所和学系最完整的大学，使华冈天下闻名。第二期是自 1972 年到 1981 年，这一时期是为建教合作的时期，在这一时期正向着理、工、农、医诸学科去努力的时期，使之成为一个均衡发展的综合大学，例如成立华冈兴业基金会、华冈学会等机构，积极展开建教合一与企业精神，巩固经济基础，充实图书设备，提高教师待遇，扩充奖学金，向着世界第一流大学目标迈进。第三时期是 1982 年到 1991 年，使之成为华冈大学城时期，先生的理想，认为经过三十年的经营缔造，华冈大学城将成为美善相乐的一个文化观光区，满足了衣、食、住、行、育、乐的六大需要，一个理想的文化社区，变成了世界研究华学的重镇，宏扬中国文化的基地。"①"中国文化学院"的创建虽然历经艰难，但是在张其昀的卓越领导与奋发图强之下，学校的发展远远超越其最初的构想。"经张其昀惨淡经营，杰阁重楼，高台复道，耸然突起，蔚为奇观。登临其地，俯瞰平原，河海交流，后拥群峰，有如画屏，使人胸襟洒然，心旷神怡，有'振衣千仞冈，濯足万里流'的气概，为教学研究的理想处所。盖以名师云集，学子风涌，图书充实，设备新颖，不数年间，已成为一著名的学府。"②

（三）成就辉煌

张其昀于 1975 年 10 月 4 日，在对"中国文化学院"大学部新生讲演中指出，做一个华冈人，一定要了解我们自己的家，它的创业、它的开花、它的现况、它的远景。张其昀认为"中国文化学院"确是一所艰难创业、朝气蓬勃、前途无量的新型大学，他并以"今日华冈的十项要目"，作为华冈人的远景，以及迈往前进的努力目标，以达到其崇高的理想。张其昀详尽地阐释了华冈办学的成就，他归纳为十项③：

其一为学制最完善、规模最宏伟。"中国文化学院"学术单位不但在台湾的私立大学中首屈一指，即便就公私立大学合计，也是一座学制最完善、规模最宏大的大学，设有研究部、大学部与夜间部。

---

①　宋晞：《张其昀先生传略》，第 118 页。
②　宋晞：《张其昀先生传略》，第 118 页。
③　潘维和：《张其昀博士的生活和思想》上册，第 502—503 页。

其二为校区最壮丽、建筑最美观。华冈校区，是世界上最壮观校区之一。它位于海拔四百五十公尺的高冈，背靠阳明山，可远眺太平洋和淡水河，西北南面都是削壁，天母在其山脚，有"振衣千仞岗，濯足万里流"的形势。山间气候多变，早晚景色不同。一年四季，日新又新，赏心悦目，气象万千。华冈之建筑物，由于当代建筑大师卢毓骏教授匠心独运，刻意经营，最富于中国风格，楼阁巍峨，堂斋宏敞，而公认为一所世界最美观的大学。

其三为师资最卓越、著作最辉煌。华冈教授制度为"中国文化学院"所特制，因其不属于任何研究所与学系，可称为全校教授；因其不需要每年致送聘书，可称为永久教授。其中包括如吴经熊、钱穆、林语堂、黎东方、潘重规、查良鉴、庄严、沈怡、戴运轨、晓云法师等学术界负众望之人士，著作宏富，驰誉世界。大学为学者之社会，大学之尊严，全视乎教授之人选与彬彬日出之著作。

其四为学风最纯正、成绩最优异。一个大学之成绩，不在乎学生入学之成绩，而在乎学生毕业时之成绩。就此点言，"中国文化学院"常有杰出之表现。"中国文化学院"曾于一年之内，连得三个榜首，即"考试院"高等考试，"教育部"公费考试，与"外交部"外交官考试，三者均获第一。而"外交部"考试，"中国文化学院"已有前后三界荣膺榜首。

其五为社团最活跃、锦标最频仍。"中国文化学院"有一百多个学生社团，在公私立大学中，算是非常多的了。社团是全校性的，社员无系别的限制。班级与社团，纵横贯穿，经纬交织，构成了多才多艺，多彩多姿的大学生活。听讲研究固然是有用的，课余活动同样是必不可少的学习。

其六为图书最充实，文物最灿烂。"中国文化学院"图书馆藏书丰富，期刊种类繁多，阅览室非常宽敞，为全台湾第一流的图书馆，在私立大学中居于第一位。其特色为纪念文库非常多。而且建有大学博物馆，以大义馆六楼为中心。

其七为出版最美富、期刊最精良。华冈书城为"中国文化学院"之出版部，书籍包括《中华大典》《华学正宗》《华冈业书》《新知业书》《英文业书》及字典、地图等。期刊包括《华冈学报》、英文本《"中国文化"季刊》、《华学月刊》、《文艺复兴月刊》与《"美哉中华"画报月刊》等。其他各研究所、各学系、各社团均出版有论文集与期刊，成为台湾省内一个最有规模之出版机构。

其八为艺术最完备、表现最显赫。"中国文化学院"设有艺术学院，艺术学院包含美术、音乐、戏剧、舞蹈等学系，在台湾公私立大学中，设科最为完备，而且已经取得了卓越成绩。以美术为例，每年暑期毕业美展，环岛展出，作品水准,逐年均有进步。应用美术,即美术设计,对广告业的兴起,影响甚大。以音乐为例,华冈国乐团与华冈交响乐团,均已奠定了良好之基础,每次演出,均有进步,深获好评。以舞蹈与国剧为例,每年华冈艺展,因演技精纯,气质高雅,均极为成功。现代舞曲,求新求变之精神,值得赞许。

其九为研究最深入、实习最认真。张其昀认为,教学与研究两者不容分离,研究工作乃教学之源泉。大学每一学系,必须与研究所密切配合,开展建教合作,加强学生实习,务期学以致用,必能开拓学生就业机会与服务能力。以海洋系为例,海洋研究所已为"中国石油公司"完成了港湾污染处理之研究,海域气象之研究,为台湾金属矿业公司完成了金瓜石海底含金砂之研究,为台湾渔业局完成了人工鱼礁计划的研究,目前正推动中者,尚有计划多项。

其十为信心最坚定、精神最发扬。"中国文化学院"以中国文化为校名,学校对中国文化充满信心。这是基于如下原因:第一,中国文化是集大成的文化,世界各国的文化,有任何优点,足资效法者,张其昀努力以求,使其成为吾民族之新血液;第二,中国文化是与时俱进的文化,孔子所谓温故而知新,温故只是方法,知新才是目的,即孔子所谓"吾见其进,未见其止";第三,中国文化是注重实用的文化,孔子所谓中庸之道,庸即是用,即切于实用之意,中庸便是中用,如果不中用那就不好了;第四,中国文化是平天下之文化,中国人不仅以国家为范围,必要使全人类都能够乐生乐群,各得其所,方能得到真正持久的和平;第五,中国文化是大同的文化,孔子所谓"不患寡而患不均,不患贫而患不安",经济繁荣只是历程,我们必须向着均富与安全之路迈进。

二、"中国文化大学"的学科设置与办学资源

(一)学科设置齐全,重视华学研究与弘扬

"中国文化大学"的学科设置随着学校的办学规模以及办学资源的变化而不断变化,最初是从研究所办起,后来又开始兴办大学部。"中国文化学院"不但系科设置齐全,而且为了实现弘扬中国传统文化以及融贯中西文化之目的,学院内开设中国文学系、英国文学系、法国文学系、德国文学系、东方语文学系,包括日文、韩文、俄文三组,共计七个学系,这在台湾的大学中实属罕见。"在1962年筹备之初,张其昀决定先办研究部,校名曰'中国文化研究所',下分十二个学门:三民主义、实业计划(甲)工学、(乙)农业、哲学(含教育)、文学、史学、政治、经济、法律、地学、家政及艺术。在1963年5月,

大学部哲学、中国文学、东方语文（内分俄文、日本、韩文三组）、英文、法文、德文、史学、地学、新闻、美术、音乐、戏剧、体育、家政、建筑与商学等学系成立；特别指出的是，'中国文化学院'所设语文学系之多，亦为'国内'其他大学所少见。除中国文学系之外，现设有英国文学系、法国文学系、德国文学系、东方语文学系，后者又分日文、韩文、俄文三组，实际等于三系，共计七个学系。设有'中国文学研究所'与西洋文学研究所；九月，夜间部行政管理、社会工作、大众传播与商学等四学系成立；均开始招生。乃易名为'中国文化学院'。"①

为了加强华学研究，联系岛内外的学人，张其昀特于"中国文化学院"内设置"中华学术院"。"早于1966年10月，于'中国文化学院'内筹设'中华学术院'，分二十个分科协会，旨在联系岛内外学人，加强对华学之研究。"②

（二）兴办华冈兴业基金会

为了发扬经世致用之精神，同时亦为了建教合一，为学院的永续发展提供资金支持，张其昀特设"华冈兴业基金会"。"于本校建校十周年纪念时，特新设'华冈兴业基金会'，俾以企业化之精神，运用建教合作的方法，成立华冈兴业公司，其下分为十五个部门或子公司，致力于农、林、工、商等实业、观光业及文化事业等，以注重生产，赚取外汇，繁荣华冈，巩固校基为目的。各学系、各研究所教学和研究成绩，与企业界资金及宝贵经验，互相结合，将来所得纯利之一部分，可用以支持本校今后之发展。相信这是民间学府自立自助的光明大道，也是华冈学会爱校建校最有利之途径。"③

（三）不断提升教研实力

为了提升学院的教研实力，亦为了提高学院的整体办学水准，张其昀提出了"六大人才宝库""七部学术系统"等宏伟的教育规划。④

张其昀于1975年10月26日，在华冈学园评议会与教务会议联席会议上做"明日华冈"之报告中，提及"六大人才宝库"，分华冈教授、杰出校友、华冈研士、名誉哲士、热心家长、捐款善士。"七部学术系统"，分人文、国际、经济与管理、科学技术、地球科学、艺术与育乐、医疗学部。

---

① 宋晞：《张其昀先生传略》，第117—118页。
② 宋晞：《张其昀先生传略》，第17页。
③ 潘维和：《张其昀博士的生活和思想》上册，第625页。
④ 潘维和：《张其昀博士的生活和思想》上册，第511页。

（四）办学资源不断丰富

在张其昀所提出的宏伟的教育规划的引领之下，经过不断发展，"中国文化大学"的办学资源不断丰富。在"中国文化大学"建校二十周年的时候，"中国文化大学"的办学条件就已经非常优越，不管是基层学术单位的数目、教职员工的人数，还是学校的藏书总数以及校际交流等各方面都取得了重大进展。"华冈创校于1962年3月1日，迄至1982年3月1日已届二十周年，共设十个学院及夜间部，各院、所、系、组、科总数共有155个学术单位，教职员工总人数计1620人，专任与兼任教师学历学位统计（含博士、硕士、学士、专科、'国防研究院'、军警学校等）共计1420人，现有的社团总数共198个，现有学生班级、教室总数共395班、211间，图书总馆及分馆现有的阅览室、图书室。20年间，藏书总数共计42万3465册，华冈博物馆收藏文物总数共7万零649件，华冈学园大学出版部书刊出版总数计980种14大类1143万7163册，华冈学园现有不动产土地面积112.3972公顷、建筑物面积86534.23平方公尺，华冈学园校产总值共计新台币415186137.91元，张其昀洽筹校内自设奖学金新台币5846.79万元，历年校外中外各界团体或个人在华冈设立奖学金数计2940种次，奖学金总数新台币36292523元，历年来与国外大学结为姊妹学校或姊妹学系共有13所3系，教师出版著作共4133种论文9985种，学生个人或团体荣誉构况共209次，以及历届毕业校友众多人数分布等。"[1]

进入21世纪之后，经过创办人张其昀、现任"中国文化大学"董事长张镜湖以及各位校长的不懈努力和卓越领导，"中国文化大学"在办学资源以及学科设置方面更是有了长足发展，已经成为一所在岛内外具有重要影响的学府。

如今"中国文化大学"已经颇具规模。

三、"中国文化大学"的办学特色

经过几十年的发展，"中国文化大学"形成了独特的办学特色，即以人格教育为目的，重视人的全面发展，特别是五育并重的文化。张其昀认为："一个大学理想的主要任务就是作育人才，所谓的人才，必须养成一个完整的人

---

[1]　潘维和：《张其昀博士的生活和思想》下册，第1365—1378页。

格与专精的学识。"①"中国文化大学"独具一格,具体而言具有如下办学特色②:

(1)华学基地。以中国文化为大学之校名,开创台湾地区民间兴学之特例。其一,华冈以弘扬华学为特色,华学乃中华学术之简称,旨在弘扬中国文化于世界,故全校分为十个学院,都以发扬华学之义涵盖之;其二,华冈建筑仿佛一座大寺院,表示出中国文化之特色,故最重视宗教与道德;其三,为联合世界上志同道合的有识之士,携手共进,因此创立了"中华学术院"。

"中国文化学院"的建筑,完全以中国风趣为主,张其昀认为建筑不仅是一种科学、工学,而且是一种哲学和艺术,这种风格可以说代表了中国人的教育气质。不仅要重视校园,而且要重视生活内容的充实,应随时代进步,不应墨守成规,应以中国风格为主,再参以现代思潮,以表现时代精神为教育的主干。

"中国文化大学"通过文艺复兴而致力于文化复兴。古称移风易俗,莫大于乐。今日乐教,包含文学、美术、音乐、体育、戏剧、舞蹈、建筑、印刷、园艺、大众传播、观光事业等,上述各系科,"中国文化大学"最称完备,期以文艺复兴奠文化复兴,以文化复兴奠民族复兴之宏基。

(2)五育并重。"中国文化大学"提倡德、智、体、美、群并重之大学生活。华冈讲学,五育并重;华冈校园经营布置,与五育相互配合,构成大学的新面目。与其他大学相比,"中国文化大学"特别重视体育与群育。"中国文化大学"重视体育活动,因健康是一切的基础,有健康,才有学问与事业;"中国文化大学"重视合群的互助合作,故社团与班级两者并重,因为合群是生活教育的准绳,亦是成功立业的基础,"中国文化大学"的学术单位与社团甚多,教训合一,可以培养"中国文化大学"学生的办事与领导能力、乐观奋斗的精神,以便发挥教育的真正功效。

(3)整体性。张其昀认为,学术为一整体,心物一元,体用一贯,故当不偏于人文学科,亦不偏于科学技术。"中国文化大学"是全台湾公私立大学中,拥有最多学术单位,也最具完备的一所大学,网罗众家,囊括大典,致力于新文化的创造。张其昀希望"中国文化大学"能逐年发展,成为合于国际标准第一流的大学,除了扩充学系外,并拥有学士班、硕士班、博士班外,另设有专修科与附设华冈中学,以符合其完整性。

---

① 张其昀:《张其昀先生文集》第17册,第9093页。
② 张其昀:《张其昀先生文集》第17册,第9124—9128、9117—9122、9082—9085页。

（4）国际性。"中国文化大学"综合东西文化，融会中外精华，博采世界各著名大学之优点，建设一所具有国际地位之学府。"中华学术院"与"中国文化大学"合为一体，弘扬中国文化于世界为理想；其最主要是使华冈为中国之华冈，且进而为天下之华冈。

（5）建教合作。"中国文化大学"以教学、研究、服务三位一体为宗旨。华冈学府是一所社区大学（Community University），能适应环境，进而创造环境，使学校与社会融会在一起；华冈本着学以致用的精神，着眼此时此地社会之实际需要，如高山资源之利用、海洋资源之开发，均为当前急务，透过建教合作方式，创办事业，开辟财源；故华冈学园是以华冈兴业基金会为中心，教育、研究与企业为三位一体的组织，这样不但可以自给自足，还可形成一个繁荣的大学城。

（6）学人兴学。华冈为华冈人之所有、华冈人之所治、华冈人之所享；展现出校友治校、华冈兴学之一贯方针。学校建立了教授治校的评议会制度与校友建校的华冈学会之常设机构。华冈学会是由在大学各学系设的学社、各学系校友组成的学会与各研究所毕业校友组成的研究会所共同组成，其主要之目的乃以团结校友，发扬校誉为宗旨，而能造成爱校建校的向心力量。建有四大公开的办学办事方式，即人事公开、财务公开、意见公开、赏罚公开。"中国文化大学"是纯粹学人兴学，并无宗教、财团、政团的牵制，富有独特的创造性与统一性。

作为"中国文化大学"的校长，潘维和亦阐释了华冈兴学的十大特色，清楚地表明了华冈兴学的理想与实践特色：当时有所体认并且归纳出华冈人的十点认识，由这十点认识可以综述为"认识华冈十目"，就可以很清楚地了解华冈的理想与华冈的实践。[①]

（1）一个宗旨。文艺复兴，即为中国的文化复兴、民族复兴。

（2）两句誓言。今日我以华冈为荣，明日华冈以我为荣。离校愈久，怀校愈深；离校愈远，怀校愈切。

（3）三大精神。不畏难的志节、勿惮改的觉悟、全神教的信念。

（4）四位一体。学术、教育、企业、服务，亦即"中华学术院"、"中国文化学院"、华冈兴业基金会、华冈学会四会一体的全面奋斗、百花齐放。

---

① 潘维和：《张其昀博士的生活和思想》下册，第 1362—1364 页。

（5）五大文献。张其昀手订的校训、校歌,张其昀所著《中华五千年史》、华冈讲习录、华冈理想,这奠定了华冈永世不拔的根基,也丰富了华冈无限的精神资源。

（6）六大力量。即实践华冈理想的六大支柱:张其昀在岛内外学术界崇高德望地位的精神感召力、号召力、影响力;坚强的教授内容;行政单位的服务系统;毕业校友分布世界五大洲的无限潜力;以教职员生校友家长为基础,同情华冈的中外社会人士的支持力量。

（7）七条大道。华冈人在修养立志、成功立业等方面有七条大道,即明儒宋濂释儒七种,即:其一,游侠之儒;其二,文史之儒;其三,旷远之儒;其四,智数之儒;其五,事功之儒;其六,章句之儒;其七,道德之儒。此亦新世纪新孔学的全体大用、科际整合,而走向大学之道、中庸之道、革命之道。

（8）八大目标。张其昀曾揭示华冈兴学与创业八个目标:其一为新型学府,其二为华学基地,其三为小区性大学,其四为观光胜地,其五为民间学府,其六为革命性学府,其七为综合性大学,其八位国际性学府。

（9）九大特色。华冈学府是富有创造性的大学,依据张其昀的独到见解,具有很多特点,举其大著,约有九点:其一,以中国文化为校名,并得到当时台湾地区最高领导人命名,开创台湾地区民间兴学之特例;其二,纯粹学人兴学,并无宗教、财团、政团的牵制,富有独特的创造性与统一性;其三,教授治校的评议会制度;其四,名师重镇的华冈教授制度;其五,校友建校的华冈学会之常设机构;其六,"中国文化学院"、"中华学术院"、华冈兴业基金会、华冈学会相辅并进的文教建设;其七,四大公开的办学办事方式,人事公开、财务公开、意见公开、赏罚公开,华冈为华冈人所共有、共治、共享,华冈为世界之华冈;其八,人事任期制度的绝对贯彻执行;其九,从华冈幼稚园、华冈艺校到大学日间部、夜间部、研究部、硕士班、博士班,是一个体系空前完整的学府。

（10）十项礼赞。华冈的既有成就,张其昀曾撰有"华冈礼赞"歌词,黄友棣谱曲,又手撰"今日华冈"中列有最主要的十大要目,即:其一,学制最完善,规模最完备;其二,校区最壮观、建筑最美观;其三,师资最卓越、著作最辉煌;其四,学风最纯正、成绩最优异;其五,社团最活跃,锦标最频仍;其六,图书最充实、文物最灿烂;其七,出版最美富、期刊最精良;其八,艺术最完备,表现最显赫;其九,研究最深入、实习最认真;其十,信心最坚定、精神最发扬。有了以上十项要目,就可以清楚地知道张其昀在华冈的实践宗旨上,就是要培养一个堂堂正正的中国人,更希望借由华冈的实践,能发挥中国优良的传统,与吸收西方古今思潮,调理融会,去创造中国的新文化,实践一个真正的华冈人。

四、中国文化之传播

张其昀一生的志业在于弘扬中国传统文化。张其昀非常推崇中国文化,他认为:"中国文化是集大成的文化,是与时俱进的文化,是注重实用的文化,是平天下的文化、是大同的文化。"[①]

（一）编印《中国文化丛书》

为了传播中国传统文化,亦为了消除部分台湾民众的"皇民化"思想,张其昀在赴台初期,主持编印《现代"国民"基本知识丛书》。这套丛书亦被称为《中国文化丛书》。他延揽诸多著名教授、专家学者参与到该丛书的编纂中,力求将深奥的中国传统文化典籍编辑成大众化读本。为了帮助这些清苦学者,张其昀甚至采用先付稿费后交文稿的方式,以帮助他们渡过难关。张其昀把这套丛书推广到台湾的每一个乡镇和每一所学校,将中国传统文化深入台湾的每一个角落,所有中小学、大学及公共图书馆,均因此得到一部有相当水准的丛书。实际上,张其昀到台湾之后,不遗余力地利用一切机会保护和传播中国文化,不但扩大了中国文化在世界的影响力,而且有力地促进了对普通台湾民众的教化,由于台湾地区受日本侵略统治时间很长,许多普通民众对于中国文化难免会有隔阂,张其昀的工作应该说具有重大的历史意义,特别是对于遏制部分"台独"思想。在如今海峡两岸面对难得的历史机遇期,许多人认为中国文化是两岸的最大公约数,中国文化成为沟通两岸的重要纽带,基于此,我们更应意识到张其昀对于中国文化保护与传播的重要性。

（二）推动中国文化研究

传播弘扬中国传统文化是张其昀担任台湾教育主管部门负责人期间的一项重要使命。1956 年 11 月张其昀在《华化传播与留学问题》一文中指出[②]:我们当前发扬中国文化,自应利用科学方法与现代语言,就中国学术研究之总成绩,取精用宏,调理融会,而广求先进学者之合作,以从事于集体的

---

① 潘维和:《张其昀博士的生活和思想》下册,第 1258 页。
② 张其昀:《张其昀先生文集》第 18 册,第 9722—9724 页。

编纂著述。其结果要使岛内学人与岛外研究汉学之专家,均可得有新的凭借与工具,而作进一步的研究发展,前途希望自未可限量。张其昀主要在以下几方面推动了中国文化的传播:

其一,百科全书的编纂。张其昀制定了一个"五年计划",希望完成此一志愿。预定先出大辞典三十种,然后综合重编为百科全书。其中"中文大辞典"的编纂将是百科全书的重心工作。为了推动这项工作,台湾教育主管部门特于"中央图书馆"之旁,设立"中国文化研究所",以期"网罗百家,囊括大典",推动中国文化的发展。

其二,中国历代名著的新注。预定印行中国历代名著一百种。每种名著均系重新排印,分段落,加圈点,综合历来各种版本与注释,提要钩玄,作简明扼要的新注,并编索引以便检查,必要时并插入新的图版。影印古书,旨在保存文献;刊行新注,则在嘉惠后学,使青年对中国文化发生研究之兴趣。

其三,中国文化论集的编订。预定变成论集五十部,已经出版者有二十部,共计八百万字。张其昀希望中国历史上之重要思想学说,典章制度,以及各种创作发明,都要由绩学之士来究明讲述,期望成为深入浅出的研究报告。

其四,中国历史文物美术的总目录。例如刊行之《"故宫"书画录》三大本,共六十余万言,就是"故宫博物院"所藏历代名家书画总目录与说明。此外,如铜器、瓷器等都将刊行类似的总目录。至于典籍方面,"中央图书馆"已经出版台湾公藏宋元本联合目录、台湾公藏方志联合书目等书。该馆工作甚为积极,各种专门书目,均在有计划地编印,以期使有志深造者有途径之可循。

(三)创办"中华学术院",召开"国际华学会议"

卸任台湾教育主管部门负责人一职后,为了继续传播弘扬中华文化,张其昀于1966年10月创办"中华学术院",成为华冈学园的四机构之一(其他为"中国文化学院"、华冈兴业基金会、华冈学会),以复兴中华文化,从事华学研究为主要目的。"'中华学术院'分为六个部门,即,其一,'中华学术总会';其二,各研究所联谊会;其三,华冈艺术总团;其四,华冈语文译学中心、华冈笔会;其五,华冈出版部;其六,院本部。"[①]1968年8月26日,在张其昀

---

① 潘维和:《张其昀博士的生活和思想》下册,第1515页。

的高瞻远瞩之下，由"中华学术院"发起，在华冈召开第一届"国际华学会议"。这是一次历史性的盛会，与会代表有212位，来自20个不同国家和地区，大会宣读论文175篇。此次大会以宋元明时代中外文化之发展及其交流为主题，提出论文由"中华学术院"各分组讨论。大会谋求华学进步，促进文化交流，结果甚为圆满。美国圣若望大学副校长薛光前博士发表感想说："此次会议由'中华学术院'院长张晓峰先生所召集。虽为民间事业，但各方响应之热烈，远超预计之希望……此次会议，全为研究华学，亦为国人首次举办。"[1]第二届"国际华学大会"也做了很好的筹备，但由于种种原因未能成行。

（四）出版《"中国文化"季刊》与《"世界华学"季刊》

为了扩大中华文化的世界影响力以及促进华学研究的国际交流，"中华学术院"出版英文版《"中国文化"季刊》。这是台湾省内独一无二的长期出版的英文学术性期刊，介绍台湾省最近重要的论著与重要出版物，附载学术消息，内容包括哲学、教育、文学、历史、艺术、科学等部门，每期以论文为主，并有书评与附录，期待与世界各国研究汉学的专家学者以及学术机构进行交流。

《"中国文化"季刊》以宣扬中国文化为主旨，邀权威学者执笔，论及哲学、文学、历史、政治、经济、法律、艺术诸方面，并兼评重要新书。张其昀早在1956年台湾教育主管部门的工作报告中就已提出："我们研究汉学，实非外人所能越俎代庖，缺点是我们的作品人家看不懂，或是一鳞半爪，未能集其大成。所以，本人近一二年来总在想，希望编印一种英文的《'中国文化'季刊》，将岛内三个月来的出版，以及重要的论著，把它译成英文，有系统地介绍。所以，我们准备于不久以后，成立'中国文化研究所'，即以该研究所的名义，出版英文《'中国文化'季刊》，与世界各国所有的汉学家一个一个联系，藉以沟通声气，增进相互的了解。"[2]张其昀原本希望与香港、台湾地区最有实力的国学学者一道，共同努力，把中国文化研究推向世界，让世界了解中国文化。与《"中国文化"季刊》相辅相成的是，为了使台湾岛内外学者进一步了解世界对中国文化的研究，张其昀创办了《"世界华学"季刊》。1975年张其昀命宋晞在"中华学术院"下筹设"世界华学研究所"，先成立华学文

---

① 潘维和：《张其昀博士的生活和思想》下册，第1520页。

② 潘维和：《张其昀博士的生活和思想》下册，第1489页。

库,搜集世界各国研究华学的专著与期刊,于1980年创办《"世界华学"季刊》,介绍世界各国对孔子学说、中国文化等的研究新贡献、新发展,供台湾内部研究人员参考比较。此项综合性研究,为今后世界华学研究之重点,有益于世界大同之奠基。

作为创办人,张其昀担任"中国文化大学"的董事长一直到去世,长达二十多年。他没有从学校支取任何薪酬,仅靠"国大代表"的薪酬和稿费收入维持生活,而且他还无偿地将两万余册的私人藏书全部捐赠"中国文化大学"图书馆。他每天早出晚归,回家只是睡觉。他没有家庭生活,没有私人生活。家中房屋普通,设备简单。基本上除了开会和夜间休息之外,他几乎把所有时间都用来办公、治学。为了节约时间,他坚持"不赴宴、不证婚、不演讲"的原则。"华冈有今天的成就,大家受张其昀的人格感召,应该是主要原因。张其昀的平易近人和公而忘私的美德,为一般人所熟知,但这仅能独善其身而已。华冈师生数万,何以大家在内心深处对他有一种'高山仰止'的崇敬心理呢?本人认为并不是因为他做过大官,或者因为是学校的创办人,而完全是因为他人格的感召所使然……张创办人终年无年节假日,以校为家,但自奉却是非常俭约,无论食、衣、住、行,均与一般人无异,甚至尚不及一般人;他礼贤下士,厚待客属,只要对社会或学校有贡献者,无不都受其礼遇推重。"①

张其昀晚年致力于《中华五千年史》的撰写。这项耗时耗力的巨大工程,严重损害了他的身体健康,生前仅勉强出到第9册。1983年因病情加重,自此开始长期住院治疗。1985年8月26日晚10时50分,因心脏衰竭,这位辛劳了一生的读书人辞世而去。

张其昀担任台湾教育主管部门负责人期间虽然饱受争议,但毫无疑问,他为台湾的教育建设做出了卓越贡献。"老实说,张先生在四年'教育部长'任内所做的事,为其前后一切'教育部长'所不及。他是最肯做事,而且做得最多,因而是贡献最大的'教育部长'。普通人办学校就是办学校,有一定的范围。张其昀不然,他好做事,凡与教育有关的,他都做。"②张其昀担任台湾教育主管部门负责人,虽然只有短短四年时间,但是对台湾的教育影响是非常深远的。而且他还以布衣之身,历经诸多磨难,创办了"中国文化大学",使其成为弘扬中国传统文化的重要基地。可以说,张其昀是以其全部的身心在办教育。

---

① 潘维和:《张其昀博士的生活和思想》下册,第1511页。
② 潘维和:《张其昀博士的生活和思想》下册,第1318页。

第四章　张其昀的教育宗旨：通才教育

　　张其昀的教育目标以孔子的教育宗旨为基础，他结合教育实践，将其融会贯通，并形成自身的教育目标。张其昀的教育论述虽然非常庞杂，但是从根本而言，其教育思想的核心就是倡导通才教育，而且是一以贯之的。这样一种通才教育思想不仅仅体现在理论层面，张其昀更是将其应用于实践之中。浙江大学史地合一的办学理念以及"中国文化大学"五育并重的教育理念就是两个很好的范例。简而言之，张其昀所极力倡导的教育目标即为培养通才。综观张其昀的一生，从其本人所接受的教育，到担任浙江大学史地系系主任，到担任台湾教育主管部门负责人，一直到自己独立创办"中国文化大学"，都是在贯彻与弘扬一种通才教育思想。张其昀明确指出，通才教育为现代大学教育的真正基础，"大学之所以为大学，大学生之所以为大学生，必有一共同之特性，就是建设国家，发扬文化，促进世界和平的时代使命。这种使命需要专才教育与通才教育的融会贯通，相辅相成，方能达到。而通才教育尤为现代大学教育的真正基础，为每一大学生所必须具备的"[①]。

　　通才教育即希腊人所说的自由教育或者说人文教育。由于自由教育容易引起滥用，张其昀为了避免引起混淆，特倡导使用通才教育，以区别于专才教育。"教育必须兼顾通才与专才两方面，保持平衡，不是偏枯。专才教育之目的在于分工，通才教育之目的在于统一。两者之关系并非并行之双轨，而为同根之树木。通才教育为其根，专才教育为其枝叶。其根干愈坚固，则其枝叶亦愈繁茂。学问之道亦然，通与专，就业与做人，两者必须兼备

----

① 张其昀：《张其昀先生文集三编》，第 335 页。

于一身。"①虽然通才教育与专才教育都是必需的,但是在张其昀看来,通才教育为根,专才教育为枝。

张其昀的通才教育思想传承于儒家道统。孔子作中庸,讲明教学方法,以尊德性、道问学为用力之要。后代如宋明道学,陆王偏重于尊德性,程朱偏重于道问学,形成学术史上两大流派。"士先器识而后学问","器识"指文化修养,学问指专门知识。前者是通才,后者是专才。张其昀认为:"孔子的教育方针,不在训练一技一艺的职业人才,而在培养有守有为的通人。'君子不器',是为教育上基本戒条。孔子本人便是好榜样,'博学而无所成名'。樊迟请学稼、学圃,孔子表示他不如老农、老圃。孔子告诫子夏说:'汝为君子儒,无为小人儒。'君子怀道,一心系天下安危,所致广大,自不以技艺糊口为适意。故子夏说:'虽小道必有可观者焉,致远恐泥,是以君子不为也。'后来孟子、荀子对此一教育方针,都信守不渝。"②张其昀认为,思想的陶冶和学业的专精,实在是相辅相成,不容偏废的。今后教育方针,必须通才平衡发展,尤其"需要深悉'士先器识而后学问'的要旨"③。由此可见,张其昀所倡导的通才教育是一种通专合一、以通为先的教育思想。张其昀被称为"宝岛台湾的洪堡,洪堡代表了西方德国的人文主义,人类必须培养国际性的通才与专才,教育必须以德智并重为准则而指向完美的自我认识与崇高的伦理道德之人格训练"④。

张其昀指出:"孔门讲学之程序,先教以小事,后教以大道。教以小事之项目,即小六艺——礼、乐、射、御、书、数,以生活教育为主。教以洒扫、应对、进退、周旋之礼节,及孝弟忠信,自爱爱人之德行,文武合一,身心兼修。至于教以大道之项目,即大六艺——《诗》《书》《礼》《乐》《易》《春秋》,此则以通才教育为主,教以格致诚正之功,修齐治平之务,以弘毅之士与文质彬彬之君子,为教育之理想。"⑤

张其昀曾在不同的情境中多次阐释通才教育的内涵,其中在《硕士学位真正的含义》一文中,他对通才教育的内涵与宗旨的概述较为清晰与完整:"中国古人称'士先器识而后学问'。也就是说,'学者必先识仁'。仁者心之

---

① 张其昀:《张其昀先生文集》第16册,第8125页。
② 张其昀:《孔学今义》,第65页。
③ 张其昀:《张其昀先生文集》第16册,第8122页。
④ 潘维和:《张其昀博士的生活和思想》上册,第959页。
⑤ 张其昀:《孔学今义》,第69页。

德,爱之理。识仁为治学的大本,大本既立,方为学有根底,否则恐造成'玩物丧志'。通才教育的内涵,包含仁智双修、礼乐交融、万有一本与殊途同归等三点。"①此外,张其昀深受自己家乡浙东文化的影响,他的通才教育思想亦包含经世致用之理念。

第一节　仁智双修,以仁为先

一、通才教育的核心

中国文化以孔子为中心,以仁爱为主体,所以称为人本哲学。孔子曰:"吾道一以贯之。"此一贯之道曰"仁"。仁是人之所以为人的道理,也是立国的根本道理。仁统摄诸德,具有最高的价值。中国自古以来所谓的志士仁人,就是指那些能够为国家效忠、为民族鞠躬尽瘁的爱国志士。实际上,只有这些人才称得上是仁人志士。事实上,仁与智是相辅相成、不可分离的,"中国学术的根本曰'识仁',西洋学术的根本曰'爱智'。实则世界任何学派无不兼顾仁智两端。董仲舒曰:'仁者所以爱人类也,智者所以除其害也。'中国古代所谓'尊德性'与'道问学',便是仁智双修,相辅相成,而须臾不可分离的。中西学术的正宗,其旨趣大体相同,不过中国在'识仁'方面做得多些,西洋在'爱智'方面做得多些,那么我们正应融会贯通,罗集众长,进而求中国文化之发扬光大"②。仁智双修正是集中西文化之所长而又发扬光大之思想,必然成为通才教育之核心。

张其昀认为,孔子对中华民族的贡献,虽然是多方面的,但最重要则在于教育方面。孔子最重视本末先后之道,建国必先建人,没有好人,如何能有好的家、好的国与好的天下?张其昀曾经指出:"孔子学说不赞成一种纯理智的人生。《论语》中常以仁智并举,但仁字地位远在智字之上。《中庸》以仁义礼智信为五达德,仁居最先,智列第四,可见孔子思想乃是主张人道应建筑在相互的情感上,而后开始运用其理智,这样方成为通才教育。《论语》载:'仁者安仁,知者利仁。'(《里仁》)利犹达义,谓明乎仁道而顺达之也,与《中庸》'利而行之'之义相同。《论语》又说:'知者动,仁者静。''知者乐,

---

①　张其昀:《张其昀先生文集》第17册,第8803—8805页。
②　张其昀:《张其昀先生文集》第17册,第8804页。

仁者寿。''知者乐水,仁者乐山。'(《雍也》)仁是切己体察,所以用一静字去形容。知是向外追求,所以用一动字去形容。仁向内以显露道德为主,知向外以成就知能为主。仁知合一,仁知双修,这是孔学的真面目。大体言之,东方文化重仁,西方文化重知,仁知并重,也是今日综合东西文化的新精神。"①张其昀认为孔子所主张的教育并非是一种纯理智的教育,而是仁智双修,仁智合一,以仁为先的教育,智育只有建基于仁育之上,才是有生命的教育,才是真正的教育,这就是孔子教育哲学的真谛,亦是通才教育的核心。

二、本质是一种人格教育

(一)做人是做学问的前提与目的

仁智双修的本质是一种人格教育,这也是张其昀教育哲学的集中体现。张其昀的教育思想乃承袭中国文化之道统,以儒家思想精神为主干,以发扬人性教育为目标。张其昀指出:"中国教育家教人,先要做一个堂堂的中国人,即所谓大丈夫;其次做一个真正的学人,即所谓儒者;再次做一个专家。"②张其昀明确指出,做人是做学问的前提与目的。换言之,只有堂堂正正做人,才能踏踏实实做学问;踏踏实实做学问的最终目的在于做一个堂堂正正的人。张其昀指出,儒学的现实意义在于,以儒家之根本精神,来解决今世的人生问题——"孔子以为人生最大之义务,在努力增进其人格,而不在外来之富贵利禄。即使境遇极穷,人莫我知,而我胸中浩然,自有坦坦荡荡之乐。无所歆羡,自亦无所怨尤,而坚强不屈之精神,乃足历万古而不可磨灭。儒学真义,唯此而已。"③努力增进人格而非外在的富贵利禄才是儒学教育的最终目的。张其昀认为,中国文化是人性的发扬。人之所以为万物之灵,在其有人性的自觉,即力求上进的自觉,中华民族的灵魂,便是在发扬人性。这就是张其昀所终生信服的教育哲学,认为中国文化朝着这个崇高的理想,数千年来连续不断,发扬光大。这才是教育家的理想。

人本哲学的主张,"扼要言之,就是要有人格、有个性、有志趣、有理想、有意志自由,而不受机械的定律所支配。它是乐观积极,轩昂奋发,有志竟成;而绝非悲观失望,残酷寡恩,麻木不仁的"④。人格是知、情、意三方面同

---

① 张其昀:《孔学今义》,第 56 页。

② 张其昀:《张其昀先生文集》第 20 册,第 11107 页。

③ 柳诒徵:《中国文化史》上册,第 267 页。

④ 张其昀:《张其昀先生文集》第 16 册,第 8221 页。

时发展,互相调和。张其昀一生从事教育,并且身体力行,以身作则,以华冈为家,以节俭清廉自守,谆谆教诲学子,志在发扬中华文化,以教育的方法促进人性的自觉,恢复中华民族的固有道德为主旨。

(二)中国教育改造以人格教育为本

张其昀指出:"现在的教育,需要根本改造,自小学以至大学,一概应以人格教育为本。"[1]孔子教育理想,尤其重视修身克己,尤为注重人格。"孔子之学之所首要者,曰成己,曰克己,不怨天,不尤人。孔子曰:'饭疏食,饮水,曲肱而枕之,乐亦在其中矣。不义而富且贵,于我如浮云。所以其境遇虽穷,但是其心自乐,人世名利,视之淡然。自孔子立此标准,于是人生正义之价值,乃超越于经济势力之上,服其教者,力争人格,而不为经济势力所屈,此孔子之学最有功于人类者也。"[2]孔子认为人生最大之义务,在努力增进其人格,而不在外来之富贵利禄。富贵如浮云,人格教育必然超越对外在的经济势力的追求。

张其昀在《师道》一文中进一步指出,人格教育是教育的根本目的,不管什么类型的教育都应以追求人格为本:"全民教育为方法问题,人格教育则为目的问题。教育之终极目的,为造就人才,培养人格,使人人学习如何做人,而知人之所以为人的道理。世人或说西方重知,东方重仁,人格教育则为智仁勇三位一体之教育。世人或谓西方求真,东方求善,人格教育则为真善美三位一体教育。乃至德智体美群,五育并重,敬业乐群,缺一不可。职业教育,力求实用,学以致用,固有必要,但亦不能自外于人格教育,舍人格而谈职业,只是训练而非教育。"[3]人格教育是智仁勇三位一体的教育,是真善美三位一体的教育。张其昀明确指出,教与育必须并重,而社团生活与人格教育相辅相成。

教育之终极目的在于造就人才,培养人格,使人人学习如何做人,而知人之所以为人的道理。教育倘若缺少人格教育,那就是简单的职业培训而非真正的教育,真正的教育必须做到教与育并重。简而言之,张其昀认为教育的宗旨在于人格教育,实际上,他的教育目标遵从孔子的教育宗旨。张其昀指出,人格教育需要做到知仁勇三达德。知仁勇之知,指的是大知,是真知。老子曰:"知人者智,自知者明。"科学所注重的是智,就是万物之知,哲

---

①　张其昀:《张其昀先生文集》第 16 册,第 8082 页。
②　张其昀:《张其昀先生文集》第 16 册,第 8086 页。
③　张其昀:《张其昀先生文集》第 16 册,第 8645—8646 页。

学所注重的是明,就是德性之知。我们要有自知之明才能发现自己的真我,充实自己的生命。知识之渊源有二:一是良知之知,即德性之知;一是万物之知,即科学之知。兼备此二者,方足以说智育之全。良知贵于实践,科学注重实验,其精神脉络是相通的。科学精神在于格物穷理致知,求真、求是、求实。科学教育是原因,生产教育、职业教育与技术教育是结果。明乎此,而后可普遍兴办职业教育与技术教育。张其昀指出,我们要力行建教合作的计划,使学生进工厂,下农场,人人皆有一技之长,从事于生产,并需提倡劳动教育,养成建设创造的风气,又当应用科学管理,以增进办事效率,使科学与道德融为一体。

三、重在实践笃行

张其昀指出,德育的实施,绝非仅仅学理上的讲习、文字上的记诵,而必须切己体察、躬行实践。张其昀认为发扬中国文化、阐扬中华民族之道统,实为当前教育之重要课题,此种教育思想之实现,需贯彻阳明先生之知行合一思想。阳明先生之思想,简言之,要点有三:一为心即理,二为致良知,三为知行合一。"王阳明致良知之说,在中国思想上贡献至大。阳明谓圣人教人,只是一个行字。如博学、审问、慎思、明辨,皆是行也。笃行之者,行此数者不已是也。致良知之致,即是行字。知之初已是行,非知而后行;行之后与知俱进,非行后即无知。此为阳明知行合一之大意。"[①]王阳明提出"致良知"的学说,人所异于禽兽者,在其有良知,或曰天良,亦曰良心。但良知只是一个善端,由此为起点,而达到道德的最高标准,还须用教育方法去扩充它,完成它。良知是真知,致良知是力行。我们要在事上磨练,致良知于行事,然后良知之知方为完成。若能如此,人性便能得到大发展。孔子注重人之真性情,恶虚伪,尚质直。孔子曰:"言忠信,行笃敬。"忠信笃敬,便是人之性情之真的流露。忠是尽于中者,信是形于外者,二者互为表里,犹如影之随形。中国古来的教育,注重道德实践。现在教育的目的,即为实现真善美三位一体的理想人格,这样才是人生真正的意义和价值。"晓峰先生对阳明先生之思想更进而为求新、求行,尤其教育事业,以求行为第一要着,至于横渠先生之学术思想,亦为先生所景仰,先生所最敬仰者为横渠先生之学古力行之义,横渠先生以为:圣人之诣为必可至,三代之治为必可复。当语曰:为天地立心,为生民立命,为往圣继绝学,为万世开太平。可见其学古力行,自

---

① 潘维和:《张其昀博士的生活和思想》上册,第92页。

任之重如此。"①张其昀认为,学校对一切教学设备和团体生活,都要使青年能奋发向上,对于民族道德的教训,耳濡目染,心悦诚服,而能见之于行事。

张其昀贯彻阳明先生的知行合一的理念,认为道德教育绝非仅仅是简单的说教,而必须切己体察,躬行实践。这种理念对大陆当前的道德教育具有重大的启示意义。反观大陆当前的道德教育,在很大程度上还停留在说教的阶段,缺乏个体的反思与实践,使道德教育流于形式,效率低下。

第二节　礼乐交融,重在修身

一、礼乐合一,教化乃备

张其昀指出:"儒家谈论教育大半都先从礼乐入手,乐较礼尤为基本。周礼称:大司乐,掌成均之法,以治建国之学政,而合国之子弟焉。成均为古代最高学府,犹后世之大学(至今韩国首尔有成均馆大学,以发扬东方文化为旨趣)。大学校长,何以要由音乐家担任呢? 可见对音乐的重视。即此可知中国文化宏大深微的义趣了。"②张其昀倡导寓教于乐,"中国文化学院"创始之时,即设有美术、音乐、戏剧以及舞蹈等科系,这就是"艺"的教育的具体体现。张其昀指出,倡导文艺复兴,就是重视中国文化以及孔子的教育方式,由恢复中国文化进而重自由,贵人生,尚知识,以提高人的生活品质及文化品质。孔子的六艺教育,曰礼乐射御书数,原为保持身心智能平衡发展之教育,很显然,教育以习礼明礼为开始,换言之,将礼置于首位,即首重做人的道理。

张其昀特别注重美育,美育包括音乐、诗歌、美术、建筑等而言,而以音乐为中心,可统称为乐教。孔子曰:兴于诗,立于礼,成于乐。美育之顶点即为音乐。体育注重秩序,故谓之礼;音乐注重和谐,故谓之乐。寓秩序于和谐,于和谐中见秩序,礼乐合一,教化乃备。礼、乐二项是中国古代教育的中心观念。乐所代表的是人与人之间的同情心,礼所代表的是各个人的分际。乐的精神是和谐,礼的精神是秩序,相辅相成。完全的人格和理想的社会必须兼备礼、乐之教,合乎情而当于理,才算是尽善尽美。一个人要身心保持平衡,才是真实的健康;要情感与理智得到和谐,才是正当的娱乐。"志于

---

① 潘维和:《张其昀博士的生活和思想》上册,第 999—1000 页。
② 张其昀:《张其昀先生文集》第 18 册,第 9590 页。

道,据于德,依于仁,游于艺。"美育的最高境界,便是智德合一、身心和谐的境界。审美的心情,出自人类的天性,但是我们今日不能仅以个人修养为止境,必须把美育普及于一般民众,才算是尽了教育的天职。"礼主理智,乐主情感,礼乐交融,合情合理,使无过与不及之弊,是谓中庸。古人说,'礼胜则离','乐胜则流'。如果理智压倒了情感,则人生索然寡味,有支离破裂之病;如果情感压倒了理智,则生命衡动无节,有留连忘返之弊。"①具体而言,制礼作乐具有如下内涵。②

(一)制礼

礼重秩序,就是规律。最有规律的生活,便是体育和球赛,所谓团队的工作和运动家公平竞争的精神。欲使现代大学生明礼习礼重礼,潜移默化之道,应当设立体育系,作为全校制礼中心。

(二)作乐

乐教指广义的音乐、美术、戏剧、舞蹈等系科,这都是广义的乐教。"中国文化学院"创办之初,对此类学科,最为完全。

现在台湾公私立大学中,提倡美育,设系最完全,师资阵容最强大,而且足可以成为文艺复兴之表率者,"中国文化学院"可算是首屈一指。并且因为积极倡导之结果,要把教育宗旨,从德、智、体、群四育,改进为德、智、体、美、群五育。

二、礼乐交融需要修身教育

中庸原是不易达到的标准,孔子所称"从心所欲,不逾矩",可见孔子之圣,对理想的境界,尚在不断的磨炼、不断的修养中。张其昀非常重视修身教育,认为这是人格教育的重要基础之一,亦是人格教育的出发点。

张其昀认为礼乐交融需要不断加强精神教育,其方法亦多元化。"宋代的大师,以胡瑗为第一人,他的教育方法亦极重音乐,每当考试结束,弟子诗歌奏乐,至夜乃散。宋明学者注重精神修养,其胸怀有如行云流水,而与大自然为伍。程明道教人,'观天地生物气象',有诗云:'傍花随柳过前川,万物静观皆自得。'这正是孔子赞许曾点的意思。"③现在教育的目的,即为实现真善美三位一体的理想人格,这样才是人生真正的意义与价值。

---

① 张其昀:《张其昀先生文集》第 17 册,第 8805 页。

② 张其昀:《张其昀先生文集》第 17 册,第 9030 页。

③ 张其昀:《张其昀先生文集》第 16 册,第 8256 页。

张其昀明确指出，理想没有具体有效的方法，只是一个空想而已。所以最可宝贵的乃是方法，以及实践的决心、诚意和毅力。张其昀不但重视宗教对人的精神的影响，而且特别注重日常生活中的磨炼。

（一）宗教的熏陶

华冈学园内各道路，以圣贤之名命名，孔子大道、老子大道、耶稣大道、释迦大道、穆圣大道，这充分体现了张其昀对于宗教的尊敬与向往。而且他在"中华学术院"分别成立了佛学、佛教文化、天主教、基督教、回教、道教、道德武装、创智科学、大知识实践、天理教、摩门教、印度教等研究所。这些研究所在华冈大恩馆和其他馆内设有固定住址，聘请此界高明之士主持所务，研究发展，配合学生社团，弘扬宗教，启迪学子。张其昀并于 1977 年在"中华学术院"成立了"宗教与道德研究所"。

张其昀在《精神修养与人格教育》一文中，特别阐释了宗教对于精神修养提升的启示[1]：

> （1）自修持。修持，就是从躬行实践做起，如果做而言不能起而行，那么任何高深的学说理论，绝不会发生丝毫效果。佛学最重要的道理，在于教人如何处逆境，在忧患中，能勇猛精进，绝不灰心失望或悲观。

> （2）自觉醒。一切当反求诸己，诉之于人类的良知良能，要有善良的天性，发为淑世的事功。此所谓放下屠刀，立地成佛，最为易知易行，而世界和平的真正起点，亦在于此。

> （3）自葆爱。人群相处，必有一种与人为善和成人之美的道理，最重要的为自发自动的纪律，爱人必自爱始，自爱乃是真正的自由，有所不为方能有所作为。

> （4）自怡悦。佛学是一种精神修养，也是一种人格教育，目的在于安心立命，心安理得。人人都能怡然自得，乐在其中，乃是消弭人间一切纷争、泯除人间一切祸乱的康庄大道。

（二）日常修养

张其昀不但强调宗教的熏陶作用，而且重视个人的日常修养，他在《教育家之精神修养》一文中指出了个人修养对于精神提升的价值与方法[2]：

---

① 张其昀：《张其昀先生文集》第 17 册，第 8935—8936 页。

② 张其昀：《张其昀先生文集》第 16 册，第 8095—8098 页。

（1）平时修养。要是我们（中央大学师生）能够注意月令，就在校园里面观察花卉草木以及候鸟、候虫的周期现象，已经可以感到人生的无穷乐趣，和精神上的安慰。例如对于草木状况，何时抽叶，何时开花，何时结果，何时凋落，去伺候观察它，并积年累月而记载它，则天然美丽，尽属吾人的眼福。竺可桢先生曾说南京杨柳初绿，燕子初见，杨桃初熟，历年先后相差之时期，均不过两周。此种观察，何等富于生趣。若在中小学中，更是一种极妙的练习，因藉此可激发儿童求知好奇的性情。每年二十四节气，不妨都以校园为背景来举行赏心乐事的集会，使大家常常有新的情感和希望，时时刻刻养成积极进取的心理，来矫正颓废无聊的举动，岂不是很有意义的精神修养？

（2）假期修养。寒暑假的休息，就是使我们有一个较长时间的闲暇，来洗练我们的精神。我们主张小学师生至少要有本县的长途旅行，中学师生至少有本省的长途旅行，大学师生要有本国的长途旅行，这在教育上实在有极大的意义，其重要不在上课之下。因不但对于本国的自然现象和人文现象有实地观察的机会，即使对于精神修养，亦有极大的价值。

（3）纪念日修养。纪念日的用意，即以温故为方法，以新知为目的，所以具有教育上的价值。

（三）教育环境的潜移默化

张其昀非常注重教育环境的潜移默化。他在担任教育主管部门负责人任内一直致力于"学园"的设立，他计划创设台北市南海学园、台北县板桥学园、芦洲学园。南海学园位于台北市南海路植物园之东，内有教育资料馆、"中央图书馆"、历史博物馆、艺术馆、科学馆，风景优美，已成为台湾地区的文化以及观光中心。板桥学园以及芦洲学园因为较晚着手，后来由于张其昀的离任而未能完成全部建设。张其昀认为，教育学生应重视"质朴坚毅"的现代生活，锻炼学生"质朴坚毅"的精神，收潜移默化之效。"张其昀的美育思想是极为博大的，处处时时都涵泳在美育里，他说'山水之乐，园林之胜，亦为美育之大者'。人对于大自然的欣赏，人受环境之陶冶，也都是美育，人在美育中潜移默化……张其昀重视美育各大范围之相关性与和谐性。他认为音乐、美术、戏剧、电影、舞蹈，五者犹如手之五指，互相连击，互相策应。美育是整体的，是和谐的，虽在艺术表现形式上有所分别，但其精神则一，都是密连于真善，趋向于中国的文艺复兴，以育成美的新天地，从而陶冶人生,和乐世界。"①

三、修身教育最重躬行实践

张其昀指出,中国儒家学说,最重躬行实践。中国古来儒者,以精思力践、进德修业为主,此为大学理想之学风,也是张其昀提倡通才教育之真正用意。

张其昀主张教育即生活的教育思想,这种教育思想从根本上讲就是倡导一种"修身"教育,从根本而言在于谋求学生人性之最大发展。"用功之精义,并非以手不释卷为满足,凡课余之暇,共同工作,共同游戏,共同服务,把握时间,珍惜时间,而从事于身心修养有益之活动,莫不属于用功之范围。在大学期间,社团生活,打破系科之壁垒,相亲相爱,精诚相与,鼓励团结互助、和谐合作的团队精神,培养领导能力,形成了多彩多姿的大学生活。社团生活的目的,就是要网罗人才,发掘人才,培养人才,奖进人才,这样才是人格教育的真正意义。"②

张其昀认为:"修养是广义的教育,教育有教室的限制,学期的划分;修养则随时随地都可以进修,活到老,学到老。修养如教育,包含了五部分,即体育、群育、美育、智育与德育五育。脉络互通,循序渐进,而成为完整统一的综合体。"③

为了促进学生的修养,张其昀特别提出了"华冈十箴"④,张其昀认为箴言就是修养的格言,它是做人的道理、生活的教训。

其一为乐观,乐观就是相信这个世界都是人力之所创造,当然前途会有很多困难存在,只要我们抱着活泼进取的精神,努力奋发,不屈不挠,必然会最终成功。《论语》一书有四十五的乐字,未见一苦字,这就是中国学术的大动脉。其二为惜阴,我们生命是光阴之所织成,爱惜光阴,便是宝贵生命。惜阴就是把光阴做最适当的分配,最有效的利用。我们要工作,也要有休闲,工作与休闲,一张一弛,好比韵律,要配合地很好,那我们就会有充沛的、健康的精神。其三为勤学,学习不仅仅是上课,课余自修、在图书馆里看书,在实验室里实习,在体育场上操练,

---

① 潘维和:《张其昀博士的生活和思想》上册,第1094—1095页。
② 张其昀:《张其昀先生文集》第16册,第8645—8646页。
③ 潘维和:《张其昀博士的生活和思想》上册,第88—89页。
④ 潘维和:《张其昀博士的生活和思想》上册,第578—580页。

在艺术馆里表现,在社团里做各种活动,都是有意义有价值的学问,等待我们振起精神,勤奋努力地来做来学。其四,俭朴,俭是养身之源,不仅是金钱要节约才叫俭,一切超过实际需要的身心活动,都是浪费,都应该节省;要使我们身心活动能保持平衡,而且要能想法保有余力。朴就是这个意思,我们要朴素、要朴实,要能衡量自己力所能勉者,不可超支妄用。其五,仁爱,仁爱就是服务,能替人家做恰到好处的服务,便是仁爱。这个世界所以能存在,历史所以能绵延,就是靠人人有爱心,人人都有为众服务的精神。我替人服务,人亦替我服务,人人相亲相爱,这就是仁,这就是世界和平的真正基础。其六,正义,义与利相对,实际上义与利是相辅相成,不相冲突的。义就是义务,为了尽义务而做工作,出于人的良知良能的本性,并不要权利。但他所做的,必然会有贡献,也必然会有利益。小义产生小利,大义产生大利,人人本着道义来做,便是社会的正义。其七,忠恕,孔子曰:夫仁者,己欲立而立人,己欲达而达人。己立己达是忠,立人达人是恕。恕也就是"忠于忠"的最高境界。恕道的昌明,是中国文化对世界人类最大的贡献。"己所不欲,勿施于人","与人为善","不念旧恶",都是忠恕之道的真精神。其八,诚信,"民无信不立",政府对人民若保不住信用,则国家亦就立不住了。国家如此,个人一样是如此,我们对人对事都必须真心诚意而为之,言行一致,这就是所谓诚信。其九,大公,大公则无私,无私而后无我,无我而后无畏,即所谓大公无畏精神。有了大无畏的精神,天下事还有什么不可成功的?在公私之间,以公心出之,利亦是义,以私心出之,义亦是利。公私在心,义利在事,此心既公,能作义利之辨。其十,中道,我国之所以称为中国,便是因为中道或中庸之道,是中国人民思想行为的准则。中庸之道就是一件事情,作的不要太过,也不要不及,要得其中道。中又称时中,即含有与时俱进之意,并非固定不动者,要审度时宜,恰到好处,德无常善,适时为善。

张其昀一直在践行修身之德,"自华冈创办二十年来,张其昀每日清晨到校,晚上回家。午晚两餐都在校内,以极清淡的鱼类及蔬菜果腹;除了在校园内散散步,他不赴宴、不演讲、不证婚,全部的时间和精神都放在著述上"①。

----

① 潘维和:《张其昀博士的生活和思想》上册,第935页。

四、君子之修

张其昀特别重视君子之修,认为理想的人格是君子。张其昀在《说君子》与《君子之修》中都指出:中国文化的中心思想是重视教育,中国教育的中心思想是培养人格,而中国理想的人格是君子。君子包含如下优美德性①:

(1)学与习并重。论语开宗明义说"学而时习之,不亦乐乎"?就德性之知而言,习则为实践;就科学之知而言,则为实验。实践与实验都是求学之方法,亦为求学之宗旨。德性之知与科学之知,两者是相同的。论语所说的时习二字,有与时俱进之意。孔子曰:"学如不及,犹恐失之。"又曰:"譬如为山,未成一篑,止吾止也;譬如平地,虽复一篑,进吾往也。"用现在的话来说,即所谓活到老,学到老,穷年累月,夙夜匪懈,一面学,一面做,边学边习,永无止境,这样才能成为真正的学人,真正的君子。

(2)学与思并重。孔子曰:"学而不思则罔,思而不学则殆。"又曰:"吾尝终日不食,终夜不寝,以思,无益,不如学也。"这两段话,意思非常明白。学而不思,或思而不学,则学业无由深造,而人格亦不能完成。罔就是惘惘然,即博而寡要、劳而无功的意思。殆就是危殆、危险的意思。如果只有空谈没有实学,只有理论没有实践,那是不切实际,非常危险的。孔子教人思想,是指要从学习中去思想,从行动中去思想,如此方有实效。其全部历程即为:中庸五大步骤(博学、审问、慎思、明辨、笃行),以及大学八大步骤(正心、诚意、致知、格物、修身、齐家、治国、平天下)。如果照这些逐步开展,造成完整统一的学习系统,本末先后,秩然有序,必能成为真正的思想家,真正的君子。

(3)知与行并重。孔子曰:"力行近乎仁。"致知力行,知行合一,原是中国哲学一贯的精神。知之初,已是行,非知而后行;行之后,与知俱进,非行后即无知。朱熹曰:"知行常相须,如目无足不行,足无目不见。论先后,知为先;论轻重,行为重。"王阳明曰:"知者行之内,行者知之外;知之笃实处是行,行之精明处是知。"这是几千年的思想脉络。知与行同流并进,务期造就完全的人格,笃实而又光辉的君子。

(4)言与行并重。子曰:"君子耻其言而过其行。"又曰:"君子欲讷于言,而敏于行。"子曰:"故君子名之必可言也,言之必可行也。君子于其言,无所苟而已矣。"就是要言行相顾,言行相称,理论与实践务要能

① 张其昀:《张其昀先生文集》第16册,第8500—8503页。

联系配合,言论如花,行事如果。"春花虽美,归于秋实。"言论虽好,如果不能见诸行事而有实际的成效,也是徒然。

(5)知己知人与知天。孔子曰:"不患人之不己知,患其不能也。"又曰:"不患无位,患所以立;不患莫己知,求为可知也。"子曰:"不患人之不知己,患不知人也。"这是对青年身心修养最为宝贵的教训。归纳起来就是要人"但问耕耘,不问收获"。只要我们能求其在己,一切从自身做起,对人自然会有了解的同情,自然有互助的合作,而至成功立业。知己与知人的道理是相通的。中国儒家学说,认为人心就是天命,天意就是人心。天人合一,能知己、知人,自然能知天。要能敬天爱人,乐生乐群,"为天地立心,为民生立命"。这样才是我们所要培养的优秀人才,我们理想中的君子。

第三节　科学与人文的融合

一、通才教育需要科学与人文的融合

张其昀一贯主张科学与人文的融合。孔子曰:"质胜文则野,文胜质则史,文质彬彬,然后君子。"文与质为文化之两方面,在现代社会则指科学与人文。现在教育之一贯宗旨,即综合科学与人文,而使其融会贯通。在教育方面,我们要注重通才教育。"以一株大树为喻,通才教育是根与干,专才教育是枝与叶,根干深固,枝叶自然繁茂,两者不可须臾分离。"[①]张其昀进一步指出:"通才教育可分为三部分,即人文学、社会科学与自然科学。至于它们的作用:一为了解自己,一为了解他人,一为了解宇宙。合知己知人与知天,而成为心之训练,其目的在于养成学生思考力、表达力、判断力以及辨别各种价值之能力。教育宗旨一方面注重分工,使有专长,一方面尤其重视统一,期能合作。"[②]

尽管通才教育非常重要,但是现代教育却更注重科学教育,更注重专才的培养,忽视了哲学的作用,张其昀因此大声呼吁要重视哲学的价值与作用。"现代教育之通病,知道了宇宙,而不知道自己,哲学所以补科学之所未

---

① 张其昀:《张其昀先生文集》第 16 册,第 8125 页。
② 张其昀:《张其昀先生文集》第 16 册,第 8125 页。

逮。有通才教育以训练人心，又有专才教育训练耳目手足，正如孔子所云：'文质彬彬'，乃成为健全的公民。"①科学研究千门万户，对宇宙万事万物，做局部的、分析的、彻底的研究。现代大学的研究者当然各人业有专精，可是于专科之外，必须深谙一般科学之条理、系统、方法与精神，然后可以触类引申，广泛应用。

实现科学与人文的融合是现代教育的题中应有之义。张其昀认为："现在已经进入原子时代，新时代的教育是人文教育与科学教育融会贯通、合二为一的新教育。现在大学之趋势，分科益见精密，真可谓精益求精，而另一方面则任何院系任何年级的学生都规定了共同修习的基本学程。古人所谓的'博观约取'，'静思力践'，现代学术，非有专精与分析无以求知识之进步；非有贯通与综合，无以求人格之完整。"②

张其昀进一步指出，中国自古具有通才教育的历史，中国古代的大学通才专才并重。"中国古代的大学教育，通才教育与专才教育，兼顾并重。例如宋代大学分为经义与治事，每一位学生在这两个方面中的各项科目，均需选任其一。换句话说，一面要有人文修养，一面要有科学技术。有体有用，坐而言可以起而行。中国文化并非仅限于文史哲等人文学而包含辉煌的农业文化与工业文化等，鉴于中国古代造纸、印刷和陶瓷的品质都是世界上最好的，因此本校设有印刷系和化工系的造纸、陶瓷两组，以期复兴文化。有如土地资源系、劳工关系系、观光学习，均为本校首创。海洋学系本校成立最早。"③

张其昀多年的老朋友钱穆的通才教育理念就非常注重科学与人文的融合，这在某种程度上亦影响了张其昀的教育观。"对于当时大学，都以文科为无用，而竭力提倡理科的实用主义观点，钱穆指出，即就实用而言，通人达才对于中国，其用尤急于专家绝业。因为若一国家社会、教育、政治、经济各方面苟无办法，则其自然科学也难栽跟立脚，有蒸蒸日上之希望。钱穆对于当时学风之变，颇为担心，当时投考理学院的学生，纷纷转而报考工学院；而就文科言，哲学系早有关门之趋势，文学系亦有追随哲学系关闭之倾向，稍次为历史系，较盛者为政治系，尤盛者为经济系。"④面对这样的情形，钱穆发问道："试问理学院

① 潘维和：《张其昀博士的生活和思想》上册，第92页。
② 张其昀：《张其昀先生文集》第17册，第8784—8785页。
③ 张其昀：《张其昀先生文集》第16册，第8633页。
④ 何方昱：《"科学时代的人文主义"：〈思想与时代〉月刊(1941—1948)研究》，第137页。

无基础,工学院前途何在?试问一国之政治不上轨道,经济岂能独荣。"①

二、史地结合是科学与人文融合的集中体现

张其昀认为,20世纪学术上最大的胜利,不仅为科学与技术空前未有之进步,而尤为各种学科交光互影,融会贯通,而导致全部学术之综合与统一。当然,要实现学术上的"综合",需要凭借博通的手段,来沟通不同学科,让它们能彼此印证,互相推进。别人考虑的多是如何在专精上继续推进,张其昀考虑的是如何在分工的基础上,致力于学术综合。他为沟通不同学科、实现学术综合而探寻到的方法之一,就是时空交织,史地结合。史地分组合系就成为张其昀实现兼顾通才与专才教育理想的一个尝试。"对科学技术自近代以来所呈现的高度分化和高度综合两大趋势,高等教育体制安排中文理分家、理工分校、专业林立、严格分工造成了人才过分专业化,综合适应能力和持续发展潜力明显薄弱。现代科学技术和经济社会高速发展已经又一次向教育界提出了大力培养复合型通识人才的要求。当时浙大史地系所提供的历史经验可以成为我们今天深化高等教育改革的宝贵借鉴。"②

张其昀认为:"学问为一整体,大厦非赖一木,其由时间着眼者为历史学,由空间着眼者为地理学,其所从入之途径虽有不同,但携手偕行,共同探索人间之真相,发明人事之真理,分工合作,为整体之学问而各有所贡献,精神上则完全一致。"③张其昀所主攻的人文地理学就很好地体现了史地结合的理念。1926年,张其昀在《史学与地学》杂志第一期发表《人文地理学之态度与方法》一文,指出:"人文地理学乃从空间、时间两方面,解释地理环境与人类生活之相互的关系与变迁的关系者也……人文地理学以研究自然地理为凭籍,而别具一种新眼光……人文地理既以研究人地之故为职志,则与社会科学如人类学、社会学、经济学、政治学,亦不可不稍有门径,史学与地学关系尤为密切。"④

---

① 钱穆:《改革大学制度议》《大公报》(重庆),1940年12月1日,第二版(星期论文)。转引自:何方昱:《"科学时代的人文主义"〈思想与时代〉月刊(1941—1948)研究》,第137页。

② 颜士之、许为民:《张其昀史地结合思想与浙江大学史地系办学特色》,《浙江大学学报》(社会科学版)1998年第3期。

③ 张其昀:《张其昀先生文集》第21册,"中国文化大学"出版部1989年版,第11484页。

④ 赵旭云:《地理学家赵松乔》,第50页。

第四节　经世致用

张其昀个人深受浙东学派"经世致用"传统的熏习，一生都尊崇儒家文化。张其昀生平"厌闻空论"，喜"实事求是"。[1] 张其昀在治学以及处事等方面都带有非常浓厚的务实色彩，特别提倡经世致用。

一、华冈办学体现了经世致用之精神

"中国文化大学"之华冈，原为一片荒山，披荆斩棘，以启山林，不畏难，不屈不挠，再接再厉，所以华冈学园能有今日之规模完善，全为华冈精神之创业精神所致。张其昀的教育目标在于能学以致用，由致用而鼓励青年学子，进而创业，使人人都能成为社会的中坚。张其昀说："学以致用，是我们共同的志愿，学能致用，大学才能对社会作真正有效的贡献。一个大学生当其毕业离开大学所能带走的，究竟是些什么呢？那当然很多，本人以为其中最重要的，恐怕要算创业精神。所谓创业精神可算是无中生有的精神，由小而大，由少而多，由旧转新的精神，总而言之，也可以说是知难行易的精神，我们的大学生活中，受到良师益友的启迪，社团活动的熏陶，都在训练致用和创业精神。"[2]

华冈学园集教育、学术、企业、服务为一体，自创校以来，产生了"中国文化学院"、"中华学术院"、华冈兴业基金会、华冈学会四大机构，以承担教育、学术、经济以及社会的四大建设。各个单位分工合作，相辅相成。张其昀指出，"中国文化学院"、"中华学术院"和华冈实业公司，三位一体，学以致用，建教合一，是建设华冈大学城的途径和方法。华冈兴业基金会，采取建教合一的方式，使本校各学系、各研究所，以华冈学会（即毕业校友会）为桥梁，与企业机构合作，兴办各种企业，包括农、林、渔、牧、技艺、工业、贸易、出版、观光等，而组成华冈兴业总公司。企业之目的，在于供应教授研究实验与在校学生之实习，而达成学以致用之效。经营事业所得的利润，可以充实图书设备与奖学基金的捐款。

---

① 张其昀：《张其昀先生文集》第 20 册，第 10610 页。
② 张其昀：《张其昀先生文集》第 17 册，第 9100—9101 页。

二、经世致用与浙东文化

"经世致用",简而言之,"就是要求文化、学术之事必须服务于国计民生,以社会效应作为衡估文化、学术事业价值的主要准则。在哲学思想上,它要求道与功、义与利、理论和实践的有机统一。从其发展历程来看,它既是我国(特别是浙东)优良文化、学术传统的历史积淀,又是我国文化学术界的两种价值观和方法论斗争的产物,是思想家和学者们长期实践和思考的产物。'经世致用'是清代浙东学派几代宗匠从浙东文化、浙东学术的全部实践和理论中机栝抽象出来的文化学术的最高宗旨。至清初,浙东文化、学术进入鼎盛时期,浙东学派的几代宗匠,在救国富民的历史使命的激励下,在民主启蒙思想的影响下,概括抽象出并且始终恪守这一原则,始终高举这面大旗。正因如此,浙东学派才成为举世瞩目的一大学派,从而把浙东文化和其他区域文化鲜明地区别开来"①。

浙东学人在继承传统儒家重实用的合理内核的同时,又对其加以批判、发展,充实光辉,大而化之,终而形成完整而全面的文化学术原则。毫无疑问,张其昀深受浙东"经世致用"文化的影响。张其昀认为:"学问的意义和价值,集中体现在'开物成务'四字上。'开物'指揭开事物的真相真理,'成务'即完成各种实业实务。在张其昀看来,'开物'须恪守传统学术'正义明道,实事求是'的精神,此种'纯然为学术上的兴趣,既无使命,也无其他目的','无所为而为之爱智求真',即为近代的科学精神。'开物'与'成务',或求真与致用,或纯粹研究与应用研究,乃互为因果,而不必有轻重高下之。"②

---

① 心浩:《经世致用:浙东文化的最高宗旨》,《宁波大学学报》(人文社科版)2000 年第 2 期。
② 张其昀:《张其昀先生文集》第 20 册,第 10712 页。

第五章　张其昀的大学教育暨华冈兴学思想

　　张其昀所创办的"中国文化大学"[①]是其大学教育思想的集中体现与实践，而且其大学教育思想是一以贯之的。张其昀于 1962 年 11 月 26 日在"中国文化研究所"讲述"作始也简，将毕也巨"，表示一所学府的创建需要考虑五方面。[②] 其一，是"立志"，也就是任何事业都要有宗旨、目标和理想，所谓志定于前，功成于后，何况是一个学府，它是人类最高的精神活动所在地。其二，是"求友"，20 世纪最大的发明，是为有组织的研究，一切人类进步与幸福，以此为策源地。故张其昀在台湾教育主管部门负责人任内，竭力想完成高等教育的完整体系；因为学术研究机构是一个学者的社会，而集中人才乃是学府最重要的条件，故一切物质条件都是人力所创造出来的。其三，是"卜宅"，选择学府的所在地，在都市要能闹中取静，在郊区要能交通便利，若能保有自然之美，足以令人心旷神怡，于身心修养大有裨益。其四，是"定制"，就是希望把世界著名大学及研究所的良法美意，与中国历史上大学及书院的风流遗韵，再依照现行教育法令之所规定，融会贯通，以达真、善、美、圣四育为旨归。其五，是"治事"，有关研究所之功用，可为教导研究生，以汲引后进，又可为教授们有组织地集体研究，从而订定各种研究计划，以便治事。

　　张其昀开宗明义，指出大学教育需要"立志"，需要首先确立宗旨和目

---

　　① 1962 年，张其昀创办"中国文化学院"。1980 年，经过台湾教育主管部门核准，改制为"中国文化大学"。

　　② 张其昀：《张其昀先生文集》第 17 册，第 8896—8900 页。

标,这是大学教育成功的前提与条件。在确定了教育目标与宗旨的基础之上,张其昀又从四个不同角度阐释了实现这一目标的方法,即"求友"——广纳人才、"卜宅"——选择合适的办学位置、"定制"——制定适切的教育法令、"治事"——制定并执行研究计划。在《作始也简,将毕也巨》中,张其昀明确指出了一所大学的创立需要明确其目标以及实现目标的方法。另一方面,张其昀在《大学的理想》一文中不但指出了大学教育的宗旨,更是明确表明大学应具有某种精神。"大学的主要贡献,在于从事高深的学术研究,学术研究的宏效,是为启发。启发的意义,就是发明新学说,创造新文化,实现新理想。综而言之,大学不但要继承民族文化的光荣传统,而且要成为建设现代化国家的力量源泉。"①大学不仅仅要传授文化知识,更要创造新知识,而新知识的创造要求大学秉持一种平等、民主、自由的精神。实际上,张其昀的大学教育理想充分展现了其一以贯之的教化理念与弘扬民族传统文化的思想。

而张其昀所追求的大学教育宗旨,实现宗旨的方法以及所应体现的精神,集中体现在其所制定的"中国文化大学"的校训之中。"中国文化大学"采用"质朴坚毅"②作为校训。简单而言,质朴是实事求是之意,坚毅是精益求精之意。

概而言之,华冈校训"质、朴、坚、毅"将大学教育的目标、方法与精神有机地融为一体,而且每一方面都是这三者的融合。

第一节　大学教育的目标观：治国平天下

张其昀创办"中国文化大学"的目的就在于培养"通学大儒,蔚为国用"③。张其昀认为:"中国固有思想有一个根本观念,即政治与教育二者相为表里。政治是教育的根本,教育亦是政治的根本。"④张其昀尤为强调教育要为政治服务,强调政治与教育互为表里,大学要成为建设现代化国家的力量源泉,简而言之,大学教育的最高目标就是治国、平天下。张其昀所指出

---

① 张其昀:《张其昀先生文集》第 17 册,第 8775 页。
② 张其昀:《张其昀先生文集》第 17 册,第 8901—8903 页。
③ 潘维和:《张其昀博士的生活和思想》下册,第 1356 页。
④ 张其昀:《张其昀先生文集》第 16 册,第 8122 页。

的教育为政治服务,教育应有助于社会治理,这正是中国传统的儒家教化思想的集中体现。现代任何事业,都可以成为广义的政治,或广义的教育。教育为政治之本源,政治为教育之扩充,两者互为表里,息息相关。

中国传统儒家教化思想的重要功能就在于治理社会,构建一个和谐的社会。在《政治家之培养》一文中,张其昀指出:"孔子主张政治必须以教育为本源,所以他的政治哲学就是教育哲学。儒家哲学有一贯之道曰仁。仁是心之理、爱之德,亦即做人的道理、立国的精神。孔子学说以为教育与政治之最后目的,在于行仁。"教育与政治是殊路同归,最终的目标都是行仁。教化需要从自身做起,从小处着手,但最终目的必定是治国平天下,而张其昀所认为的最高的仁就是"治国、平天下"①。基于此,他根据《礼记·大学篇》——"古之欲明明德于天下者,先治其国,国治而后天下平。"——确定了大学的最高办学目标,即治国、平天下。张其昀认为:"中国古代格物、致知、诚意、正心、修身、齐家、治国、平天下的八条目,是世界上最完整健全的政治哲学,所以现代大学教育的最高目标,就是治国、平天下的治平大计;张其昀认为这是民族主义的精义,也是奠定世界和平最正确的道路。"②

张其昀以儒家教化思想为基础,勾勒出一幅一流大学的蓝图。"张其昀以木铎为图样,为华冈学府的校旗,其用意为'天将以夫子为木铎',也就是以学校教化为木铎之意。更曾亲撰校歌,引用了张横渠先生'为天地立心,为生民立命,为往圣继绝学,为万世开太平';也曾亲撰对联,悬诸大成馆的礼堂,其辞曰:'承东西之道统,集中外之精华'。凡此种种,均可看出张其昀兴学的远大理想,也就是第一流大学的涵义。"③

张其昀特别强调教育需要为政治服务,认为治国平天下是大学教育的最终目的,这是其家国情怀的具体体现。这一方面与其自幼承袭儒家道统,后来又一直深受儒家教育思想的影响密切相关;另一方面,这又与张其昀赴台之后长期担任国民党当局高官不无关系,特别是与为了报答当时台湾地区最高领导人蒋介石的知遇之恩。同时,我们也应充分意识到教育毕竟有其自身的发展逻辑,一味强调教育为政治服务可能会导致学校教育的泛政治化,可能会导致学校教育的扭曲,使教育成为政治的附庸,忽视人的全面发展。当然,张其昀的教育为政治服务的教育目的观并非完全忽视人的发

---

① 张其昀:《张其昀先生文集》第 17 册,第 8807 页。
② 张其昀:《张其昀先生文集》第 17 册,第 9107 页。
③ 潘维和:《张其昀博士的生活和思想》下册,第 1495 页。

展,而是建立在其促进人的全面发展的基础之上的,张其昀特别强调五育并重。实际上,当张其昀独立创办"中国文化学院"之时,他也明确指出了大学需要高深研究,需要学人治校,并非一味地政治化,强调不受任何宗教、财团、政团的牵制。

具体而言,张其昀的大学教育目标集中体现在他的《大学的使命》①一文中。1955年6月5日,在台湾省立师范学院九周年的校庆,也是其正式改称为台湾省立师范大学的成立典礼上,张其昀发表了《大学的使命》祝词,他明确指出大学有三项重大使命:独立的人格、自由的心习以及统一的精神。为了实现"治国、平天下"的伟大使命,大学需要注重以上三个方面的教育。综观张其昀有关大学教育思想的论述以及华冈兴学思想的阐释,可以明显发现这三项使命简明扼要地显示了张其昀的大学教育暨华冈兴学的思想,这三项使命亦为"质、朴、坚、毅"在大学教育实践中的具体体现。

一、独立的人格

培养完善的人格正是中国传统儒家教化思想的重要目的,人格与国格密切相关。张其昀认为独立人格是独立国格的前提与基础,要有独立的国格,必有赖于民众独立的人格,"因为数千年来,中华民族虽几经丧乱,而终能团结一致,独立不挠者,实可云春秋大义之所赐"②。基于此,他将大学生的独立人格的养成视为大学教育的重要使命之一。张其昀曾经多次阐释独立人格的培养在大学教育中的重要地位,并且详尽阐释了独立人格的内涵。张其昀指出:"孔子作春秋,其微言大义,即为发扬民族正气,激励爱国观念。春秋之旨,曰内修外攘。欲外抗强敌,必须修明政治;欲外求独立,必须内求统一。孔子所创造的教育是文武合一的教育,其所欲造就的人才,乃是见危授命、杀身成仁的爱国志士。真正的儒者,大都有创造建设、牺牲奋斗的精神,像这样独立的人格,众志成城,才能形成巍然独立的国格。凡具有这种崇高人格的人,称为志士仁人,或称为大丈夫。大丈夫的教育,就是中国古来教育的宏旨。孔子曰:'知我者唯春秋乎?罪我者唯春秋乎?'孔子所欲奖进者,乃顶天立地的爱国健儿。"③这与张其昀一贯的人格教育以及通才教育理念相一致,在他看来,培养具有崇高人格的人是大学的重要使命,而其所认为的具有崇高人格之人乃是大丈夫。张其昀指出,教育的目的绝不在于

---

① 张其昀:《张其昀先生文集》第17册,第8766页。
② 张其昀:《张其昀先生文集》第17册,第8767页。
③ 张其昀:《张其昀先生文集》第17册,第8767页。

仅仅传承知识,而特别需要重视心灵的、智慧的启迪。孔子认为人生最大的目的,不在于获得富贵利禄,而在于不断努力,从知、情、意三方面着手,以增进高尚的人格,培养坚强不屈的精神。为了求得人格上的完整,甚至愿意以身殉道,从根本而言,这体现了为一种崇高的理想而奋斗的精神。在张其昀看来,具有独立人格的人就是文武合一的大丈夫,不仅应具有杀身成仁、勇于牺牲的精神,而且应具有创造建设的专精学识。"大学教育中专才通才,均为人格教育之一部分,互相补益,务以造就高尚之人格为目标。大学之道,教与育并重。教之事,为各班级,由教务处总其成。育之事,为各社团,由训导处总其成。所谓良师益友,教之事,以良师为主讲,而益友切磋之;育之事,以益友为主动,而良师指导之。教与育两者并行而前,相辅相成,透过德智体美群五种设施,而造就大学生之人格教育。"①

（一）独立人格与大丈夫教育

孔子所尊崇的具有崇高人格的志士仁人,即为大丈夫。张其昀特别倡导大丈夫的教育。他认为:"中国文化的最大特色,为对于教育的无限信心,即尊贤尚志,选贤与能,视学术为人群进步的保障。中国古来教育特别注重对于国家民族的责任感。孟子曰:'居天下之广居,立天下之正位,行天下之大道,得志与民由之,不得志独行其道,富贵不能淫,贫贱不能移,威武不能屈,此之谓大丈夫。'"②张其昀认为,中国的传统教育总是注重个人志节的培养,重视个人的精神养成,而非获取外在的物质利益,总是将国家民族利益置于个人利益之前,认为大丈夫教育就是中国传统教育的宏伟目标。张其昀非常尊崇孟子的这一段话,认为这可以当作中国教育哲学的宣言书来看。孟子所说大丈夫的精神,明白指出中国学人的志节。自孔子以来,中国学人都以为"人生最大的义务,在努力增进其人格,而不在外来之富贵利禄,即使境遇极其贫穷,人莫我知,而我胸中浩然,自有坦坦荡荡之乐,以一种坚强不屈之精神,乃历经万世而不磨,儒学真意,唯此而已"③。由此可见,张其昀是何等推崇大丈夫的教育理念。

张其昀还进一步指出大丈夫教育的最高境界就是宋朝张横渠的四句话,张其昀也将其视为华冈兴学的最高目标:宋儒张载(横渠先生)有云:"'为天地立心,为生民立命,为往圣继绝学,为万世开太平。'这四句话,可说

---

① 张其昀:《张其昀先生文集》第 16 册,第 8646 页。

② 张其昀:《张其昀先生文集》第 17 册,第 8893—8894 页。

③ 张其昀:《张其昀先生文集》第 17 册,第 8086—8087 页。

是'大丈夫教育'的最高境界,也是华冈全体师生共同努力的理想与目标。"①

由此可见,张其昀所推崇的大丈夫的最高境界就是治国平天下,就是要具有勇于为国家民族奉献牺牲的精神,这一点毫无疑问是非常重要的,但是在现代社会,敢于坚持自己的主张和理念,为了自己坚持的真理不怕牺牲也应是一种大丈夫。

(二)完善的人格:真、善、美、圣

张其昀认为大丈夫教育是教育的最终目标,大丈夫一定具有完善的人格。完善的人格是德、智、体、美、群五育的融会贯通,从而实现真、善、美、圣四者的融合为一。"人格教育包含五重修养、融会贯通,综合为一,那就是德育、智育、体育、群育、美育。这五育分之则为五,合之则为一,就是人格教育,也就是人性教育,就是发扬人性,阐扬人之所以为人的道理。人格教育就是我们每天在校园里所接受的精神修养。"②张其昀认为五育并重的人格教育的最终目的在于培养一个堂堂的中国人,他一方面能够积极弘扬国家民族的优秀文化传统;另一方面又不固步自封,持一种开放的态度,积极吸收借鉴国外的各种优秀思想,进行融会贯通,从而创造中国的新文化。由此可见,张其昀所强调的五育的培养更多地还是从为国家民族服务这一角度着手。

张其昀认为五育的融会贯通,可以达到真、善、美、圣四者的融合为一,而完善的人格正是这四者的有机融合。张其昀于 1967 年 6 月 18 日,在"中国文化学院"大学部第一届学生毕业典礼致辞《真善美圣》中,指出:"'真'是属于智慧方面,必须好学深思、致知笃行、明其由来;'善'是属于德行面,必须克勤克俭、行善去恶、中庸为贵、荣誉是宝;'美'是属于涵养方面,必须包含诗歌、音乐、美术、风度;'圣'是属于精神方面,包括天道、上帝、大无畏、革命精神,此四者为四位一体的教育理想。"③张其昀认为,真善美圣四者,实际是四者合一的。真的才是善的美的圣的,善的才是真的美的圣的,美的才是真的善的圣的,圣的才是真的善的美的。

这是因为文化是一个整体,学术也是一个整体。大学贵在其大,能够整体地全面地去观察分析人类全部的精神资源,能够获得一种整体性认识。现代学术虽然重视分工与专精,但是分工仅仅是方法而已,其最终目的还是

---

① 张其昀:《张其昀先生文集》第 17 册,第 8895 页。

② 潘维和:《张其昀博士的生活和思想》上册,第 1006—1007 页。

③ 张其昀:《张其昀先生文集》第 17 册,第 8948—8953 页。

合作与融合,所以科技人文融合至为重要。张其昀于 1957 年 6 月 16 日,在台湾大学毕业典礼讲:"科学精神与大学"中,提及"科学研究是一种极庞大的工作,它是基于严密分类的合作事业,各种科学都可条理融会,成为单一的理论,故一方面具有专门性、差异性,一方面又具有统一性、完整性;网罗众家,囊括大典,现代大学的伟大,亦正在此"①。张其昀又进一步阐释了科学与人文的关系,以及一所新型大学对于真善美圣的要求。"我们认为科学是一切学术的基础。科学的目的在于求真。在科学基础之上,则为人文学,以历史学为代表,人文学于求真之外,又要求善。再上一层为文学与艺术,于求真求善之外,又要求美,所谓尽善尽美。更上一层为哲学,于求真求善求美之外,又要求慧。慧就是智慧,就是所谓自知之明。现在世界之大患,在于物质空前进步,人类反而迷失了自己。最高一层则为宗教,这是学术的顶点,于求真求善求美求慧之外,又在求圣。圣就是敬天爱人,实践笃行,成为最完的人格。以上五层好比一座宝塔,拾级而上,有完整统一的体系。网罗百家,囊括大典,千岩竞秀,万壑争流,成为一所新型大学。"②

真、善、美、圣的具体内涵如下。③

1. 真:属于智慧方面

张其昀认为:"科学教育包括社会科学与自然科学,其主要目的在于求真,在于培养大学生们的思考力、想象力、判断力以及辨别各种价值之能力。社会科学的要旨,在于阐明思想与制度的相互关系;自然科学分为五大类,一为数学,二为物质科学(包括物理、化学),三为大地学(包括地理、地质、气象、海洋学等),四为生物科学(包括动物、植物),五为心性科学(包括生理、心理),而自然科学的要旨,在于训练思想方法与科学态度。"④科学的动机在于探求真理,尤其要对基本问题,寻得理解,而真理须赖实验以资证明,故称实验科学。"科学发达乃积人积世继续研究而后成,古人所谓集大成,凡继承前人之统绪愈丰富,创造发明之希望亦愈大。故科学精神尚观察,贵经验,重讨论,信证据,作系统之推理,为客观之论断,实事求是,精益求精,此种心习,更是现代大学教育中所必要的。"具体而言,可包含如下几个方面:

(1)好学深思。好学深思,实为一切进步的原动力。知识分为知己、知

---

① 张其昀:《张其昀先生文集》第 17 册,第 8788—8789 页。
② 张其昀:《张其昀先生文集》第 17 册,第 9050 页。
③ 张其昀:《张其昀先生文集》第 17 册,第 8948—8953 页。
④ 张其昀:《张其昀先生文集》第 17 册,第 8923 页。

人、知物、知天,而必以自知为起点。如果不知道自己,又怎能真正知道宇宙呢?孔子曰:"人能弘道,非道弘人。"科学精义,必赖吾人好学深思,以自得之。

(2)致知笃行。"学而时习之",习即实习、实践之意。

(3)明其由来。方法与对象相比,方法更为重要。方法的要义,为探其本源。所谓"非一朝一夕之故,其所由来者渐矣"。

(4)底于成功。孔子称赞颜渊"吾见其进,未见其止"。在求真方面要有一种不达目的誓不罢休的精神。

2. 善:属于德性方面

"'公民教育'旨在求善,'公民教育'的主要内容为史地教育与时事教育。这是现代大学生所必须认识,必须具备的。尤其我们中国实为世界上有众多人口、完整的版图、优秀的民族与悠久的历史国家,故重视史地教育为民族精神教育的源泉,其中心思想,源于春秋大义;故中华民族数千年来所以能团结一致,独立不挠者,乃是春秋大义名份之所赐。"①具体而言,包含如下几方面:(1)克勤克俭。(2)中庸为贵。(3)行善去恶。(4)荣誉是宝。中国古来的教育,其所欲养成的民族道德曰中庸。"中庸非因陋就简之谓,而与平庸大异;亦非随俗浮沉之谓,而与乡愿大异。真正中庸,乃是掌握重心,与时俱进,实事求是,精益求精,从均衡和谐中力争上游,以达日新又新之目的。"②

3. 美:属于涵养方面

生活教育旨在求美,生活教育最重要的两门学科,便是体育与音乐。科学之终极目的在于了解人类自身及其在大自然所处之地位,进而探究生命的本质与宇宙本质。它更是大学教育中人格的培养,因为身心健全,康强安宁,是大学进德修业的基础。中国古称制礼作乐,体育之精义即为制礼,礼的精神为秩序,知礼明义的功夫,从运动场里学习最为真切;乐的精神为和谐,从歌咏队中学习,最能收到深入人心的功效,故现代大学教育必须重视生活教育。张其昀认为制礼作乐是大学教育的基本。"大学园地主要是制礼作乐,制礼是要有秩序,作乐是要有和谐。一面是秩序,一面是和谐,两者相辅相成,方能发展成为理想的生活,理想的文化,礼乐之教是中国文化的基本,无论是政治、经济、社会、文化,无不以此为理想。《礼记明堂位》篇有

---

① 张其昀:《张其昀先生文集》第17册,第8922页。

② 张其昀:《张其昀先生文集》第17册,第8894页。

云:'周公践天子之位以治天下,六年,朝诸侯于明堂,制礼作乐,颁度量,而天下大服。'故礼乐之教是中国文化的基本,无论是政治、经济、社会、文化,莫不以此为理想,有秩序与和谐;大学园地主要就是在'制礼作乐',所以大学教育最基本的科目,第一是体育,第二是音乐。因体育的目的在于培养运动员公平竞赛、遵守规则的精神,所谓'其争也君子';而音乐的目的在于借重乐器,培养对称、韵律、和谐、合作的精神,所谓'尽善尽美'。"[1]这就是大学创校不可或缺的,故张其昀在华冈的创校中,首先成立艺术研究所与体育、音乐、美术、戏剧、舞蹈等系,以德、智、体、群、美五育,作为教育的宗旨。

"广义的体育,包括劳作,即劳动服务;广义的乐教,包括娱乐,即休闲活动。大学校舍要做到内外整齐清洁,和教堂寺院一样好,就如新生活运动所提倡的那样,包含六大要目:整齐、清洁、简单、朴素、迅速、确实,这便是生活教育的起点。"[2]美的教育,需要注重以下几方面:(1)诗歌。(2)音乐。(3)美术。(4)风度。

4. 圣:属于精神方面

精神教育旨在求圣,精神教育的内容,包括哲学伦理与宗教。近代哲学之趋势,乃在以直觉方法与理智方法的综贯,因为直觉的方法乃是寻求哲学知识的主要方法,它必须是精密严谨,丝毫不苟且,不放松的笃实工夫。宗教并不是神秘不可思议的,世界各大宗教只有一个共同的理想,便是敬天爱人;而宗教的真谛为爱,中国文化的核心为仁,仁即心之德,爱之理,这也就是人类的精神生活与价值不能与宗教相违离,这也就是我们现代大学所共同欠缺的精神教育了。

总之,现代大学必须真、善、美、圣四育并重。这也就是大学教育之最高目标,亦是现在大学生共同来奋斗与努力的。

(三)独立人格包含专精的学识

张其昀所倡导的独立人格的养成抑或大丈夫教育并非空洞的口号式教育,而是五育并重,并非偏重某一方面,而是建基于扎实的专精学识之上。重视整体并不意味着忽视专门。

实际上,张其昀特别强调完整人格与专精学识的相辅相成。"一所大学主要的任务是培育人才,所谓人才必须养成:一是完整的人格,一是专精的

①　张其昀:《张其昀先生文集》第17册,第9106页。
②　张其昀:《张其昀先生文集》第17册,第8920页。

学识,两者相辅相成,缺一不可。完整的人格,使我们堂堂正正地做一个中国人,我们有志气、有抱负、有理想、有热诚、有毅力,我们要继承五千年来悠久光荣的历史文化,使其发扬光大,身体力行,日新又新。专精的学识,使我们有见识、有能力、有本领、有办法、有干劲。完整的人格是大学生共同的教育,专精的学识是大学生分科分系专门的教育,一是通才,一是专才,两者兼备,方能尽到一个真正大学教育的修养和训练,培养出有真知卓识能够实践力行的人才。"①张其昀非常清晰地阐明了完整人格与专精学识之关系,"完整的人格"是大学生共同的教育,"专精的学识"是大学生分科分系专门的教育,不顾人格养成的专精学识就是一种训练,不是真正的教育,而忽视专精学识的人格养成注定成为一种空洞的道德说教,二者只有相辅相成,才能称得上是真正人才。

基于此,张其昀特别主张,完整人格与专精学识的相辅相成也体现出了通才与专才的辩证关系。全体大学生,不问何所何系,都应接受通才教育与专才教育,通过教育是大学教育的根本与基础,而培养专精的学识与技术,人有专学,学有专人,以适应社会各方面任用专才的需要,也是同样重要。孔子曰:"学而不思则罔,思而不学则殆。"学问思维,互相作用,是即今日所谓研究发展。大学教育旨在养成社会之中坚分子与建设人才,所以通才教育与专才教育必须并重。"以宋代大学为例,其教学法为胡瑗所手定,立经义治事二齐,经义则使学生研究经术(哲学文史),以养成通才。其讲述经义,常引当代事实以印证之,使识时务。治事则一人各置一事,又兼摄一事。二千年来,中国大学之传统,通识与专精并重,与现代大学之涵义,实相符合。"②

二、自由的心习

独立的人格与自由的心习是相辅相成的。只有人格独立,才能保证心灵的自由,而心灵的自由才能确保独立的思想与见解,不人云亦云,这样才能养成独立的人格。只有自由的心习才能确保大学教育的创新本色,大学教育不仅仅是传承文化知识,更要创造新知识,养成民众的自由之心,这就需要自由心习。"孟子谓人力可以创造命运,荀子谓人力可以征服自然。孟子所谓良知、良心、本心,都是指人性之真的流露,也就是一颗自由之心;还

---

① 张其昀:《张其昀先生文集》第 17 册,第 9093 页。

② 张其昀:《张其昀先生文集》第 16 册,第 8575—8576 页。

有一种社会意识，即辨别真是真非、公是公非的能力。若能达到以上的新思想、新学说、新文化的新光挥，实为今日大学教育的最高义谛。"①自由的心习不但是新知识创造与教育创新的前提，而且是民主自由的社会制度的基础，张其昀认为"民主自由的社会制度必有赖于'国民'自由之心，即心理的自由"②。由此可见，从根本而言，张其昀所倡导的自由心习在于创建一个民主自由的社会。

张其昀认为大学教育的最根本目的在于研究，在于创新。在《大学与民族文化》一文中，张其昀指出，大学的使命有二："其一是学术研究，其二是教学研习，而研究为其根本。大学教授从事研究，每一年都应有新的创获与发现，以刷新其教材，以之讲学授徒，宏开学风，为国家培育人才，为民族创造文化。学士、硕士、博士三级，虽然程度有深浅，但是其精神是一贯的，工作是很相似的，都是以民族文化的建设创造为其理想。"③不管是科学研究还是科技创新，都需要学术自由与心灵自由。所以，张其昀非常重视大学教育中的自由，并将其视为大学教育的重要目标之一。他指出："真正的自由，乃是精神的自由。自由是一种创造，就是创业垂统，对生命有所贡献，宇宙因之日富而日新。教育的价值在于创造世界，创造时代。"④人力可以创造世界，创造时代；人类之尊严在此，教育的价值亦在此。

具体而言，张其昀所倡导的自由心习包含以下内涵⑤：

（1）凡自由人应有智识上的虚心，知之为知之，不知为不知。自由人有责任观念与合作精神，对于他人的观点，有虚怀审查的雅量。

（2）自由人之心，以真理为依据。故不盲从，不附和，不囿于一曲，不敝于成见。尚观察，贵经验，重事实，信证据，作系统的推理，为客观的论断。

（3）自由之心是廓然大公的，拒绝门户之见。知宽容之要而不流于虚无，知信仰之要而不流于独断，知批评之要而不流于愤世嫉俗偏激的态度。

（4）学养既深，意气自平。对横逆之来，泰然处之，有"但问耕耘、不问收获"，"只问是非，不计利害"的精诚。从忧思中奋斗，慎思明辨，进德修业。

（5）知理论与实践沟通之重要，于察真求是之中，寓躬行实践之旨。由

① 张其昀：《张其昀先生文集》第 17 册，第 8768 页。
② 张其昀：《张其昀先生文集》第 17 册，第 8768 页。
③ 张其昀：《张其昀先生文集》第 17 册，第 9088 页。
④ 张其昀：《张其昀先生文集》第 17 册，第 8767—8768 页。
⑤ 张其昀：《张其昀先生文集》第 17 册，第 8776 页。

智识上的诚明,达到德性上尽善尽美的境界。

(6)与社会责任融为一体的自由。张其昀特别指出,自由并非意味着为所欲为,而是与责任融为一体的自由。"自由与责任,实同物而异名,惟负责而后有自由,亦惟有自由而后可以真负责。中国文化的精义曰:'力行近乎仁',西方文化曰'负责任的自由'。'讲学自由'的真谛在此。"①

从本质上讲,张其昀的自由观倡导的是一种教化思想。从某种意义上讲,张其昀的教化思想是对传统的儒学教化思想的超越和补充。传统的儒学教化思想重视社会责任,而普遍忽视个体自由,而张其昀的教化思想所倡导的是建立在尊重个人自由之上的社会责任。他虽然主张重视社会责任与合作精神,但是同时也指出需要不盲从、不符合,拒绝门户之见,要以真理为依据,简而言之,需要保持一颗自由之心。这种教化思想非常类似于德国的传统教化思想。张其昀被视为宝岛台湾的洪堡,或许这也是一个重要原因。教化被视为一种通过教育而自我形成的过程,创造性的自我活动成为教化的核心形式。实际上,从席勒开始,德国的教化思想就已经与美学教育发生联系了,席勒把美学经验主要视为一种"方法"而非目的本身。当代德国的教化概念形成于18世纪德国的启蒙运动之中,认为个体的形成与美学教育有关,而且具有宗教意蕴,被视为人性的核心。这样一种有关个体性的观念与自由资本主义所强调的具有强烈竞争色彩的个人主义是不同的。洪堡促使19世纪早期的教化或自我养成这一概念的形成,他将个体定位于教育过程的核心。当代德国教学论的代表人物克拉夫基(Wolfgang Klafki)明确指出教化是教学论(Didaktik)的核心,认为教化理论的发展是对资本主义商业化的危险和可能性的回应,在他看来:"教育内容不是'外在给予的',而是一种被包含在内容本身的有机力量,在大脑吸收的时候,对观念和思想发挥决定性影响,使其本身相互一致,并且影响内在的组织。"②美国著名课程论学者韦斯特伯里(Ian Westbury)则明确指出这种自我形成从根本上讲是一种精神形成,"教化最好被翻译为'形成',一方面暗示个性形成一个整体的过程,另一方面也暗示了这种形成的结果,而这种特定的'形成',只能由那个

---

① 张其昀:《张其昀先生文集》第17册,第8776页。

② Wolfgang Klafki. The Significance of Classical Theories of Bildung for a Contemporary Concept of Allgemeinbildung. In Teaching as a Reflective Practice:The German Didaktik Tradition, edited by Ian Westbury, Stefan Hopmann, Kurt Riquarts. Mahwah,NJ:Lawrence Erlbaum, 2000:85-107.

人表征。'精神形成'这一观点中的形成完美地体现了这种德语的意蕴"①。人性的实现只有通过一种个体的方式。个体性并非先天给予的,而是一种需要养成的精神,需要认知的可能性。

教化性课程所主张的自我形成并非是完全开放的,而是与个体的社会责任与公民身份融为一体的。德国裔的美国历史学家莫赛(George Mosse)明确指出了教化对良好公民培养的重要性,他将教化定义为:"中产阶级渴望自我教育和品性构建,在德国意味着创造良好市民。正是个体通过持续的自我教育,能够实现他的完美意向,这是每个人都希望达到的。"②教育将会是一个开放的过程,没有预先确定的目标,除了每个个体努力使自己完美之外。但是从一开始,教化通过将受尊重性与市民身份融合在一起,作为毫无疑义的美德,使开放性受到限制。克拉夫基则认为教化不仅仅是一种自我教育,更是一种包含着责任与理智的自我教育,"教化的主要成分包括:自我教育、自由、解放、自主、责任、理智与独立"③。图勒(Daniel Trohler)则进一步指出个体的形成必须立基于其所在的民族文化,"个体不是一种经验主义的事实,而是一种精神的可能性,通过努力和自我养成或教化是能够实现的,这种实现的内在的构成是民族文化国家的精神生活"④。个体只有通过文化才能实现自身,教化就意味着将个体嵌入整体的和谐之美之中。文化工程总是与国家与社会的发展相连接。因此,教化不仅涉及人与自身的关系,也涉及主体与世界的关系。总之,教化让主体性与社会重建成为可能。

三、统一的精神

张其昀念兹在兹的是国家的统一,他认为国家的统一局面的重建必有

① Ian Westbury. Teaching as Reflective Practice: What Might Didaktik Teach Curriculum? In Teaching as a Reflective Practice: The German Didaktik Tradition, edited by Ian Westbury, Stefan Hopmann, and Kurt Riquarts . Mahwah, NJ: Lawrence Erlbaum, 2000: 15-39.

② George Mosse. Confronting History . Madison: University of Wisconsin Press, 2000:184.

③ Wolfgang Klafki. The Significance of Classical Theories of Bildung for a Contemporary Concept of Allgemeinbildung. In Teaching as a Reflective Practice: The German Didaktik Tradition, edited by Ian Westbury, Stefan Hopmann, and Kurt Riquarts. Mahwah, NJ: Lawrence Erlbaum, 2000:85-107.

④ Daniel Trohler. The Discourse of German Geisteswissenschaftliche Padagogik — a Contextual Reconstruction. Paedagogica Historica, 2003, 39 (6):759-778.

赖于统一精神的发扬。张其昀具有非常强烈的大一统的民族情怀,他认为教育的根本在于实现文化的统一与民族的统一,这也正是其儒家教育思想的集中体现。虽然张其昀的教育思想有其独特的时空背景,但是他的以统一的中国文化作为国家统一的精神的理念,对于当前遏制"台独"意识、实现国家完全统一具有重要的启示意义。张其昀认为统一精神的形成是大学教育的重要目标之一。"二千五百年以来,孔子为全民族的师表,以孔子学说为中心,全民族一道同风,一视同仁,造成了大一统的规模。汉唐盛世,国威远震,不在武力的兼并,而在文化的坚凝为一。孔子学说有一贯的理论,即为仁,也就是人之所以为人的道理。仁为人类深挚纯洁的同情心。孔子学说中的广大而又精致的思想系统,形成了完整统一的中国文化,造就了光明灿烂的中国历史。"①

(一)中国文化:统一精神的载体

张其昀重视中国文化以及"中国学"的传承与研究,将其视为国家统一的精神支柱。故张其昀主张以中国文化为基本,本着中体西用之原则,采取西方文化之所长,根据时代的变化,不断进行新文化的创造,从而为全人类造福。张其昀特别重视文化在国家统一中所发挥的重要作用。为了实现这一宏伟理想,张其昀在华冈不但将其创办的学府命名为"中国文化学院",设立大学部与研究部,而且特别设立了"中华学术院",结合东方与西方的文化,使其成为一所国际性的大学,这是华冈兴学理想的重要特色之一。实际上,张其昀让"中国文化学院"以及后来的"中国文化大学"成为研究并弘扬中国文化的一个重要堡垒。"中国文化大学"的办学特点体现了这一精神。"中国文化大学"的文、法、艺术等科,文科的哲学、文学、史学等所系,法科的政治、经济、法律等所系,艺术科的美术音乐、戏剧等所系,其学术研究都富有强烈的民族色彩,最足以显示民族特性。张其昀指出,为了体现统一精神,应用"华学"代替"汉学"一词。"中华学术以孔子学说为核心,两汉以后,唐宋明清代有名儒,发扬光大,不能仅以汉学限之。中华民族虽然以汉族为大宗,但是也不能忽视其他少数民族。所以应当以中国学或中华学称之为适宜,或简称为华学,以代替旧译之汉学。"②张其昀特别指出用"华学"代替"汉学"是有其深刻含义的,是有助于维系国家民族统一的。

---

① 张其昀:《张其昀先生文集》第 17 册,第 8769 页。
② 张其昀:《张其昀先生文集》第 17 册,第 8911 页。

张其昀特别指出,中国文化的统一始于孔子,"就《史记·仲尼弟子列传》观之,可见孔子学派所及之地,七十七人之中,鲁人凡三十七人,卫国六人,齐国六人,楚国三人,秦国二人,陈国二人,晋国二人,宋国二人,蔡国一人,吴国一人,其余不著籍者,尚不知属于何国。观其教化所被,南及江淮,西至陕甘,在当时各国分立,而孔子之教不分畛域如此。中国之教育统一,先于政治统一者凡三百年。秦始皇收其果,而孔子种其因。倘无文化统一以为之基,中国成为第二欧洲,分裂为数十小国,亦未可知。秦汉以后,中国版图日形扩大,中国民族日形繁滋,饮水思源,要为孔子之功。中原古迹,多以荡然,惟曲阜孔林,巍然独存。历代异族侵凌中国,皆不敢动孔林之毫末。文化权威,千古不摇,而与民族并寿。中国政治中心,虽迁徙靡定,中国文教中心,则始终如一也。"①

张其昀以中国文化作为统一精神的载体,具有重大的现实意义。当前海峡两岸虽然在许多方面存在着诸多歧见,但是毋庸置疑,中华文化已经成为海峡两岸的最大公约数。许多专家学者明确指出,中国的完全统一需要先从文化入手。

(二)中国学:"正德、利用、厚生"三位一体

张其昀指出:"世人一谈到'中国学'(统称汉学),总以为便是'义理、考据、辞章'三位一体的学问。其实这仅是一部分。孔子说:'无语载之空言,不如见诸行事之深切著明也。'中国文化的精义在于行事,在于实践。中国古代圣人,莫不从事于农业建设、工业建设、水利建设、交通建设等,以期为民造福。'正德、利用、厚生'三位一体,才是真正的'中国学'。"②

张其昀指出,"中国学"是科学的人文主义。"世人一提到中国文化,便联想到文科。以为只要办文科就好了,只要注重文学、历史、哲学、艺术就好了。其实我们对于大学和研究所里的文、理、法、农、工、商、医等各种学科,是要同流并进,并使其融会贯通,更要在孔学的文化背景上,来发展科学,使科学与技术统治于人本哲学之下。"③张其曾昀于 1980 年 6 月 22 日在"中国文化大学"毕业典礼致辞时,开宗明义讲明:"'中国文化大学'是一所综合性而均衡发展的大学,也是以发扬中国文化为宗旨。故对文化的意义涵盖很多方面,除了人文、法治、艺术、社会科学与对外文化交流,需要从事教学研

---

① 张其昀:《孔学今义》,第 60—61 页。
② 张其昀:《张其昀先生文集》第 17 册,第 8890 页。
③ 张其昀:《张其昀先生文集》第 17 册,第 8891 页。

究;对科学文化、工业文化、农业文化、商业文化、医疗文化等,也都是文化的一部分,更需要从事教学研究,学以致用。因此,如果能'承东西之道统,集中外之精华',兼容并包,综合为一,这是创造中国新文化的正确方针,也是必需遵循的途径,这也就是'中国文化大学'办学的真正旨趣之所在。"① 所以"中国文化大学","就是伦理、民主、科学并重,这里的教育学术文化,必须使其弘扬于世界"。② 由此可知,华冈的学风必与中国学术文化有关,故华冈的学术研究宗旨,"不仅为培养能温故知新的专家教授,又当为造就能任重道远的中间分子,这可说是华冈学风的开始"③。张其昀所主张的"文化"不是我们传统上所理解的文科,或者说文史哲,而是以儒家学说为理论基础,包含理工科在内的各种学科,是伦理、民主、科学并重。由此可见,张其昀认为大学教育应该实现科学与人文的统一,文科与理科的统一,专才与通才的统一。

第二节　大学教育的方法观:行仁

张其昀不但注重教育理想,而且也非常注重教育方法,他明确指出,理想没有具体有效的方法,只是一个空想而已。所以最可宝贵的乃是方法,以及实践的决心、诚意和毅力。"中国文化大学"的校训"质、朴、坚、毅",意即在此。张其昀的大学教育方法观简而言之就是重在力行。他指出,孔子学说以为教育与政治之最后目的,在于行仁,所谓"力行近乎仁"。孔子说:知其不可为而为之。孟子说:有所不为,而后可以有为。为就是做,就是干,也就是行。没有行,就没有生命,没有历史,没有文化。张其昀进一步明确指出,"力行近乎仁"要从无私、无我、无畏三处着手。换言之,做到博学、审问、慎思,这是因为力行产生于真知,只有真知,才能真正力行;做到明辨慎思,不怕有错,就怕明知有错而不能改错,要做到有错必改;做到自强不息、勇往直前,发挥笃行的精神,不怕困难,从新做起,再接再厉,百折不挠。王阳明认为圣人教人,就在于一个行字。致良知的"致"字,就是力行、躬行、实行的意思,良知仅仅是一种善端,若想达到中庸的境界,必须不断的力行、躬行、

---

① 潘维和:《张其昀博士的生活和思想》上册,第557—558页。
② 潘维和:《张其昀博士的生活和思想》上册,第560页。
③ 张其昀:《张其昀先生文集》第17册,第8911页。

实行,去扩充它,去完成它。中国文化以仁爱为主体,所以称为人本哲学。孔子曰:"'好学近乎知,力行近乎仁,知耻近乎勇'。智仁勇三达德,以仁爱为核心;好学、力行、知耻三条目,其根本则在力行。仁为统摄诸德之名,对民族国家而言则为忠。孟子曰:'有杀身以成仁,毋求生以害人。'"①

张其昀进一步明确指出,华冈学府的办学方法就是行仁,针对不同的人群,行仁的内涵亦不同,师长们的行仁在于有爱心,学生们的行仁在于参与各种社团生活和学以致用,"领导方法就是行仁,方足令人心悦诚服。一个大学校长以下各位首长乃至所长、系主任、各位教授,都应该用爱心来领导,方能成功。在华冈的创办中,大学社团生活,可以培养学生的表达、判断、组织、领导和创造的能力;在华冈的创办中,大学各门的学科,都是讲理论(是正义)与应用(是幸福),这样学生才能学以致用,创造事业、报效国家与造福人群;在华冈的创办中,对于一件事都要专心一志、勇往直前、百折不挠,也就是'天行健,君子以自强不息'。也就是张其昀重视大学教育给予学生的启示,并以此为办学的方法,华冈的创办才会如此之成功。"②

论语说:学而时习之,不亦说乎? 有朋自远方来,不亦乐乎? 要高兴,要快乐,这是人类的天性;真正的快乐,必从真知力行中得之,从良师益友不断切磋劝勉中得之。张其昀的大学教育方法可概述为行仁,具体而言,行仁的内涵可分为如下几个方面。

一、五育并重

五育并重既是大学教育目标,亦是大学教育方法,其本身就蕴含着目标与方法的统一。五育并重既作为华冈学院的办学方针,又作为华冈学院的办学方法,体现了教学与育人的融合。张其昀指出,教育是要训练出身心双修,手脑并用,文武合一、德、智、体、美、群五育均衡发展的健全民众。它是以学校教育为核心,以社会教育为整体的全民教育。

虽然诸多教育家倡导德、智、体、群四育,但是张其昀认为美育具有同样的地位与价值,坚持把德、智、体、群、美五育作为目标,张其昀指出:"华冈学院的办学方针为德、智、体、美、群五育并重。建有五育之馆。德育馆,即华冈博物馆,在大义馆上层,以培养民族道德为主旨。智育馆,即华冈图书馆,又名大典馆,含有网罗百家,囊括大典的意义。体育馆,即华冈体育馆,又名大德

---

① 张其昀:《张其昀先生文集》第 16 册,第 8210 页。
② 张其昀:《张其昀先生文集》第 17 册,第 9108—9109 页。

馆,天地之大德曰生,培养生气蓬勃运动家之精神。美育馆,即华冈艺术馆,又名大雅。群育馆,又名大恩馆,亦名训育馆,为全校师生活动中心。以上五育并建,崇楼杰阁,望衡对宇,籍以表示华冈学院五育并重之意。"①

（一）德育

张其昀非常重视学校的德育,在华冈学院建立了专门的德育馆,陈列多位德高望重大人物的画像,以资鼓励青年学子以他们为榜样。

1. 德育重在仁教

张其昀认为仁是德育的中心观念,其目的在于发展人类同情心、互助、责任和正义的观念。他认为仁的极致是精忠报国,大济生民。张其昀认为,孔子的教育哲学全部以"仁"为中心。凡是宇宙政教有关的都可归为孔子所说的"仁"的范畴,而离开"仁"则一切行事都失去其依据。所以孔子所说的"仁",乃是统摄诸德,完成人格之名。张其昀认为,表彰历代仁人志士的丰功伟绩并发扬文化的光荣史迹是仁教的重要形式。需要说明的是,由于特殊的历史背景,张其昀的德育方式主要采取了一种"上行下效"的形式,我们不应否认这种方式的功效,但是也应认识到其局限性,那就是忽视受教者的内心体验和独特的精神世界,有时未必会达到理想的目标。张其昀认为德育不应是空洞的道德说教,而是极力主张教学与育人的融合。他认为语文、"公民"、历史以及地理四门学科的共同目标,即为激发学生的爱国思想,并使民族道德由实践而见之于行事。

张其昀认为,人性的特性在于合群。我为人人,人人为我,群策群力,互助合作。这种服务精神,便是群性,也便是道德。孔子是私人兴学的创始者,其最大贡献,便是以发扬道德教育为主要。他提倡高尚道德,培养完美人格,影响全中国,历经两千五百多年,悠久而越新颖。"孔子的教育哲学全部以'仁'为中心。凡是宇宙政教有关的都可归为孔子所说的'仁'的范畴,而离开'仁'则一切行事都失去其依据。所以孔子所说的'仁',乃是统摄诸德,完成人格之名。'孝弟也者,其为仁之本与?'《论语·学而》,以孝弟为根本,扩大及于'忠恕'。'忠恕违道不远',《中庸》由忠恕而达到圆满地位之'仁'的世界。孝弟与忠恕是人类结合的根本要素。孝弟可谓'仁'之起点,而忠恕便是行'仁'的过程,其真义所在,即为尽己之力以谋社会人类幸福之

---

① 张其昀:《张其昀先生文集》第 17 册,第 9026 页。

意。"①张其昀经常说，人格教育包含五种修养，融会贯通，综合为一，那就是德育、智育、体育、群育、美育。这德、智、体、美群五育分之则为五，合之则为一，这就是人格教育，也就是人性教育，就是发扬人性，也就是阐扬人之所以为人的道理。

需要特别指出的是，张其昀所主张的德育是基于五育并重的。张其昀认为人格教育是德、智、体、美、群五育的融会贯通，从而实现真、善、美、圣四者的融合为一。真善美三者，实际是三者合一的。真的才是善的美的，善的才是真的美的，美的才是真的善的。故求美即包含了求真求善在内。真与善发于内，故深切；美则表现于外，故着明。三者相合，方为深切着明。五育并重的人格教育的目的在于培养堂堂的中国人，即能发扬中国优良传统，吸收西方古今思潮，调理融会，而创造中国的新文化。

张其昀于 1980 年 9 月，在"中国文化大学"新生入学讲话"五育并重的'文大'"中，提及："中国文化是以孔子为中心，而'中国文化学院'就是要发扬这个道统，发扬中国文化，尤以发扬道德教育为主要，来培养完美的人格，其中必须做到'仁爱、忠恕、礼义、诚信、中庸'五种道德规范，也就是发挥出德育的重点。"②张其昀并对此进行了详尽阐释：

"仁爱"是人性的发源，一切道德都是从这个核心发展出来。第一个发展出来的便是孝道。简单地说，仁爱就是人情味，人与人间的人际关系，最重要的就是人情味。

"忠恕"的"忠"是尽到自己的本分，尽到自己对团体的责任感；"恕"是推己及人，所谓己所不欲，勿施于人。能够对国家尽忠，能够发扬中国人恕的道德，相信可培养出民族正气与爱国思想，想必可以进世界于大同之治。

"礼仪"的"礼"就是合理化，要因时制宜，因地制宜，因事制宜，定出办法，使大家共守，相安无事，和衷共济；"义"就是礼的实行，就是实践笃行，照着合理化的道路去力行，便能造成生气洋溢的社会，力求上进。

"诚信"是一种宗教的服务精神，本着一片爱心，推己及人，致礼尽敬，来为大家服务，做到诚实不欺，再接再厉，始终如一。

"中庸"的"中"就是适中、恰当、恰到好处；"庸"就是实用。指做事要恰到好处，切于实用，不可不努力，也要不为己甚，努力实践，方能达到目的。

张其昀认为德育贵在中庸之道。他指出："吾校以'中国文化'命名，这

---

① 张其昀：《孔学今义》，第 56 页。

② 张其昀：《张其昀先生文集》第 17 册，第 9118—9119 页。

是吾校莫大的荣誉,也是开宗明义,说明了大学的宗旨和理想。中国文化的精义是'中'。中就是中心,中心对整体而言,有整体才有中心。这就是告诉我们,做任何一件事情,必须高瞻远瞩,通盘筹划,整个儿看,方能求得中心之所在。我们要在总体观察,面面俱到之后,掌握均衡,避免偏激,实行中庸之道,为做事的准绳,以期恰到好处,而避免有所疏失。在几何学上称为中心,在力学上称为重心,但这中心与重心,尚需与时俱进,努力向前,因我们所处时间、空间之不同。而应有所调整。这样的中道,称之为时中,时中之道,才是真正的德育。"①张其昀非常看重中庸之道,认为中道抑或时中就是德育的目标,而这也体现了中国传统文化的智慧,它具有如下内涵:看问题要有整体观,不应偏于一隅;做事情要恰到好处,过犹不及。从小处来说,中庸就是每个人的自身处事之道,从大处来看,就是国家的建国兴邦之道,其价值毋庸置疑。我们的国家民族自古以来,都是实行时中之道,并以"中"字为国名,这就是中国悠久光荣的道统。

2. 德育需正确看待利与义之关系

张其昀认为德育需要正确看待利与义之关系。利者,义之和也。礼利物足以合义。利的意思是利益、快乐和幸福,这是人类所共同追求的目的。利不仅是物质的,也是精神的;不仅是一时的,也是持久的;不仅是一个人独享的,也是大家所共同享受的。如何能达到真正的利,那必须本于正义,正义所生,才是幸福。大学各门学科,都讲理论与应用,理论是正义,应用是幸福;各门学科必须认真探讨理论,才能学以致用。

张其昀在《华冈人的风格》一文中又具体阐明了在学校生活中如何把握利与义之关系。他提出了四点:"其一,相语于善,也就是华冈人在一起,要说好话、多做好事;其二,虚怀忘我,也就是华冈人必需要虚心受教,起而力行,孳孳为仁,汲汲为义;其三,明心见性,也就是华冈同学之所学各有专精,除了精神修养之外,每一个人都有人性,都有良心,时常反省自己,求其在我,尽其在我;其四,服务人群,也就是华冈人秉着华冈之精神为人群服务,这样发挥出来的学识才有意思,学问才有价值。"②

3. 德育的实施需切己体察,躬行实践

孔子曰:"好学近乎知,力行近乎仁,知耻近乎勇。"智仁勇三达德,以仁爱为核心;好学、力行、知耻三条目,其根本则在力行。德育的实施,绝非仅

---

① 张其昀:《张其昀先生文集》第 17 册,第 9094 页。

② 潘维和:《张其昀博士的生活和思想》上册,第 537—539 页。

仅学理上的讲习，文字上的记诵，而必须切己体察，躬行实践。学校对一切教学设备和团体生活，都要使青年能奋发向上，对于民族道德的教训，耳濡目染，心悦诚服，而能见之于行事。中国教育的理想与宗旨，与道德重整运动，是不谋而合的。德育是各级教育的总纲，教育上一切活动与设施，都可以德育来综摄。教育之唯一目标，为谋人性之最大发展，故修养青年德性，陶冶青年品格，是为教育之真正意义。古人称"知仁勇"为三达德，可见知识能力也是人类德性之一部分，内以进德，外以修业，德术兼修，知行并进，方能造就完全的人格。

（二）智育

1. 通识教育与专才教育并重

张其昀非常重视通识教育。他指出，大学生的智育，除了需要掌握各种专门性的知识，即人各专精一门外，还需要掌握一些共同性的知识，即需要通识教育。张其昀认为："大学生都必须了解的共同性的知识包含三种：人与天、人与人、人与物的三种知识，这些知识都是完整统一的基本学识。这些共同性的知识蕴含在哲学、史学以及科学等学科之中。哲学是探讨天与人关系所得到的原理，扼要言之，天定足以胜人，人定亦足以胜天，人间的力量无限大，要使我们乐观奋斗。史学是自古以来人与人关系的总记录，扼要言之，忧劳足以兴国，创造有赖人力，历史的教训，使我们能彰往察来，继往开来。哲学方法与史学方法，都是一种心的训练，为每一位大学生所必须具备的。科学包括自然科学与应用科学，其要义在于各种物质的基本性质，归纳为若干公律、定理或通则。科学是由已知去求未知，科学研究归纳为一句话，便是向着未知进攻，层层发展，趣味无穷。"[1]

除了共同性的知识以外，大学教育当然离不开对学生的专业培养，每个大学生需要专精一门。专才教育的每一学科都有其特殊的价值与教学方法。

2. 智育重在具有研究精神

张其昀认为，大学教育必须处理好学习与研究之关系，必须强调研究精神。张其昀特别强调大学的研究精神，他指出："大学学制虽然分三级，即学士、硕士与博士，程度虽然有深浅，但是研究精神则是始终一贯的，可以说，一旦进入大学之门，精神上就是一个研究生，一面学习，一面要好学深思，从

---

① 张其昀：《张其昀先生文集》第 17 册，第 9095 页。

事研究。张其昀指出,整个大学就是一个研究院,不但硕士班与博士班必须致力于研究,大学部也应该在研究,只不过是程度有深浅之不同罢了。所谓研究精神,就是要立志认真治学,根据已知,探求未知,提出问题,解决问题,不但要知其然,而且要知其所以然,如此不断进攻,不断发展,这是一个大学生应该具有的治学态度,而不是机械式的仅仅上课听讲,但求考试及格的一个书生。"①张其昀认为大学教育重在研究,重在创新,不但研究生需要研究,大学生同样需具有研究精神,这种教育思想对于我们当前的高等教育的改革具有重要的启示意义。

3. 智育需要群学

张其昀又进一步指出,研究是集体的,需要群策群力,各人的研究对象虽然有所不同,但是道理则是息息相通,所以必须互相切磋观摩,这样彼此都可以得到参考比较的益处。张其昀非常重视合作学习,认为学术研究需要集思广益,互相学习。他指出:"古人曰:'独学而无友,则艰苦而难成。'现代学术研究更是如此。我们必须联系同学,广交益友,互相切磋,互相问难,所谓'奇文共欣赏,疑难相与析',真正得到共学或众学的乐趣。或者加入学社或学会,在良师或校外专家指导之下,随时提出若干学术性的问题,来共同研究讨论。或者到图书馆里阅览有关的期刊,寻求参考文献,使得自己眼界更为开阔,意境更为深远,集体工作,并驾齐驱,'力以聚而愈众,意以竟而日新',达到所谓'人一能之己十之,人十能之己千之',这是一个大学生研究学问所应该有的努力与志趣。"②学习与研究有时是一件非常艰苦的事情,但是与朋友一起合作,不但提高效率,集聚力量,而且会增加乐趣。"用功之精义,并非以手不释卷为满足,凡课余之暇,共同工作,共同游戏,共同服务,把握时间,珍惜时间,而从事于身心修养有益之活动,莫不属于用功之范围。在大学期间,社团生活,打破系科之壁垒,相亲相爱,精诚相与,鼓励团结互助、和谐合作的团队精神,培养领导能力,形成了多彩多姿的大学生活。"③

4. 智育需要适切的方法与工具

张其昀指出,研究学问,不但要注重方法,更要注重工具,注重实习。《论语》开宗明义说:"学而时习之,不亦乐乎?"习就是做,学了之后,自己必须再做一遍,印象方能深刻,学问变成自己所有,这是知行合一的道理。"真

---

① 张其昀:《张其昀先生文集》第 17 册,第 9099 页。
② 张其昀:《张其昀先生文集》第 17 册,第 9099—9100 页。
③ 张其昀:《张其昀先生文集》第 16 册,第 8646 页。

知必有赖于力行,力行方能真知。习不仅仅是把书上的话,重复念诵几遍,得其精义,又必须拿工具来做,来证明其真理。现代大学里除了图书以外,尤其重视设备。科学之大别有四:曰抽象科学,如数学;曰实验科学,如物理学、化学、生物学;曰社会科学,如社会学;曰应用科学,如工学、农学、商学、医学。现代科学以实验为中心,有计划的实验实为最有效之方法。真理与实用二者,有不可分离之关系,各科学无不起源于实际问题之具体经验。近代科学最伟大之发明,莫过于发明'如何发明之方法',此如何发明之方法,即为有组织的集体研究。有组织的研究,有计划的分析与综合作用,而后乃有不可思议的新发明,是皆积人积世之功,而非一手一足之烈。"①

5. 智育需要"贞"

张其昀特别强调"贞"在智育中的作用,张其昀引用《易经》开宗明义第一章,说"干、元亨利贞"五个字,已把办学的方针与方法,包举无遗了。"所谓'元者,善之长也。君子体仁(体是身体力行之意),足以长人';'亨者,嘉之会也。嘉会足以合体';'利者,义之和也。利物足以和义';'贞者,事之干也。贞固足以干事'。贞的意思是专心一志,恒久从事。贞则固,固就是坚毅、完整和善美相乐。贞是讲一切创业办事的精神,志趣既定,不观望,不徘徊,百折不回,再接再厉,精诚所至,金石为开。'天行健,君子以自强不息。'能够自强不息,天下事没有不成功的道理。"②做研究毕竟是一件艰苦的事情,没有坚韧的毅力,没有百折不挠、自强不息的精神,是很难成功的。

6. 智育需要智情意均衡发展③

张其昀指出,我们读遍整篇《论语》,都没有发现一苦字。优良学生首先必须具有乐学的精神。何谓时习?习就是实习、实验、实行、实践。古人所说的为学的顺序为"博学之,审问之,慎思之,明辨之,笃行之",这五个步骤是一以贯之的,这也就是"学而时习之"最好的说明。为学之道,就是要爱好理智,崇尚观察,注重证据,提倡讨论,实事求是,精益求精,这就是现代科学的精神。学问最可贵之处,在于能指点人,提醒人,启发人。能够启发人的思想,是多么快乐的事情。《大学》曰:"故知欲明明德于天下者,先治其国,欲治其国者,先齐其家;欲齐其家者,先修其身。"又曰:"自天子以至于庶人,壹是皆以修身为本,其本乱而未治者否矣。"修身者,即人格教育之培养。教

① 张其昀:《张其昀先生文集》第 16 册,第 9100 页。
② 张其昀:《张其昀先生文集》第 17 册,第 9108—9109 页。
③ 参考张其昀:《张其昀先生文集》第 16 册,第 8263—8264 页。

育的目的绝不仅仅在于知识的传扬,而特别在心灵的、智慧的启迪。修身为本,就是这个意思。孔子的人格,是知、情、意三方面同时发展,互相调和。孔子认为人生最大之目的,不在于富贵利禄,而在于不断努力,从知、情、意三方面着手,以增进高尚之人格,培养坚强不屈的精神。孔子之伟大所以被称为至圣,就在于此。"朝闻道,夕死可矣。"只要能求得人格上的完整,他便愿意以身殉道,愿为一种崇高的理想而奋斗。张其昀指出,教育之唯一目标,为谋人性之最大发展,所以修养青年德性,陶冶青年的品格,是为教育之真正意义。古人称"知仁勇"为三达德,可见知识能力也是人类德性之一部分,内以进德,外以修养,德术兼修,知行并进,方能造就完全的人格。

但仅有科学尚不能满足人们的需要。人们又需要有情感,情感是人类文化不可或缺的因素。青年人富于热情,因此也富于朝气。一旦没有热情,那么人生就会缺乏趣味,然而热情若流于狂热,不加约束,则容易生危险。我们不必禁止行乐,但不应当成为快乐的奴隶。我们对于情感,需要加以节制,使无过与不及之弊,这就是中国古来所谓的中庸之道。文明程度的高低,要视乎人们的克己工夫与自治能力。古人云:"人无远虑,必有近忧。"我们务必要小心谨慎,综合理智与情感。有的时候,我们需要抑制一时冲动,牺牲目前快乐,以期求得未来更大的幸福。中国文化以中庸与节制为入德之门。

哲学上的三分法,曰智、曰情、曰意。智崇理性,情尚快乐,意主行动。真理贵能见诸行事,求智本为实践的准备,学务实用,将以有为也。优良的学风就是致知力行、知行合一的学风。朱熹说:"知者行之始,行者知之终。"王阳明说:"知者行之内,行者知之外。"行之力则知愈进,知之深则行愈达。知而不行,只是不知。行之不力,由于知之不真。一个优良学生必须要具有即知即行的志趣和诚意。我们不但需要真知灼见,而且需要实践笃行。

(三)体育

张其昀认为体育是大学教育中不可或缺的,是大学教育的最基本科目之一。

体育的高度发展,即为文武合一的教育。通常之论人格者,仅仅及于精神方面,不知身体亦至关重要。健康与仪表,运动与游戏,均应加以注意。工作与闲暇更须求其调和,成为有规律之生活,这对于身心修养确实非常必要。体育的经义,一方面为个人人格的尊重,一方面为互助合作、牺牲服务精神的养成。

1. 体育重在体育精神的培养

张其昀指出,《礼记·明堂位篇》有云:"周公践天子之位以治天下,六年,朝诸侯于明堂,制礼作乐,颁度量,而天下大服。"所以说,礼乐之教的目的在于实现秩序与和谐,无论是政治、经济、社会、文化,莫不以此为理想,这就是中国传统教育的基本;大学教育就要适应这一要求,就是要"制礼作乐"。所谓运动员精神,最重要的是遵守规则、遵守秩序,为国家的法治奠定基础。在张其昀看来,体育的最主要目的不在于培养健康的身体,而在于养成健康的精神,即培养运动员公平竞赛、遵守规则的精神,所谓"其争也君子"。张其昀特别指出:"讲到体育,有四点是非常重要的,那就是韵律、合作、纪律与坚忍,这才是体育的最主要目的:其一是韵律,无论是体操或运动,都要有节奏、有韵律,就是中国古代所谓的礼乐明备,体育必须艺术化,使其行之和乐,庶可行之无倦,才能保持健康,维持健康。其二是合作,体育不仅是个人动作,也是群体活动,两个人以上的动作,需要互助合作,相辅相成,才有比赛,才有进步。其三是纪律,每一种运动与球艺,必须有一种共同遵守的规则,不可逾越,大家都需要在公认的规则中去活动,这是养成遵守秩序的好习惯,为民治精神的起点。所谓运动家精神,乃是造成和谐合群,团结一致的社会主要的因素。其四是坚忍,体育比赛有胜必有败,所以必须有闻胜不骄、闻败不馁、再接再厉、坚韧奋斗的精神。我们必须不怕失败,不畏困难,从失败中求改进,从克难中求自强,坚定不移,百折不回,终有成功之日,这就是健康的精神修养。"①由此可见,体育精神的培养才是体育学科的真正目的。

2. 体育是所有大学生共同享受的学问

张其昀明确指出:"体育并不是体育系专门的学问,而是华冈全体同学共同享受的学问;体育是讲求健康,而健康是身体与精神两方面相互为用,有了健康的精神,才有健康的身体。华冈学府在体育方面,秉持着'运动员的精神'(Sportsmanship)与'政治家的精神'(Statesmanship)结合,这种民主法治的规范,是从运动场上培养起来。"②所以体育在华冈学风上的表现,有如华冈体育馆(亦即体育馆),一名大德馆,培养生气蓬勃运动家之精神。张其昀认为体育的最大目的,在于培养健康的精神,包含以下几点③:(1)读书做事、不厌不倦的精神;(2)朝气洋溢、勤劳奋发的精神;(3)公平竞争、尊重规律的精神;(4)闻胜不骄、闻败不馁的精神。

---

① 张其昀:《张其昀先生文集》第 17 册,第 9096 页。
② 张其昀:《张其昀先生文集》第 17 册,第 9120—9121 页
③ 张其昀:《张其昀先生文集》第 17 册,第 9120 页。

（四）群育

张其昀非常重视群育的作用,而且将五育的目标化为社团活动,使大学学生能够度过多彩多姿的大学生活。华冈学园有一百多个社团,都以五育为目标。社团能够打破所系之间的界限,得以实践生活教育。张其昀认为,一所大学,教务与训导必需相辅相成,二者缺一不可。教务是科系班级,是纵向的,然而训导是学生社团,是横向的,如此一来,便可纵横交织,能够形成多彩多姿的大学生活。群育的纲领,在于培养民主法治的精神,其着眼点在于组织。组织的经义,在于团结互助,分工合作,去我去私,大公至正,这一切都有赖于科学精神的陶养与科学方法的训练。所谓科学精神,其首要者就是察真求是,其心最为自由,这是一种负责任的真正自由。群育的目的,"就是要实现生活的目的,在增进人类全体的生活;生命的意义,在创造宇宙继起的生命。群育的要义,一为无我无私、大公至正的生活态度,一为团结互助、分工合作的工作方法。我们要让青年乐于合群、乐于服务。每个人都要各尽所能,各本所长,各负其责。群育的精髓在于诚。诚即是忠信。孔子曰:'言忠信,行笃敬。'忠是尽于中者,信是形于外者,有忠方有信,不信则非所以为忠。二者表里体用之谓,如形之与影也。心无不尽之谓忠,言与行无不实之谓信,尽得忠与信即是诚。大学、中庸二书,最要紧处,即是诚意功夫。诚乃人之本性,亦即所谓良知。故曰,知至而后诚意。王阳明所谓致良知,只是诚意之谓。程依川曰:'天地之间只有一个感与应而已,更有甚事?不能动人,则是诚不至。'诚意之极,便是至善。所谓'至诚可以动天地,泣鬼神。''精诚所至,金石为开。''至诚可以通神,至诚可以前知。'就美育而言,'思无邪'的诗歌,便是诚"①。

1. 社团生活是大学的生命线

张其昀在《大学的生命线》一文中特别指出社团生活,抑或说群育是大学的生命线。大学教育除上课外,就是社团生活,社团就是集会,由此可以培养学生的表达、判断、组织、领导和创造的能力。所以说,社团是大学的生命线。大学里社团生活的重要性,可分为课际、系际、校际、国际四点。②

（1）课际。现代大学的一个缺点就是重教轻育,甚至有教无育,沦为贩卖知识的市场,就是所谓的学店。一般大学,上课以后,师生星散,只有课堂

---

① 张其昀:《张其昀先生文集》第 16 册,第 8215—8217 页。
② 张其昀:《张其昀先生文集》第 17 册,第 8995—8996 页。

作业,缺乏课际活动,亦即社团活动,平时没有各种团体和健全组织,彼此相逢恍若路人,遇到多事之秋,大家互不认识。要知道,教是共同学习,育是共同生活,两者不可分离。不了解休闲的人,也不能体会工作之可贵,不认真学习的人,也不能欣赏娱乐之可爱。学习之目的,在于传授学问和研究方法;游乐之目的,则在于培养健全的身心和领导的人才。故欲医治目前半身不遂的大学教育,必提倡活泼的社团生活。

(2)系际。现代学术崇尚专门,其优点为分工细密,勇猛精进;其缺点则为系科之间,造成了铜墙铁壁的割据状态,心量狭窄。社团生活,则不分系科,犹如大海波涛,起伏自如,增进了同情的了解。系科是纵的分类,社团是横的联系,经纬交织,脉络贯通,有声有色,多彩多姿,从而构成了完整统一的大学生活。

(3)校际。大学之间平时亦多赖社团以增进联络往返,使良师益友的接触面,不仅仅以一校一隅为限。我们要以文艺、美术、音乐、体育、戏剧等活动为中心,而举行各种校际比赛,群策群力,切磋琢磨,从事文化复兴之大业。

(4)国际。现在台湾大学已经进入新阶段,即从过去出岛留学的单行道,而进入对外文化交流与互助合作。台湾著名学府的大学部与研究部,均有岛外学生。我们要欢迎岛外学生加入社团,和台湾学生一起工作,一起游戏,使其在留学期间,真正享受到台湾的大学生活,体会到中华民族的民族性与人情味,像这样的文化交流,才更有意义与价值。

2. 群育即生活教育

张其昀指出:"教育的主要目的在于引发同学们自动自发、自立自强的精神。大学的群育便是生活教育,漫长四年的大学生活,全部时间,都在接受生活教育。"[1]群育的内容,即学生生活的内容,其情况怎样,足以看出教育的功效和教育的价值。生活教育的主要方式,便是组成各种社团,这些社团都是由学生自动自发,联合志同道合的同学们,在导师指导之下,自行组织,自行活动,利用课余时间,过着多彩多姿的大学生活。社团生活的主要成效,就是从实际生活中,培养同学们的组织力、表达力、判断力和领导力。华冈有 100 多个社团,以五育并重为目标。社团是打破系所的界限,培养领导能力,全校同学结合在一起,工作在一起,欢乐在一起。张其昀认为,古来大学之道,以修身为起点。张其昀希望本校全体师生都能真正实践生活教育,对于校址的选择、校舍的布置、建筑的设计以及内部的设备,希望研究生自己动手,

---

① 张其昀:《张其昀先生文集》第 17 册,第 9097 页。

参与其事。身心的健康是人格教育的基本,游戏与用功是同等重要的。

3. 群育注重学生综合能力的培养

"群育的内容,即是学生生活的内容,除了希望培养学生的生活能力,并养成自动自发、自立自强的精神外,更可以从群育中,看出教育的功效与教育的价值。"①

"中国文化学院"在群育方面非常注重"学生的组织力(如组成各种社团活动)、表达力(如演说、演奏、演出等)、判断力(如比赛、裁判、评价等)、领导力(如会长、主席、领队等)、创造力(如成绩、成就、成果等)"②。

(五)美育

张其昀非常重视美育,他经常说:"我国古代最重视美育,认为移风易俗,莫善于乐。大学校长往往由一位音乐家担任,孔子在齐闻韶,三月不知肉味,其对音乐欣赏陶醉之深为何如!现在台湾公私立大学中,提倡美育,设系最完全,师资阵容最强大,足为文艺复兴之表率者,本校可算是首屈一指。并且因为积极倡导之结果,要把教育宗旨,从德、智、体、群四育,改进为德、智、体、美、群五育,且明见于最近颁布小学教育相关规定之中,可算是倡导美育大有力者之一,这是值得我们欣慰的。华冈兴学的宗旨,就是要'承东西之道统,集中外之精华',这是我们倡导美育的最大目的。"③

"中国文化学院"提倡美育,设系完全,师资阵容强大。"中国文化学院"建有大成馆,设有美术系(含美术工艺组)、音乐系、戏剧系、体育系、观光系、国剧专修科、音乐舞蹈专修科。这五系二科,可合称为艺术七美。研究部设有艺术研究所。"中国文化学院"建立华冈艺术总团,作为永久性的组织,以本校最优秀的毕业同学和在校学生为骨干。下设九个分团:"(1)华冈书苑,(2)华冈交响乐团、管弦乐团,(3)华冈国乐团,(4)华冈合唱团,(5)华冈昆曲团,(6)华冈平剧团,(7)华冈影剧团,(8)华冈舞蹈团,(9)华冈体育团及球队。"④

"中国文化学院"创立之初,以文艺复兴为号召,对艺术学科提倡最力,把抽象的思想,寄托于具体的文艺,在其创始之初,就设置了美术、音乐、戏剧、舞蹈等系科,科目之齐全,为各校之冠。每年假期,举办"华冈艺展",表现师生教学成就。

---

① 张其昀:《张其昀先生文集》第17册,第9122页。
② 张其昀:《张其昀先生文集》第17册,第9122页。
③ 张其昀:《张其昀先生文集》第17册,第9098页。
④ 张其昀:《张其昀先生文集》第17册,第8990页。

1. 美育即艺术教育

张其昀指出："美育即艺术教育,艺术教育与哲学教育相反相成,哲学隐而艺术显,一是抽象,一是具体,思想必须透过艺术的形象,所谓耳濡目染,方能深入人心。"①中国古代大学,就是立志要把有声有色、多彩多姿的文学与艺术,作为传播思想的用具,寓教育于娱乐之中,以期耳濡目染,深入人心,移风易俗,造福人类,达成大学的时代使命。中古以后,礼崩乐坏,文化随之衰落。即在今日,艺术学科,亦尚未受各大学重视。"中国文化大学"位于风景优美的华冈,有"振衣千仞岗,濯足万里流"的胜景,欲使学生涵泳欣赏,开拓其胸襟,恢宏其志气。至于校舍建筑,则结合固有文化与科学技术而为一,以表示中华特殊之风格。"在美育方面强调艺术与思想的融合,美育即艺术教育,思想是必须透过艺术的途径,才能耳濡目染,方能深入人心。美育的设施是在倡导和谐、秩序、均衡、节奏和韵律的精神,其最高的境界为创造;然而华冈学府的美育设施,是在所有的公私立大学中最早也最完备,包含美术、音乐、戏剧、舞蹈等系,可说是全国美育最著名的学府。"②

2. 美育重在教化

美育的最高境界,乃是智德合一、身心和谐的境界。实施美育的方法,为讽诵古今伟大文学作品,提倡音乐、绘画、戏剧等,扶植电影广播等文化宣传事业。鼓励设立公立的美术馆,举行美术展览会等。"华冈兴学的宗旨,是要'承东西之道统,集中外之精华',这是华冈学府倡导美育的最大目的。艺术学部的同学,要能够创作,能够欣赏,其他各部同学,即使不能创作,也要能够欣赏。美的欣赏乃是全体大学生所要共同接受的熏陶和训练。本校不断举行美术展览会,音乐展览会,戏剧和舞蹈的表演会,让同学都来欣赏,令人心旷神怡,精神为之一振。"③

一个人要身心保持平衡,才是真实的健康,情感与理智得到和谐,才是正当的娱乐。"志于道,据于德,依于仁,游于艺。"审美的心情,出自人类的天性,但是我们不能仅以个人修养为止境,必须把美育普及于普通民众。

二、动静结合

张其昀认为大学教育,含有动静两个方面:"静即空间的布局,旨在耳濡目染,不言而喻。动即时间的流转,旨在即知即行,行中求知。时空相连,动

---

① 张其昀:《张其昀先生文集》第 17 册,第 9121 页。
② 张其昀:《张其昀先生文集》第 17 册,第 9121 页。
③ 张其昀:《张其昀先生文集》第 17 册,第 9098 页。

静咸宜,而收知行并进之功效。实施民族精神教育之道,要义不外乎此。"①动静结合,其最终目的还在于教化,在于行仁。

(一)静:空间的布局

张其昀非常注重大学校园的位置及其布局。张其昀认为,大学校园要能满足居住、教学、休息以及娱乐四项功能。张其昀指出:"《礼记·学记篇》曰'故君子之于学也,藏焉修焉,息焉游焉'。一个大学的校址,应该具备藏、修、息、游四种功用。藏是居住,修是教学,息是休闲,游是娱乐,四者都具备了,才是一个理想的基地。"②"中国文化学院"创办之初,就是本着这样的原则选定华冈为校址。张其昀指出,自古以来的中国的大学教育,皆称为名山讲学,大多选择高山流水风景名胜之区,特别是民间大学更是如此。最为明显的是江西白鹿洞与白鹭洲两大书院。"华冈是海拔四百多公尺的高冈,巍然特出,在台北市区每一角落都能看见华冈,青山掩映白屋,非常清晰美观。登临其地,俯瞰平原,河海交流,后面华峰,犹如画屏,使人心旷神怡,校园葱茏,花木荫蔚,真是居住、教学、休闲、娱乐的好地方,有'城市山林'、'世外桃源'之目,实为观光胜地。"③游华冈者,登高远眺,有"振衣千仞岗,濯足万里流"之胜概。同时,"中国文化学院"的布局及其校园建筑也很好地体现了这一思想。张其昀非常注重校园的建筑、园林、楼名、路名、堂名、对联、名画、博物馆以及校训与校歌的精神教育价值,特别认为需体现出中国特色。张其昀指出,学校既然已经以"中国文化"命名,就应该使学校建筑与学校名称相互符合,因此特别定下学校建筑四大特色:"其一,必为明堂式;其二,必有八角亭或多角亭;其三,必盖琉璃瓦;其四,必使楼台层节显著。并有周、秦、汉、唐风格。"④校园的建筑与布局是一种很好的隐性课程,能够对学生起到潜移默化的教育作用。张其昀尤其注重通过校园的建筑与布局加深对国家民族文化的喜欢与理解。"'中国文化学院'的建筑体现了中国风趣,由已故建筑系主任卢毓骏教授所设计创造。他认为建筑不仅是一种科学与技术,更是一种哲学与艺术,必须能体现一国独有之风味与情趣。但时代进步,不容墨守成规,所以需要参酌现代思潮,表现时代精神,而仍然需要令人一览而知为中国的,而知身在中国。华冈阁楼巍峨,堂宇宏美,特别是大楼,各层

① 张其昀:《张其昀先生文集》第 17 册,第 9028 页。
② 张其昀:《张其昀先生文集》第 17 册,第 9105 页。
③ 张其昀:《张其昀先生文集》第 17 册,第 9106 页。
④ 潘维和:《张其昀博士的生活和思想》下册,第 1330 页。

都留有户外空间,使课暇有凭高眺望充分活动之余地。"①

校园的建筑以及空间布局是一种隐性课程,能够有效地促进学生在学习环境中学习到一些非预期性的或非计划性的知识、价值观念、规范和态度。这种课程具有隐蔽性和潜在性,其对于学生的影响在某些方面甚至会超过课堂中的正式课程。由此可见,张其昀深谙这一点。

(二)动:时间的流转

简单来说,大学教育中除了静的方面,就是动的方面,所以动的方面几乎包含了大学教育的方方面面。具体而言,"动"包含如下几方面:"制礼、作乐著书、立说、爱校、建校、忧国、报国、乐群,创业。"②

张其昀尤为强调制礼作乐在大学教育中的作用,他将制礼作乐视为大学教育的基本。"大学园地主要是制礼作乐,制礼是要有秩序,作乐是要有和谐。一面是秩序,一面是和谐,两者相辅相成,方能发展成为理想的生活,理想的文化、礼乐之教是中国文化的基本,无论是政治、经济、社会、文化,无不以此为理想。所以大学教育最基本的课目,第一是体育,第二是音乐。体育的目的在于培养运动员公平竞赛、遵守规则的精神。音乐的目的在于借重乐器,培养对称、韵律、和谐、合作的精神,所谓'尽善尽美'。"③

三、博约合一

张其昀非常注重博约合一,认为二者是相辅相成,相得益彰的。张其昀在《博士硕士之学习生活》一文中指出:"学问之道,扼要的说:博约二字,可以尽之。通才专才,相辅相成,应兼备于一身。由博而之约,是通才的训练;由约而之博,是专才的训练。"④张其昀之所以大力倡导博约合一,这是因为世界人类生活日益繁琐和错综复杂,学术的领域亦分析愈精,分工愈细,而且随时在扩展中。由于专业行业越来越多,越来越细,所以,每个人不可能精通每一专业;但另一方面,每一个人都需要掌握和了解人类的一些共同性知识。大学内部组织,随着学术分工的精细而趋于精详细密。即使每一个学院都设有几个甚至十几个学系与研究所,而且所与系或再分为多个组,成为大学中科、所、系、组的规模。虽然分工日益精细,但是张其昀明确指出,

① 张其昀:《张其昀先生文集》第17册,第9084页。
② 张其昀:《张其昀先生文集》第17册,第9030—9033页。
③ 张其昀:《张其昀先生文集》第17册,第9106页。
④ 张其昀:《张其昀先生文集》第17册,第8976页。

分科只是方法,合作才是目的。科与科之间,所与所之间,系与系之间,组与组之间,并非如铜墙铁壁,闭关自守,它们仅仅是学术研究用力的焦点,焦点中又有焦点,焦点与整个学术的总体,乃是一与全的关系。一有发明,贡献于全,全之新境,影响于一。而一与一之间又犬牙相错,交光互影,不易严格区分,而一切研究进步,常得力于各单位交互错综之边疆区域,此则大学学术研究之真相也。"现代学术崇尚专精,力求深造,故现代大学规模愈大,分系愈细,每一学系又多再分为组,务期学有专长,以适应现代社会之需要,也就是人有专学,学有专人。故大学的优点,在其能网罗百家,囊括大典,而大学中的大学生更应要有极深研究与高瞻远瞩;故通才教育与专才教育绝不是相反的,是相辅相成,相得益彰的。"①

(一)博约合一是致广大与尽精微②的结合

博约合一是孔子教育理念的体现③:孔子的教育方针,不在训练一技一艺的职业人才,而在培养有守有为的通人。"君子不器",是为教育上基本戒条。《论语》载:"子曰:'君子博学于文,约之以礼,亦可以弗畔矣夫。'"学欲其博,故于文无不考,《诗》《书》《礼》《乐》其要也。守欲其约,故其动必以礼,

---

① 张其昀:《张其昀先生文集》第 17 册,第 8919 页。

② 张其昀在《孔学今义》中指出了尽精微的四大要目,即默识、格物、笃行、慎独,认为这是孔学探本求源、修身为本的精义。张其昀指出,默识即相当于直觉。中国哲学,是以直觉为其主要方法。宋儒程明道谓:"吾学虽有所授受,然天理二字,却是自家体贴出来。"这"体贴"二字,和直觉相同。体贴云者,就是置身物内,与物同一之谓。要认识人,须得"体贴"人,认识物,也须得"体贴"物。中国哲学是不重文字语言,而重躬行体验的。格物之物的最原始字义,当是杂色牛之名,推广来说,便是形形色色的生物,再推广之,则品类至繁的人事,亦包括在内。物包括事在内,这是物字广义的涵义。格字原义为树枝交错,引申为人造的格子,例如窗户、篱笆及书架之类,多分为一格一格的。枝头位于树木最高处,故引申而有至字、止字、及字、来字、通字等涵义。从格物二字的字义,可了解"致知在格物"的意义。物与心相交,便是"格物",同时亦是"致知"之所由。朱子训物之格为至,即穷究物理。阳明训格物之格为正,即正心诚意。笃行为博学、审问、慎思、明辨、笃行之五项程序之最后之顶点,而复有促使学问思辨更为求精求实之功能。必有真知,方能力行也。朱子谓:"知与行,须是齐头做,方能互相发。"又曰:"知与行工夫须著并到,知之愈明,则行之愈笃;行之愈笃,则知之益明。二者皆不可偏废。""知行常相须,如目无足不行,足无目不见。论先后,知为先,论轻重,行为重。"又曰:"知而未能行,乃为得之于己,此所谓知者,亦非真知也。真知则未有不能行者。"《中庸》曰:"君子戒慎乎其所不睹,恐惧乎其所不闻,莫见乎隐,莫显乎微,故君子慎其独也。"戒慎是警觉、防备、慎重的意思,恐惧有自反、自省、自强的涵义,两者都是心灵的作用。防患者必始于忽微,而慎独者不遗于细行。

③ 张其昀:《孔学今义》,第 65 页。

从视听言动做起。弗畔谓行当于理，而无违也。文是说的礼，礼是行的文。文是笼统的礼，礼是切要的文。博学于文，则多闻多见，可以蓄德。然徒事博文，而不约之以礼，则后世文人记诵之习，或有文无行，非君子所许也。

孔子重视博，尤其重视约。《论语》载："子曰：'多见而识之。'""子曰：'多学而识之。'"又载："子曰：'以约失之者鲜矣。'"博是多集材料，约是把握要领。博了，才有所依据；约了，才有以统率。博而不约，则杂乱而无章；约而不博，则空洞而无实。故必须于博多中，求得要领，而后始可谓本末兼备。孔子之学，规模宏大，广纳众流。《论语》载："子曰：'攻乎异端，斯害也已。'"对于持不同观点的异派学说，加以攻击责备，认为是有害处的。此亦正是《中庸》所说"万物并育而不相害，道并行而不相悖"的用意。

（二）博约合一特别体现在注重人文与科学的综合

张其昀认为世界已经进入原子时代，而原子时代的教育必定是人文教育与科学教育融会贯通的教育，这也是博约合一精神的重要体现。张其昀于 1956 年 6 月 14 日在台湾大学毕业典礼中曾讲述，1955 年 8 月 8 日至 20 日"国际原子和平会议"在瑞士日内瓦开幕，世界从此进入原子时代。"原子时代的新教育，是人文教育与科学教育融会贯通而为的新教育，故现在大学之趋势，分科益见精密，真可谓精益求精，而另一方面则任何院系任何年级的学生都规定共同修习的基本学程；总之，大学生是建国兴邦的领导人才，必须有健全的学识修养与科学学术之专精，方可开创世局旋转世运的伟大力量。"[1]

张其昀指出，一般科学家往往不再对政治、文学、艺术等方面感兴趣；即使对于科学本身，也缺乏一种足以识其大体、整个地看的态度，然而学问正如登山，攀登愈高，眼界愈广，所见才愈清晰可靠，专精中难免会存在偏狭之弊，而这尤其需要跨学科交流的方法来克服。在张其昀看来，科学方法与哲学方法必须互为表里，做学问需要不断进行深沉的思考。这就是要把哲学方法与科学方法交互使用，"科学只问原因，不问目的；只问部分，不问全体；只问事实，不问价值；哲学所以补科学之所未逮"[2]。张其昀认为现代大学为科学发展的大本营，亦是科学思想之策源地，大学精神就是科学精神，而科学精神不仅仅体现于科学研究方面，而是科学与人性的融合。张其昀于

---

① 张其昀：《张其昀先生文集》第 17 册，第 8785—8786 页。

② 张其昀：《张其昀先生文集》第 17 册，第 9191 页。

1957 年 6 月 16 日在台湾大学毕业典礼上讲述："大学精神就是科学精神，并且具有专门性与统一性、纯理性与应用性、继承性与创造性、区域性与世界性四种，而将科学精神扩充起来，即为'天下一家，人类一族'的观念，故现代大学教育更应该有天涯若比邻的观念，更应以科学来发扬人性，倡导'民吾同胞'的大同思想，为世界和平奠定真正基础，这也是现代大学崇高的理想。"①

张其昀非常强调科学家的爱国情怀。他指出，虽然科学无国界，但科学家则有国界，中国的科学家自必深受中国文化或中华精神的感召。科学的任务不仅仅在于探究客观真理，还在于关注人类的福祉，关注人的精神需要。"现代科学具有人本哲学之倾向，欲以人类心力克服环境，创造命运，而不至为物质环境与经济条件所限制，故人本主义具有一种创造精神。以前，世人多认为科学的惟一任务在于追求真理，至于科学发达而连带发生的人生实际问题，则认为次要，此种观念已大有改变。人本主义实为现代迫切需要之新精神。宋人张载曰：'为天地立心，为生民立命，为往圣继绝学，为万世开太平。'这可视为人本主义之宣言书。英国人罗素认为中国文化之精义为合理的生活观念，张载之言即为最扼要说明。就人本主义而言，中国较西方为注重，不但其所言较为深切明晰，而且力求见诸行事，若以和平两字为现代文化命脉所托，则中国文化显然可为现代精神的前驱。中国现代之新文化，一方面重视人文，一方面致力科技，谋中西文化之统一，以从事于真正的创造。"②由此可见，张其昀的教育理念具有很强的现实意义，在当前，大陆正是因为在相当程度上忽视了科学的人本主义倾向，造成了由于过分追求经济发展而导致环境问题严重，从而危害到人们的身心健康，这在一定程度上就抵消掉了经济发展所带来的利益。所以科学的发展必须具有人本主义精神，科学需要与人本综合。

(三)博约合一之道

张其昀从来都不是一个空想家，他总是重视方法的作用。为了实现博约合一，张其昀特别提出了博约合一的策略，他谆谆教诲大学生要注意以下四点。③

---

① 张其昀：《张其昀先生文集》第 17 册，第 8788—8790 页。
② 张其昀：《张其昀先生文集》第 17 册，第 9091—9092 页。
③ 张其昀：《张其昀先生文集》第 17 册，第 8958—8962 页。

1. 知用功

用功是事业成功的主要因素,就大学而言,用功两字的涵义如太史公所言:"好学深思,心知其意。"用功必须有一目标,这目标要自己来决定。黄梨洲曰:"学问之道,以自己用得着者为真。"便是说,我们要立定志向,方能聚精会神,融会贯通,心知其意。

真正的用功,并非仅限于读书,游乐同样重要;课外活动和课堂作业,同样有效。课外活动包括体育、运动、音乐、歌唱、旅行、娱乐等,此为修养身心所必要,增进健康所必须。读书与游乐,在时间上应有适当之比例,我们要寓教育于娱乐之中,更要天天有强迫运动,行之有方,持之以恒。只知读书的人,过于拘谨疲劳,脑筋反而迟钝,可谓得不偿失。凡在学业上有所成就的人,莫不注意身体与精神的健康。我们不必争一日之短长,而要能自强不息,臻于高寿。刘伯明先生曰:"人格者,乃品学与体格的综合。"

2. 讲效率

大学四年,光阴有限,最重要者,在于精研。孔子曰:"知之者不如好之者,好之者不如乐之者。"好之,乐之,即自动自发的精神,此为学问进步的原动力。

3. 重器识

"士先器识而后学问。"器识就是正确健全的人生观与宇宙观。孔子"知其不可为而为之"的精神,和老子"无为而无不为"的达观,两者陶铸而成中国的民族性。大学生论学问则各有专精,人有专学,学有专人。至于器识,那应该是共同的。在人生历程上,有顺境也有逆境,且逆境往往较顺境为多。孔子的精神,要我们不为逆境多克服,且进而克服逆境,别开胜境。遇艰险而愈励,更丧乱而益前,精诚所至,金石为开。这就是"知其不可为而为之"的精义。

老子"无为而无不为"的达观,绝非消极被动,而是沉机观变,能守能攻。无为乃戒慎恐惧,小心翼翼,善处逆境,待时而动之意,并非不做事。无不为则能转弱为强,转败为胜,创造命运之意。

4. 贵风格

中国古代的大学精神就是"修身、齐家、治国、平天下",一种内圣外王的精神。内圣是哲学家,外王是政治家。现在大学分科甚细,但是无论学习哪一系科,应有共同的理想,入则具志士之心,出则具国士之风。

张其昀从具体策略与抽象精神两个方面阐释了他所倡导的博约之道,知用功和讲效率是从具体策略方面来阐述的,方法平实但是非常有实效;重器识和贵风格则是从精神方面来阐释的,这也符合张其昀的一贯做法,总是不忘记阐述精神的价值与作用。

四、建教合一

张其昀不仅仅是一位教育家,而且是一位实业家。由于是私人办校,没有政府的资助,所以办学经费的筹措就需要煞费苦心。张其昀主张学以致用,主张建教合一,这一方面是他主张教育应该社会化的理念的体现,另一方面他也承袭了浙东的经世致用的精神。张其昀非常推崇致用与创业之融合,在"中国文化学院"大力发展大学推广教育抑或称成人教育以及对外教育等。

(一)致用与创业融合

"中国文化学院"的创办本身就是致用与创业精神的很好体现。华冈原为一片荒山,正是在张其昀的带领下,发扬不畏难、不屈不挠的精神,披荆斩棘,以启山林,才造就了华冈学园今日的规模,这正是华冈精神的创业精神所致。

张其昀的教育目标在于能学以致用,由致用而鼓励青年学子,进而创业,使人人都能成为社会的中坚。

"中国文化学院"是大学教育与台湾的经济建设密切配合的典范,当时"中国文化学院"的很多学系组是台湾独一无二的,如海洋学系、劳工关系学系、土地资源学系、市政学系、观光事业学系、印刷学系、化学工业学系中的造纸学组和陶瓷学组,都是独特的,这些都是为了台湾经济建设的实际需要而设立的。

张其昀指出,"中国文化学院"、"中华学术院"和华冈实业公司,三位一体,学以致用,建教合一,是建设华冈大学城的途径和方法。"中国文化学院"、"中华学术院"、华冈兴业基金会,如鼎之三足,奠定了"中国文化学院"巩固的校基。

(二)成人教育

张其昀不但大力发展全日制的大学教育,又本着有教无类之思想,为那些由于种种原因未能接受大学教育的青年人提供就学机会,所以极力发展推广教育,抑或成人教育,这不但提升一般群众的整体文化素质,而且亦为学校与社会有机融合提供了机会,这正是其建教合一思想的具体体现。张其昀指出:"新时代之学者,不但要极深研究,使旷古奥义,归于冰释,又应当广譬曲谕,使其与众共晓,深入人心。现代大学其施教范围,不以大学围墙为限，而当本于'有教无类'的精神，为成人之有志进修者，开阔广大之园地，使学校与社会真能达成一片。此类设施，又称推广教育，可分为夜间部、暑校、专修科三类，其目的可提高'国民'之文化水平，以尽大学对'国家'最大之贡献。一为晚班（或夜间部），运用大学各种资源，从事加倍的精神生产，使清寒之学生，就学与就业两不相碍；一为暑期学校，此为适用于教师进修，裨益尤大；一为专修科，大学附设一年或两年制之专修科，利用大学师资设备，筹办专业训练，注重特种技艺，以应生产建设之实际需要。"①

（三）对外合作

张其昀主张对外合作，主要表现为倡导东西方的综合，以及大力发展对外教育等。

1. 东方与西方的综合

张其昀认为东方文化与西方文化各有千秋，应该相互学习，取长补短，以期实现相互融合。张其昀指出，我们不应妄自菲薄，总是认为西方文化是中心，事实证明，西方文化有其弊端，不能成为拯救世界之良方。"过去西方人对于东方人缺乏了解，总喜欢以西方来代表世界。二十世纪二次世界大战，业已证明，单靠西方文化，决不能救世界。"②中国文化以孔子学说为中心，是东方文化的柱石，我们的东方文化具有无穷的魅力，但是我们也不应盲目自大，而应积极与外界交流。"现在到了太空时代，更是天下一家，就太平洋而言，美国是东方，中国是西方。现在所需要的是一种兼收并蓄集大成的精神。我们要以中方文化为基本，去芜存菁，除弊兴利，采取西方文化之所长，针对时代需要，从事新文化之创造，为全人类所共享。华冈兴学，就是本于这种理想。所以除了大学本部外，又设立了研究机构，曰'中华学院'，联合世界上的有识之士，群策群力，相辅相成，使本校成为国际性大学，此为特色之一。"③华冈的学风是根据中国历史的优良传统，并针对当前社会的需要，借鉴世界最新科学技术之发明，而精益求精，融会贯通，温故知新，使华冈可以形成世界上最完美、最健全、最进步之学术系统，并以世界文化的前锋自任，使中华民族永远适存于世界，相信这必是华冈学风发挥之最高境界。

为了有力促进东西方文化的交流，张其昀特别在"中国文化学院"内创

---

① 张其昀：《张其昀先生文集》第 17 册，第 8785—8786 页。
② 张其昀：《张其昀先生文集》第 17 册，第 9049 页。
③ 张其昀：《张其昀先生文集》第 17 册，第 9049—9050 页。

设了"中华学术院"。这是一个民间学术组织,也是一个国际性的机构,凡是岛外学人对研究中国文化有兴趣与造诣者,均得邀请为会员。"中华学术院"举办"国际华学会议",中外学人,云集华冈,商量旧学,涵养新知。

2. 对外教育

张其昀主张对外交流与合作,主张发展对外教育,让年轻的学子们既要走出去,又要请进来。他认为,对外教育科学文化有计划之交流合作,可增进国际同情,成为加强对外合作最有效的途径。所以,最近几年来,公私立大学的兴建,大量培育各种人才,它们尤其具有促进世界文化交流的责任,不可仅仅成为来而不往的受援方。现在是全球性的时代,天下兴亡,匹夫有责,不能仅一方为范围。

在对外文教方面,"中国文化学院"创办英文版的《"中国文化"季刊》。目的在于把台湾地区的学术研究以及出版界的情况,介绍给对中国文化研究感兴趣的岛外人士。因为取材精审,印刷精美,畅销世界各地。张其昀还想把有关中国文化的基本书籍,择要译成英文等文字,以期有益于中西文化的交流与合作。

五、民治为本

张其昀确立了以"民治为本"的教育制度,作为实践大学教育理想的重要制度保障,这一制度亦是儒学教育思想的重要体现。孔子之理想,则为造成一个"以教育为中心"的民治国家。孔子被称为万世师表,良非偶然。"孔子教育制度,资分析为民间兴学、私立大学、实践教育、全民教育四端。"①

(一)鼓励民间兴学

张其昀指出,孔子是中国民间兴学史上的关键人物。中国古代学术出于王官,有官学而无私学,教官即播布学术之教师。周室东迁,王纲失坠,官学渐废,私学勃兴。孔子自少即教授于鲁,自周返鲁,弟子益进,其后弟子弥众,至自远方。孔子卒时七十又三,教师生活长达五十年之久。《史记·孔子世家》云:"孔子以《诗》《书》《礼》《乐》教弟子,盖三千焉。身通六艺者,七十有二人。"私家教授,徒众之盛,自古以来,未有如孔子者。《孟子》曰:"以德服人者,中心悦而诚服也,如七十子之服孔子也。"(《公孙丑》上)这些高足弟子,都是终身形影相随,患难与共的。张其昀担任台湾教育主管部门负责人之后,鼓励并支持台湾的民间兴学。台湾教育主管部门为顾及政府财力

---

① 张其昀:《孔学今义》,第57—59页。

与社会需要,特修订私立学校章程,简化申请手续,并鼓励私人捐资兴学。

(二)创办私立大学

张其昀认为,孔子是世界私立大学的首创者。在他以前,受教育是贵族的权利。孔子首先把教育普及于平民。孔子所创办的私立学府,成立于公元前五世纪,地点在孔子家乡山东曲阜。孔子把中国古代文化,整理为六部经典,而作为大众教材,即《易》《诗》《书》《礼》《乐》《春秋》。六艺之中,尤以《诗》《书》《礼》《乐》为孔子常讲,弟子所必修的。《大学》一书,是孔门大学教育的纲领,大学意思就是博大的学问,欲求博大的学问必须在大学——最高学府中求之。张其昀自身也践行孔子的教育思想,在1962年创办了私立的"中国文化学院",经过半个多世纪的发展,如今"中国文化大学"已经成为岛内的一所重要学府,培养了大量的各类人才。

(三)躬行教育实践,注重因材施教

张其昀指出,孔子不但创办大学,而且以其毕生之精力,从事于教育事业,躬行实践,以身作则,讲学弘道,启迪后生,中国之有系统的教育哲学与教育方法,始自孔子。孔子之门,分为四科,曰德行、言语、政事、文学。(《论语·先进》)当日孔门教学,始于德行,终于文学,虽未必明白表出此四种分科,然孔子于其门弟子,自必审察各人性之所近与力所能勉者,从而因材施教,以期切于实用,则无可疑。中国私人讲学始于孔子,私人著述亦始于孔子。张其昀亦以身作则,不但亲自讲学,而且不断钻研教学方法。

(四)全民教育

张其昀指出,孔子"有教无类"的教育思想是中国文化旗帜鲜明的宣言书。只问教育,不问种类,要从教育上机会均等,而达到全民族一视同仁的心量,泯除了一切境遇之分,畛域之见,全国同胞处于一律平等之地位。不论男女老幼,各项职业,各项地位,乃至民族之别,时代之异,孔子之教育理想与教育精神,乃以全人类为对象。张其昀亦积极贯彻此一教育思想,在大学教育中不但大力发展全日制的大学教育,而且极力发展推广教育,抑或成人教育,为那些由于种种原因未能接受大学教育的青年人提供就学机会。这不但提升民众的整体文化素质,而且亦为学校与社会有机融合提供了机会;不但是其建教合一思想的具体体现,而且是其全面教育思想的重要体现。

第三节　大学教育的精神观：集大成

张其昀认为，大学教育不仅需要目的与方法，而且需要一种精神，这是大学教育的灵魂。他指出："要实现教育理想与宗旨，必须需要一种教育精神，才能相辅相应。"①张其昀认为精神重于物质，人不应当仅以温饱为满足。"子曰：'君子谋道不谋食，耕也馁在其中矣，学也禄在其中以。均在忧道不忧贫。'《卫灵公》这几句话，盖即但问耕耘，不问收获之意。耕耘必有收获，然学者之志，精神重于物质，不当仅以温饱为已足。"②事实上，张其昀的这一办学思想不仅仅是儒学教育思想的体现，也是因为深受刘伯明先生的办学思想的影响。刘伯明认为办教育必须有一种理想，必须养成一种精神。

张其昀非常重视精神教育。他指出，精神教育旨在求圣。圣贤乃理想人格的名称，希望成为圣贤可为大学教育的最高目标。"张其昀将全部学术比作一座五重塔，拾级而登，依次为科学、人文学、文学艺术、哲学与宗教学。如依文质二分法做标准，科学属质，其上四层属于文。质偏重物质，文偏重精神，两者不容偏枯，应合二为一。"③张其昀曾说：华冈精神就是不怕难，不怕苦，不惮改的精神。"私人兴学，既无财团支持，又无企业配合，'难'与'苦'是可以想象的，同时，学校初创期间，许多制度章程，需要配合学校的发展而更张，亦是必然的。全校师生，就凭着这股精神，不断地发展创造，克服了一切的困难和阻力。"④

在张其昀看来，之所以在华冈创办"中国文化大学"，就是想使华冈成为弘扬中华学术的重镇，他明确指出华冈精神即为大学精神。张其昀指出："大学精神便是本校第一座建筑物所标榜的大成二字，也就是融贯古今，会通新旧，承东西之道统，集中外之精华，远溯孔子所倡导的集大成精神。"⑤他更进一步指出："本校校名'中国文化'，乃包括精神与物质二者而言，本人希望文法艺术等系，理农工商诸系科，均能均衡发展，成为综合性的大学，达

---

① 潘维和：《张其昀博士的生活和思想》上册，第509—510页。
② 张其昀：《孔学今义》，第57页。
③ 张其昀：《张其昀先生文集》第17册，第9007页。
④ 潘维和：《张其昀博士的生活和思想》下册，第1512页。
⑤ 潘维和：《张其昀博士的生活和思想》上册，第479页。

到尽美尽善的理想。"①张其昀认为大成精神至少包含以下三个方面："其一为不畏难的志节，即不屈不挠，再接再厉，愈挫愈奋，可大可久，矢勤矢勇，必胜必成的无谓精神；其二为弗惮改的胸襟，即实事求是，精益求精，任劳任怨，勿怠勿忽，日新又新，尽善尽美的无私精神；其三为全神教的信念，即群策群力，一心一德，自立自强，至诚至公，希圣希贤，爱国爱人的无我精神。"②华冈的精神不但表现在华冈的校训、校歌上，亦体现在华冈学子的知行之中，那就是一种学者精神与科学精神。

一、大成精神的内容

张其昀认为，精神教育的内容，为哲学伦理学与宗教。科学方法重在分析，及至部分的分析达于面面俱到的程度，仍需借直觉之相助。真正的直觉方法，不是简便省事的捷径，而是精密严谨，丝毫不苟且、不放松的笃实功夫。直觉方法乃是寻求哲学知识的主要方法，但并不违反科学与理智。中国文化显著的优点是为一种合理的生活概念。自孔子以来，中国思想的特征，为人文主义或人本哲学，亦称伦理学。历代儒者，究心于人性人情，故其所造就者，多洞明世故、平正通达之人。中国哲学，讲求明体达用之道，精神修养是立己，民生日用是立人，体用二者互为表里。

（一）不畏难的志节

张其昀非常推崇新生活运动，特别指出，新生活培育学生不是重视现代的物质生活，而是重视"质、朴、坚、毅"的现代精神生活，质朴是实事求是，坚毅是精益求精，锻炼学生质朴坚毅的精神，收潜移默化的功效，以培养出现代中国人的现代坚毅的生活。张其昀将"质、朴、坚、毅"定位为"中国文化学院"的校训。

张其昀认为，中国精神教育的经义，即为兴于忧思。一部史书即为与逆境奋斗的记载。天助自助者，忧患之中而希望存焉。这就是一种大无畏的精神，只有具有这种精神的人，才能创造自己的命运。张其昀认为创业精神就是一种不畏难的志节。"中国文化大学"的所在地——华冈，原为一片荒山，正是张其昀与众位志士同仁披荆斩棘，以启山林，不畏难，不屈不挠，再接再厉，所以才建有华冈学园今日之完善规模，这一切都是华冈精神之创业精神所致。这种创业精神有助于培育学生的创业之精神，有助于启迪学术

① 潘维和:《张其昀博士的生活和思想》上册,第482—483页。
② 潘维和:《张其昀博士的生活和思想》上册,第947页。

上的开发,进而能深刻领悟到创业之精神教育,能够深刻体悟到有志者事竟成的精神。张其昀的教育目标不在于培养只重空谈的象牙塔人,而在于培育能学以致用,由致用进而创业的青年学子,使人人都能成为社会的中坚。张其昀认为不畏难的志节就是要具有"坚强的信心",华冈筹建之初,困难重重,但是张其昀总是说:"山穷水尽疑无路,柳暗花明又一村。"就是有这种信心、希望与勇气,才开创了华冈的新局面。

(二)勿惮改的觉悟

所谓勿惮改的觉悟就要具有一种无我的境界,无我才能无私,无私而后能无畏。它包含以下内涵:

"大功的毋我"①,这也是华冈成功的秘诀。人到了毋我的境界,则一切为人,一切为公;张其昀一心为华冈,且认为华冈是中国之华冈,为天下之华冈,为与大家共有、共治、共享之华冈。

"坚忍图成尽其在我"②,这可以表现张其昀在创办华冈学府时,有些不明真相的人士,对他的批评与毁谤,他总是反躬自省,忍人所不能忍,这也就是华冈可以实践的成功因素。

"虚怀若谷博采众长"③,华冈能开办迄今,是因为受张其昀坚毅精神所感召,华冈同人以服务为领导,结合信仰、理想、道义、情感,使华冈进步发展,这是华冈成功的主因。

"大中至正公而忘私"④,张其昀认为华冈的实践,只要能秉持正义公道,实践力行,而不要自私自利,妨害了公共利益,相信一定可以为大家谋得功利幸福。

"决心力行终达理想"⑤,张其昀指出华冈的实践,从无中生有,百折不回,精诚所至,金石为开,其主要原因就是在其决心与起而力行,其理想终能成为事实。

华冈的不断茁长壮大,华冈奇迹的出现,可说是张其昀本身崇高的抱负、高瞻远瞩的眼光、艰苦卓绝的领导、精密睿智的策划所实践出来的辉煌成果。

---

① 潘维和:《张其昀博士的生活和思想》下册,第 1498 页。
② 潘维和:《张其昀博士的生活和思想》下册,第 1398 页。
③ 潘维和:《张其昀博士的生活和思想》下册,第 1399 页。
④ 潘维和:《张其昀博士的生活和思想》下册,第 1400 页。
⑤ 潘维和:《张其昀博士的生活和思想》下册,第 1401 页。

（三）全神教的信念

张其昀指出,西方之宗教,即中国之天道。尊天之念,起于爱人。人人为我,我为人人,是乃大仁,亦称博爱。敬天的人,淡泊宁静。张其昀认为,虽然上帝是看不见的,但是我们可以从上帝所做的工作中,而看到神的存在。人只为自己,或与自己有关系的人,上帝则为了整个人类;人为现在,顶多为祖先和子孙,上帝则为整个时空或宇宙。上帝保护善的、正的,这与儒学古义相同。张其昀主张四教合流,天人合一。张其昀认为,宗教旨在开拓敬天爱人、悲天悯人之胸怀。在此万方多难的太空时代,愈感"无我、无私和大无畏"的迫切需要。是则不能不求之于宗教,宗教非他,便是一个爱字。科学与宗教是相辅相成、相得益彰的。"中国文化学院"设有佛教、回教、天主教、基督教四个研究所。我们对于世界各大宗教,要兼收并蓄,一视同仁;并且要与孔子学说,融会贯通,综合为一,也可称之为全神教。全神教是想综合全人类各大宗教的精华,以孔子学说为中心,并行并育,不主一教,而包含各教,以期为世界大同,真正的和平与繁荣以其为基础。全神就是各大宗教所供奉的天、神,或曰上帝。科学愈是进步,宗教愈重要。

张其昀曾经指出,华冈学院仿佛一座大寺院。"中国文化学院"虽然并非教会学校,但是非常重视宗教与道德教育。张其昀认为,宗教之本质,即为道德之实行,居于德育之顶点。敬天爱人,乃是万事之本,万福之源。教育家必须具有无穷的爱人和无限的忍耐。

二、大成精神的载体:校训与校歌

（一）校训:"质、朴、坚、毅"①

"中国文化大学"的校训为"质、朴、坚、毅",这四个字集中体现了大学精神:

第一,"质"就是质直。孔子曰:"质胜文则野,文胜质则史;文质彬彬,然后君子。"《论语·雍也章》质指人的真面目、真性情,文则指后起的礼乐文章、风俗制度等;质偏于真,文偏于美;先有内在的真,方有外在的美。简而言之,质就是追求内在的真,不虚饰,必须表里如一,使真善美三者合一,这就要求华冈兴学应该从人类心性发源处用力,才能有所发扬光大。

第二,"朴"就是朴素。指人的本心而言,是即良知良能;人类反省本心的功夫,谓之致良知。孟子以为良知良能,出于天赋,不待学习而能;所谓求

①　张其昀:《张其昀先生文集》第 17 册,第 8901—8903 页。

放心,即回复本心是也。孟子以为人类的良知良能,实含有一种社会的意识,即辨别公是公非的能力。简而言之,"朴"就是要追求一种求是精神,追求一种良知良能,追求一种社会公德意识。

第三,"坚"就是坚强。亦即忍得起煎熬,经得起考验之意。阳明教人,最重事上磨炼,务当就实际事务而磨炼精神,方为修养上最有效之良法;正如孟子所谓"劳其筋骨,饿其体肤,空乏其身,行拂乱其所为。动心忍性,以增益其所不能"。简而言之,"坚"就是不畏艰难,勇往直前,努力克服前进道路上的各种艰难险阻,而且不管境遇多么糟糕,总是能够保持自己的信仰,不在困难面前低头,真正创造出自己的命运。

第四,"毅"就是弘毅。曾子曰:"士不可以不弘毅,任重而道远。仁以为己任,不亦重乎,死而得已,不亦远乎!"《论语·泰伯章》中庸曰:"力行近乎仁。"可知弘毅在于力行。孟子曰:"居天下之广居,立天下之正位,行天下之大道;得志与民由之,不得志独行其道;富贵不能淫,贫贱不能移,威武不能屈;此之谓大丈夫。"简而言之,"毅"就是有恒心,有毅力,做到力行。德性的培养是一项长期的任务,欲速则不达,所以必须有弘毅之心,以仁为己任,任重而道远。

(二)校歌①

华冈精神不仅仅体现在校训上,在华冈学园校歌(作词:张其昀,作曲:黄友棣)上亦体现了大学教育的精神:

1."华冈讲学,承中原之道统。"这是指"中国文化学院"虽然是一所创建于台湾的新学府,但是它实际上传承了中国古代大学的道统,根在大陆;实际上,"中国文化学院"在兴学过程之中,也处处体现了其根在大陆的特点:如以六艺(礼、乐、春秋、易、诗、书)为教材,教以格(物)致(知)诚(意)正(心)之功,修(身)齐(家)治(国)平(天下)之务,来完成中国有系统的教育哲学与教育方法。

2."阳明风光,接革命的心传。"张其昀深刻意识到国民党之所以撤离到台湾的根本原因,认为只有以革命的精神才能彻底改革国民党,也才能创造出台湾大学教育的新生命。当然,在张其昀看来,革命不仅仅意味着大破坏,更意味着大的建设,重在创新。

3."博学审问,慎思明辨。"这就是"中国文化学院"所一贯坚持的学习与

---

① 张其昀:《张其昀先生文集》第 17 册,第 8904—8910 页。

思维的方法,知识的探求不但有广度而且要有深度;不但要敢于坚持己见,而且要虚怀若谷,以开放的心态与老师和同学对话,不断超越自身。

4. "必有真知,方能力行。"这就充分阐明了知与行之关系:知是条件,行是结果;知是方法,行是目的。"中国文化学院"的精神就是秉持着知与行的融合与统一,来探究高深的学问。中庸曰:"好学近乎知,力行近乎仁,知耻近乎勇。"若知与行可以双修,凡事就可以实践笃行,真知灼见。

5. "己所不欲,勿施于人。"这就是《论语》对仁的解释,这也是"中国文化学院"所倡导的为人之道。《论语》载:"仲弓问仁。子曰:'己所不欲,勿施于人。'"(《颜渊章》)又:"子贡问曰:有一言而可以终身行之者乎?子曰:'其恕乎?己所不欲,勿施于人。'"(《卫灵公章》)

6. "有所不得反求诸己。"中庸曰:"子曰:'上不怨天,下不尤人。'"又:"子曰:'射者有似乎君子,失诸正鹄,反求诸其。'"孟子释之曰:"仁者如射。射者正己而后发;发而不中,不怨胜己者,反求诸己而已矣。"(《公孙丑篇上》)"中国文化学院"倡导一种不怨天尤人的精神,要求平等相待,和平共处。

7. "为天地立心,为生民立命,为往圣继绝学,为万世开太平。"这就是"中国文化学院"所推崇的崇高精神,大学教育不应为一己之私利,而应为普天之下的芸芸众生立心立命;大学教育不应追求一时之利,而应立足于长远,立足于未来。这就充分表明了大学生应该面向未来,面向社会,与国家民族的命运紧密相连。这也是中国传统文化的最好写照。

8. "振衣千仞冈,濯足万里流。"这充分展示了"中国文化学院"优美的自然环境,充分具备了居住、教学、休闲、娱乐四项功能。

由此可见,"中国文化学院"的校训和校歌充分体现了学校的办学精神与理想,以这种形式展现出来,可以让每一位师生牢记在心。

三、大成精神的核心:学者精神与科学精神

(一)学者的精神

"中国文化学院"的办学精神从根本而言,就是一种华冈学者的精神。张其昀在华冈兴学,真正做到了"网罗群才,广纳众流"①。

张其昀认为大学以教授学者的高深研究的贡献为主要任务,教育行政的作用不是管理,而是服务。正是本着这样的精神,张其昀在"中国文化学

①　潘维和:《张其昀博士的生活和思想》上册,第 622 页。

院"实施了人事任期制度改革。张其昀非常赞同哈佛大学校长柯能(J. B. Conant)的观点:"大学是学者的社会"(a society of scholars),所以这些也就是现代学者的共同精神。其精神包含了以下十点要件①:(1)真知力行,学以致用。(2)温故知新,继往开来。(3)好之乐之,自强不息。(4)并行不悖,泱泱大风。(5)礼乐并茂,文艺复兴。(6)文质双修,尽善尽美。(7)负责服务,实行忠德。(8)互谅互助,宏扬恕道。(9)育天下士,会天下才。(10)自爱爱人,迈进大同。

"中国文化学院"虽然人才济济,但是张其昀仍然坚持人才至上的理念,认为大学是学者的社会,教授的素质形成大学的本体,大师而非大楼才是大学最宝贵的财富,所以竭尽全力从校外乃至境外聘请特殊人才来华冈讲学,绝无任何门户之见。所以说,华冈的精神亦是学者的精神。

(二)科学精神

与学者精神一脉相承的就是科学精神。简而言之,大学不仅在于传承,更在于创新,这就需要一种科学精神。现代大学为科学发展之大本营,科学思想之策源地。张其昀在1955年12月16日"清华大学"研究院筹备委员会第一次会议上指出:"所谓'清华精神'就是现代大学的精神,大学应以文理二学院为其重心;大学对社会科学与自然科学应均衡发展;大学对纯粹研究与应用研究应兼顾并重;大学分前后两期,前期为大学本部,后期为研究院,两者并进,相得益彰。"②

可以说,大学精神就是科学精神。具体而言,包含以下内容③:

1. 专门性与统一性。科学研究是一种极其庞大的工作,它是基于严密分类的合作事业。科学的特色,即每一课题,不论如何繁复深奥,其研究之方法与程序,必可坦白记述,使他人均可以充分了解,并可以随时复习。科学一方面具有专门性、差异性,一方面又有统一性、完整性。各种科学都可以条理融会,成为单一的理论。不但如此,科学之新发展,对于哲学大有贡献,我们的宇宙观与人生观,较之从前,更有完整统一的认识。

2. 纯理性与应用性。科学的动机在于探求真理,尤其要对基本问

---

① 张其昀:《张其昀先生文集》第17册,第9008页。
② 张其昀:《张其昀先生文集》第17册,第8825—8826页。
③ 张其昀:《张其昀先生文集》第17册,第8788—8790页。

题,寻得理解。但科学真理必须依赖实验以资证明,所以亦称实验科学。欲期待理论与实验之沟通,则不仅需要有崇伟之想像,又需要精密之工具与技术。

3. 继承性与创造性。科学发达乃积人积世继续研究而后成,古人所谓"集大成",凡继承前人之统续越丰富,则创造发明之希望越大。大学各学系的课业,果能融会贯通,深造有得,即为新发明新发现的根据。

4. 区域性与世界性。科学一面有区域性,地方性;一面有世界性,一致性。两者相互为用,相得益彰。

由此观之,张其昀所主张的大学教育的目的观、方法观以及精神观充分体现了其一贯坚持的儒学教育思想。从某种程度而言,张其昀的儒学教育思想超越了传统的儒学思想,这主要体现在两点:其一,他特别强调自由的心习,强调师生的自由精神,强调社会责任的确立应建立在尊重个体精神自由的基础之上;其二,他特别强调了群育的重要作用,强调社团生活在学校教育中的作用,甚至认为群育是学校教育的生命线。当然,另一方面由于张其昀与当时台湾的主政者交往过密,其教育思想难免不受其影响,所以张其昀的教育主张之中不时流露出教育需要为政治服务之观点。这在一定程度上亦可能扭曲教育的自身逻辑和办学规律。

第六章 张其昀的中小学教育思想

　　张其昀曾经担任台湾教育行政部门最高主管长达四年之久,在其任职期间,提出了诸多针对中小学教育的真知灼见,虽然张其昀在论述时可能侧重于小学教育、初中教育甚或高中教育,但是张其昀的中小学教育观是统一的,其根本精神是一致的,从根本而言,就是一种儿童本位之教育。张其昀曾经在新竹师范附属小学明确阐明了他的儿童本位教育的内涵。"贵校的优点,不仅在于校舍整洁,设备充足,而在于办学方针的正确,能以儿童为本位,首重儿童身心的健康,而上课与实习,室内作业与课外活动,兼顾并重,尤其在于体育音乐美术方面,有很好的配合和成就,学校好像一个儿童乐园。"①基于此,本章将综述其中小学教育思想。由于师范教育是中小学教育的应有之义,因此在论述时亦包含师范教育思想。张其昀认为从根本而言,"教育行政应本着'新、速、实、简'的标准而努力,'新'主要指教材教法要跟上世界的潮流,要不断创新;'速'则主要指在基本实现'国民教育'普及的情况下,加速普及中等教育;'实'就是强调中小学教育要有实效性,认为教育即生活;'简'就是要强调办教育必须节约,做到事半功倍。"②虽然张其昀的中小学教育思想的侧重点略有不同,但是其根本精神是一致的。所谓的儿童本位就是教育的出发点要基于儿童本身,教育的过程要尊重儿童的成长规律,教育的最终目标是促进儿童的成长。

　　事实上,这是张其昀长久以来一贯坚持的教育理念,早于 1927 年在纪

---

① 张其昀:《张其昀先生文集》第 17 册,第 9132 页。
② 张其昀:《张其昀先生文集》第 17 册,第 9142 页。

念自己的小学母校的一篇文章中,他就指出了教育需要尊重儿童的兴趣与天性,"大抵为学之凡要三,一曰自得其学问之趣味以为生活之源泉,二曰自知其天性之倾向以为择业之预备……"①具体而言,体现在以下几个方面。

第一节 教育即生活

张其昀指出:"发展'国民教育',应依据儿童本位的观念,启发儿童兴趣,适应儿童生活,俾儿童均乐于从事,庶可确实有效。"②张其昀强调学习与生活的关系,认为教育即生活。教育应尊重儿童的天性,充分启发儿童兴趣,使儿童乐学,这就要求教育必须适应儿童生活,尊重儿童的经验。由此可见,张其昀不仅以儒家教育思想为本,而且还积极借鉴岛外的教育思想,特别是杜威的教育思想,本着中体西用之原则,不断改进自身的教育理念。

一、学习与生活融为一体

（一）儿童的经验与体验是教育的立足点

教育即生活就是表明教育的出发点要基于儿童本身,儿童的经验与体验是教育的立足点。张其昀曾经明确指出学习与生活之关系:"儿童入学以后,教师指导学习的门径,此不仅限于书本知识,而应当注意儿童切身的生活习惯。换言之,修身乃一切教育之根源。修身即'修养身心'之意。儿童要有健康的身心,自己吃饭、穿衣、走路以及古人所谓的'洒扫、进退、应对'之节,凡饮食起居、处世接物之道,都是属于生活教育的范畴,也就是做人的道理。在小学里,学习、工作、游戏三者同样重要,在时间上,应作适当分配,以谋身心平衡发展。教师应以身作则,'先之,劳之'使儿童均能身体力行,这就是'学而时习'之精义。而工作之后,就不免要疲劳。儿童健康问题,往往由于疲劳而来。如有适时的游戏与休息,以资调节,便可以防止和治疗。学习、工作和游戏三者,张弛往复,融为一体,这样便是规律的生活,也就是良好的教育。"③张其昀认为教育首先要处理好学习与生活之关系。在学习与生活的关系中,张其昀阐释了生活教育的重要性与必要性。首先,生活教

---

① 张其昀:《张其昀先生文集三编》,第2页。
② 张其昀:《张其昀先生文集》第17册,第9142页。
③ 张其昀:《张其昀先生文集》第17册,第9174—9175页。

育是非常重要的：教育不仅仅在于传授书本知识，更要关注儿童的生活习惯，儿童的日常生活就是教育的重要内容，也是儿童成长的立足点，这也就是直接教育与间接教育的关系，缺少来自生活的直接教育，学习就是不完整的。其次，生活教育是必要的，这是因为适时的游戏与休息可以有效地保证身心健康与学习效率。"教育之内容，一般言之，包括学习、工作与游戏，三者并重。教育就是这三位一体的综合体。惟有如此，方能使儿童与青年之身心，有健全而均衡的发展。音乐、体育、劳作等课，其地位与价值，必须予以重新确定。"①

（二）学校应充满家园般的感觉

学习与生活融为一体还意味着校址的妥善布置与校舍的整洁雅观，让学生们在学校里有一种家的感觉。"'国民学校'之校址，以便利儿童升学为主。应审察各县市居民分布情形，及交通状况，缩小学区，妥为布置。校舍应注重整洁雅观，坚实耐久，尤须注意教室设备与环境卫生。"②张其昀甚至指出，中学生应注重劳作，保持校舍的整洁，中学生甚至应当担任校内整齐、清洁、消防以及学校附近之修路、造林、水利、卫生等任务，这些都是教育生活化的具体内容。教师均须以身作则。

（三）学校与家庭需要密切联系

中学教育之成效，非仅限于各科教学之成绩，而且还包括课内外、校内外种种作业与活动之成就。所以对学生的指导为多方面之工作，不但全校教师必须通力合作，学校与家庭社会间，尤须有相辅相成之效。张其昀认为，现代教育，必须从了解学生生活入手，并应设法解决其切身问题。家庭访问给予教师以机会，使学校与家庭的实际情况发生密切联系。

张其昀的主张具有重大的现实意义。当前大陆的中小学教育仅仅强调书本知识的学习，而忽视了来自于生活的知识，这导致了儿童知识学习的残缺与肤浅，又加之高强度的学习，许多儿童的身体健康受到破坏；此外，由于合校政策的推动，许多学生，特别是农村地区的小学生要到离家很远的地方求学，这在某种程度上也妨碍了学生的家庭生活。

二、生活教育的实施策略

张其昀非常重视生活教育，并且针对不同的教育阶段提出了不同的策

---

① 张其昀：《张其昀先生文集》第16册，第8349—8350页。
② 张其昀：《张其昀先生文集》第17册，第9144页。

略与方法①：

其一，在"国民学校"方面，注重生活习惯的培养，确立做人做事的基础。"'国民教育'为'国民'之基本教育，不能对任何学科有所偏重或偏枯，自不应以升学成绩为衡量学校的唯一尺度。教师研习会设立之宗旨，首在注重生活教育。'国民学校'中，音乐、体育、营养、卫生、美术、劳作等课，均可包括于生活教育中。就卫生而言，当前'国民学校'之要务，在于养成儿童卫生整洁之习惯，先求个体的整洁，再求团体的整齐。对厨房、厕所、宿舍以及平时最容易忽视之处，尤应注意。就劳作而言，其内容包括：校事、家事、农事、工艺、特产工艺。生活教育乃联系教室工作与户外生活，亦称为联课活动。在小学里，学习、工作与游戏，三者并重，张弛往复，以构成联课活动，而谋儿童身心之均衡发展。"②

"中国古代教育也是先从洒扫进退应对之节做起，现在我们要培养'整齐、清洁、简单、朴素、迅速、确实'的生活习惯中，确立做人做事的基础。在小学学校里面，学习、工作与游戏三位一体，应当并重，课业不能代表整个教育。"③张其昀将小学教育视为根本，认为这是在培养民族的幼苗。他倡导因材施教，认为教育应基于儿童不同的生活背景与知识背景，这样才可以成为启发其一生事业之始基。同时，他强调需要将个人生活与群众生活、个人人格与民族德性密切相连，这样才可以培养为社会服务的人才。总之，小学教育需始于每个儿童的足下。

其二，在初级中学方面，注重童子军教育。"在初级中学普遍实施童子军教育，童子军以'智仁勇'三字为会徽。仁就是爱人、助人、互助合作，智是学习其方法技能，勇是要彻底做到之意。童子军教育，一面注重自动自发，自立自强，一面要以舍己为群、急公好义、奋不顾身，能把他人从生命的危险中救出来为最崇高的道德。童子军实为最有希望的新力量。"④

其三，在高级中学方面，重在养成自动自发的精神与劳动服务的习惯。高级中学可分为三大类，即师范学校、普通高中、职业学校。师范教育为全部教育的重点，"师资第一，师范为先"，是张其昀一贯主张的信念。"社会中心学校的创立是其教育即生活理念的具体体现，社会中心学校兼具普通中

---

① 张其昀：《张其昀先生文集》第 16 册，第 8865—8866 页。
② 张其昀：《张其昀先生文集》第 16 册，第 8545—8549 页。
③ 张其昀：《张其昀先生文集》第 17 册，第 9175 页。
④ 张其昀：《张其昀先生文集》第 16 册，第 8465 页。

学与职业学校的优点。普通中学设有农业、工业、商业及家事科目,每周增列职业训练及社会服务三小时,每一种职业科目,又分为若干子项目。例如东石中学的工科,分为木工、金工、水泥制造、自行车修理等科目,高中二年级及以上均可以选修。竹东中学的工科,设有印刷科、摄影科、机械绘图科等,使学生均有一技之长,一业之精。在教学方法方面,注重实习、讨论、参观、调查等方法,以问题为出发点,尽量使用活的教材,由教学做三者合一的过程中,获得生活智能与实际经验,必能养成学生自动自发的精神与劳动服务的习惯。"①张其昀认为,农村服务可使学生了解民间疾苦与社会实况,在教师指导之下,担负起教育与训练民众的任务,以期加强农村组织,增进其生产能力。现代中学教育之趋势,普通中学与职业学校互相结合之程度日益显著。所以普通中学亦设有职业课目,使学生均有一技之长,一业之精;而职业学校应注重通才教育,以培养明体达用之健全民众。世界各国和地区职业教育之共同趋势,即不限于通常在校的学生,凡年满十四周岁以上,欲从事于某种工作,或已经从事于某种工作者,均有享受职业教育之机会。

为了实施生活教育,教学时间需做调整。台湾教育行政主管部门规定了上课总时数,初级中学每周不超过三十小时,高中不超过三十二小时,师范学校以及高级职业学校不超过三十六小时。初中学生每日学习总时间不应超过八小时,一周六日共为四十八小时,除上课三十小时外,其余为自修时间。培养学生自发自动之好学精神,鼓励其自立自强之创业精神,则学生程度非但不致降低,反可因而实行提高。

三、生活教育的本质是一种"修身"教育

教育即生活的教育思想从根本上讲就是倡导一种"修身"教育,从根本而言在于谋求学生人性之最大发展。张其昀明确指出:"教育必须自日常生活做起,起居、饮食、洒扫、进退、应对、周旋,均能发而中节,恰到好处,这就是古人所谓的修身。"②张其昀认为生活教育是一种修身教育,是学校教育的基础,理应受到特殊的重视。张其昀的教育即生活的教育理念建基于儒学"修身教育"的基础之上。张其昀指出:"《大学》云:'物有本末,……其本乱而末治者否矣。'又云:'自天子以至于庶人,壹是皆以修身为本。'孔子的意思,爱人类必先爱国,爱国必先爱乡,爱乡必先爱家,爱家必先爱身。由小及

---

① 张其昀:《张其昀先生文集》第16册,第8259—8260页。
② 张其昀:《张其昀先生文集》第16册,第9143页。

大，由近及远，而后做事乃得有所着手。《孟子》亦云：'天下国家之本在身。'孔子是个胸襟非常宽大的教师，他尊重每个学生的人生理想。他知道人各有志，不可相强的。'三军可夺帅也，匹夫不可夺志也。'"①（《论语·子罕》）孔子绝不强迫学生接受他自己的想法，相反他总是非常和蔼耐心地鼓励学生们讲出他们自己的想法。即使在训导的时候，也是用循循善诱、切磋琢磨的平等交流的方法，使他们自己去发明真理，他绝不对人责备求全。他知道各人有各人的长处，也有各人的短处，充分欣赏各式各样的卓越才能和优美人格。他说："君子和而不同，小人同而不和。"（《论语·子罕》）张其昀认为，这两句话可以作为教育方针。这一方面表明了修身教育的重要性，教育就是要要从修身开始，由小及大，由近及远，而后做事乃得有所着手，即所谓"天下国家之本在身"。另一方面指明了修身教育的方法，那就是以对话而非灌输的方式，给学生表达自己意愿的机会，尊重学生的不同观点，而非一味地强迫与责备求全。提倡生活教育，即古来所谓的"修身"，乃为整个"国民教育"的灵魂。所以尝试从家庭生活孝敬父母、友爱兄弟着手，以期推而至于爱乡土、爱同胞、爱国家、爱人类。大学所谓的"修身、齐家、治国、平天下"，由近及远，层层展开，极有条理与系统。

张其昀又进一步指出了修身教育需要处理好三对关系②：

（1）课内与课外。课内作业与课外活动，两者互为表里，同流并进。我们现在教育的缺点在于偏重前者，课业负担过重，影响儿童健康，此种偏枯现象，必须予以矫正。广义的课外活动，指不限于教室举行的各项活动。教室普通称为课室，其实课室以外的校舍与校园，也都是施教之所。学校之内，无处不是教室。一个学校的建筑，房子与空地必须和谐配合。学生在雨天也要有活动余地。学校建筑的格式、气象、色彩、光线等都与儿童身心发展有所影响。校舍布置，整齐清洁，讲求美观，师生朝夕相处，心领神会，这就是最好的教育。

校具需要不断变化而且要坚固，色彩和谐，使儿童都有身心舒适之感。教师办公室须与教室相连，以便在上课之后，教师对学生仍有个别接触、随时指导的机会。

（2）校内与校外。儿童的活动不仅限于校内，并且须扩展至校外，远足旅行、实地观察等事，均需于校外举行。儿童天性好动，年龄愈长大，身体愈

---

① 张其昀：《孔学今义》，第56—57页。
② 张其昀：《张其昀先生文集》第17册，第9177—9179页。

健康,其对户外活动与校外活动的兴趣,也愈益浓厚。科学教育必须使儿童与大自然为伍,引起其好奇心,发展其创造力。民族精神教育亦然,以乡里为起点,由爱乡土的心理,扩而充之,而为爱国家爱同胞的民族意识与民族精神,这是自然的道理。

(3)学校与社会。学校教育与社会教育相辅相成、不可分离。"国民学校"应该具有双重的任务,它也是实施社会教育、从事社会服务的根据地。它是社会进步的中心势力,社会中心教育的意义即在于此。学校对社会的贡献无可限量,社会的人力物力与一切资源,亦可源源不绝,供学校之运用,如此,则学校与社会互相推进,打成一片。今后"国民教育"的趋势,学区要缩小,而校舍要扩大。学校不宜过于拥挤,使学生活动多受限制。学校即为社会中心,乃当地人民所共有、共治与共享。

张其昀的修身教育理念强调教育即生活,这样一种理念具有重要的现实意义。当前大陆德育的低效或无效的根本原因在于道德教育与儿童现实生活的脱节。因此,学校德育课程的生活化成为德育课程改革的应然取向。"教学目标设计要从偏重道德认知目标,转变到让学生更好地'过道德生活'的多维目标;教学内容的取向要坚持贴近和融入学生的真实生活;教学流程的展开,要坚持以儿童的生活为基础,以活动为载体,并延伸到学生的生活实践中;要坚持学习方式变革,让学生自主学习、探究学习和合作学习;特别关注学生的感受、体验和感悟;要借助'成长资料袋',实施发展性评价。"[①]道德教育课程设计应担负起引导儿童学会生活、学会做人、学会创造的使命以及促进儿童形成良好公民道德素质的重任。

儿童德性的完善需要充分发挥儿童的主体性,儿童必须以道德主体的身份,积极主动地融入生活、参与生活,在与生活情境、道德情境的互动交流中建构自身的德性。然而,传统德育强调教师的主导价值,很少顾及儿童主体性的发挥。在传统德育的实施过程中,儿童的主体性常处于受压抑的状态,儿童常常是被动地被教师牵着走。依此方式,儿童获得的是被灌输的、固化的道德知识,而枯燥的道德知识的获得并不必然带来儿童德性的自然提升,相反,有悖于伦理的灌输方式往往会压抑或摧残儿童德性的成长。

因此,变革传统德育的实施方式,充分调动儿童的积极性和主动性,引导儿童在道德情境中去认知、去感悟、去反思,促成儿童主体与道德情境的

---

① 陈光全:《德育教学要实现九大转变——关于德育教学生活化的探索》,《中国教育学刊》2003 年第 7 期。

良性互动,是学校德育改革的方向。德育课程应以儿童的经验为出发点,通过儿童的活动和实践,实现儿童德性的提升。具体而言,德育课程"以引导儿童获得经验、形成体验,并养成良好的品德意识和行为习惯为主要目标,而非以知识教育为主要目标。这些目标的实现不是通过学科教学完成的,而是通过儿童的实践活动完成的……本课程的实施以儿童的主体性活动为主要方式,如游戏、讨论、交流、欣赏、练习、参观访问、操作实践、调查研究等。这些方式主要体现为探究性活动、体验性活动、交往性活动和操作性活动等。尽管讲授也是本课程实施的一种方式,但它不应是课程实施的主要方式"[①]。

大陆自 21 世纪之初开始实施的改革,其立足点就在于课程的经验化与生活化,教学应该关注学生的经验与背景,应该尊重学生的个性与独特性,转变传统的单调的以教师的讲授为主的教学方式,转变为以对话和探究为主导的教学方式。张其昀提出"目标不应仅仅通过学科教学完成,而是应该通过儿童的实践活动而完成",并且在教育的生活化方面进行了诸多的有益探索与实践,这一切皆可以为大陆当前的新课程改革提供诸多的借鉴。

第二节 "公民教育"与人才教育兼顾并重

一、教育需要均衡发展

1956 年 5 月 10 日在台湾省"国民学校"的教师研习会成立典礼上,张其昀指出,台湾的"国民教育"已经具有普遍性,教育普及的目标很快就要实现,所以当前主要的任务,不在于量的扩张而在于办学质量的提升,特别是提升广大乡村小学的教育质量,做到城市与乡村小学的均衡发展,今后工作的重点应侧重于教育的普及以及平衡"公民教育"与人才教育的关系。"'国民教育'具有普遍性:当时台湾学龄儿童入学率已达百分之九十二以上,以小学言,教育普及的目标已相去不远,故当前之务,为谋都市与乡村之小学,同流并进,均衡发展。在中等教育的课程中,'公民'、'国文'、历史、地理四科至为重要;其宗旨为知古知今,知己知彼,可振起我民族独立自强的信心,

---

①　有宝华:《〈品德与生活〉课程性质分析》,《人民教育》2002 年(增刊)。

水平之提高,与优良学风之养成。"①在张其昀看来,教育的均衡发展更要注重内涵的均衡,而认为加强"公民"、"国文"、历史、地理四科的教育尤为重要。

张其昀认为,"初中免试升学制度"是确保"公民教育"与人才教育兼顾并重的一项重要举措。"倡导与反对免试升学,这是新旧教育思想的论争。反对的人还是把初中看作选择少数优秀学生的人才教育。他们认为儿童不进初中,去接受技艺训练不是很好吗?问题是不能升学的儿童,他的智力不一定不好,在未受试探辅导和因材施教之前,即断定其职业前途,是英才的埋没,人才的浪费。所以初中阶段的教育应注重其探讨儿童个性的功能,而初级职校逐渐取消,已经成为世界各国和地区的共同趋势,职业学校应自高中阶段开始分化。我们应当顺应世界潮流,以生活教育与社会中心教育为理论基础,把初中入学机会尽量扩大,使一般儿童都有受教育的均等机会。我们当然要培养科学种子,但科学家的基本条件,必须精神饱满,头脑灵活,方能舒展其创造发明的天才,可是劳精敝神的读死书的教育,却与之背道而驰。人文学方面的造诣,也是一样的道理。"②

"公民教育"与人才教育兼顾并重是为了促进教育的公平与平等,从而消弭社会上的种种不平等现象。不问贫富,皆可依其天资与自身努力,而攀抵于学术上的高峰。确立教育"平等权"的原则:但问智愚,不问贫富,均有升入中学或大学之机会。实际上,张其昀早在 1941 年 6 月发表的《教育上之平等权》一文就已经阐释了其追求教育平等的主张:"学生应当按照其天禀志趣与努力程度,及其性之所近与力之所能勉者,施以适当的教育。人类能力之不齐,如身体之高低大小不同一般,平等二字的要旨在于使才智之士,不至于因为经济与社会的限制,而不能利用此项机会而已;省立中学之学生一律受公费待遇,其衣食住、书籍、医药、实习、旅行以及日常生活必须费用,完全由国家供给。"③根本而言,这就是一种全民教育思想,张其昀在《师道》一文中指出:"全民教育乃教育之方法,全民教育问题:教育为创造世界历史的原动力,世界的民治乃以教育为其基因,必先有全民教育的思想,才有全民政治的实现。孔子'有教无类'之说,与全民教育为同义,即为不问种族、地域、门第、家境,凡属人类,均有同等享受教育之权利。只问努力,不

---

① 张其昀:《张其昀先生文集》第 17 册,第 9141—9142 页。
② 张其昀:《张其昀先生文集》第 16 册,第 8612—8613 页。
③ 张其昀:《张其昀先生文集》第 16 册,第 8114—8115 页。

问出身,只问造诣,不问贫富。自孔子开始倡导私人讲学之风,自此以后,全国上下,莫不重学。在人类历史上,中国实为最早教育普及之国家。"[1]教育不仅仅在于培养精英阶级,更在于使全社会所有人均有同等享受教育之权利。正是由于张其昀的大力推动,1968年台湾地区实行九年义务教育制,实现全民教育。通过制度上的保障,确保人人就学,无有例外,这在某种程度上也促进了台湾地区始于20世纪70年代的经济腾飞。

张其昀认为教育需要均衡发展,这不仅是指不同地区之间,特别是指城市与乡村需要均衡发展,而且特别指人需要全面发展,不能偏重于某一方面,而忽视另一方面。这无疑对于大陆当前所提出的教育均衡发展理念具有重要的启示作用。

二、孔子"有教无类"思想的重要体现

在1954年6月14日台湾全省高级中学校长会议中,张其昀又提出,教育之目的是在于"为国家立心,为民族立命"。他更认为:"中等学校的教育宗旨为教与学并进,及文武合一,德、智、体、群、美,五育均衡发展的教育,养成青年勤劳的习惯,服务的兴趣,建设创造的风气,艰苦奋斗的精神。"[2]张其昀认为中小学教育不应陷入"升学主义"的泥沼,更重要的是培养健全的民众。张其昀曾经说:"国家所需要者,不仅为各种优秀人才,而尤为一般健全的国民。各种专才能各展所长,而一国之公民,则必须具有共同的德性与信念,并能起而力行。'国民教育'为立国之本,个人生活与群众生活,个人人格与民族德性,应该兼顾并重。自由平等的观念,与互助合作的精神,要能合而为一。一个现代'国民',一面要能领导他人,一面又能接受他人领导,有时还要公平正直,居于批评者之地位。简而言之,个性与群性,个别学习与集体学习,同等重要,不容偏废。"[3]

事实上,这种教育思想也是孔子"有教无类"思想的体现。张其昀非常推崇孔子"有教无类"的思想:"孔子的思想是'四海之内,皆兄弟也'。不以出生分贵贱,唯一可称为贵者,乃是精神、思想与操守。既然是人,就要不分彼此,就一律都受教育,这跟现代义务教育的意义,完全符合。由于教育的普及,人们受同一教育,彼此增进了互爱与互相了解,而全人类的幸福可得保障,而天下一家也即是世界大同的组织也将能建立。这乃是最高人类理

---

① 张其昀:《张其昀先生文集》第16册,第8644页。
② 张其昀:《张其昀先生文集》第17册,第9129页。
③ 张其昀:《张其昀先生文集》第17册,第9177页。

想的最完满的实现。"①这就是"公民教育"的宗旨。

张其昀认为"有教无类"思想是20世纪最重要的教育思潮之一。"20世纪后半期,所谓教育权的涵义,当为各级学校以至大学之门户洞开,泯除了一切政治、种族、宗教之界线,取消了肤色、性别、出生等一切的限制。世界各国,都有了充足的教师,而使与生俱来的学习权利,处于一律平等之境地,方为教育权的真正实现。二千五百年前的孔子,高举着'有教无类'的旗帜,真可称为人类的先知先觉了。"②正是基于此种教育理念,张其昀在困难重重之下,克服各种阻力,坚持推行"初中免试升学"制度,这也是成为台湾后来实施"九年'国民教育'"的肇始。

大陆当前的基础教育正陷入一种"升学主义"的泥沼之中,这首先导致了教育的非均衡化发展,社会资源集中在少数的几所重点学校手中,造成一种教育资源的不公平不公正现象;其次,学校和教师仅仅关注与升学有关的科目,造成学校教育中所谓的主科与副科的分离,学校和教师的重心聚焦于主课教学之中,而忽视了那些对学生的全身心发展,特别是对学生的人性的培养有重要影响的所谓的副科;最后,在课堂教学中,教师仅仅关注那些所谓的"好学生",而忽视那些在学业考试中处于劣势的学生,造成学生相互之间的激烈竞争,缺少合作。这种基于"升学主义"的教育政策对大陆的教育造成了严重的伤害,其根本的目标在于培养善于考试的机器,而非一个合格的公民。

第三节 教材与教法需要不断创新

张其昀不但关注宏观的教育目标,而且亦非常重视微观的教材与教法,认为这是实现教育理想的必要一环。他认为,学制、课程、教材、教法必须因时制宜,与时俱进,张其昀认为创新是教材与教法的灵魂。

一、积极倡导课程变革

张其昀非常重视教材的编纂,他不但曾经编纂了具有重要影响力的中学地理教材,而且公开对民国时期教育部的中学地理课程标准提出了尖锐

---

① 张其昀:《孔学今义》,第60页。
② 张其昀:《孔学今义》,第60页。

批评,提出了诸多有价值的建议,对民国时期的中学地理教育,做出了不可磨灭的贡献。1936年5月18日,张其昀在上海《大公报》上发表了《中学地理课程标准有修正的必要》一文①,对当时教育部提出的中学地理课程标准提出了尖锐的批评,并提出了十项建议。仔细分析便可发现,这十项建议主要回答了如下几个问题:

(1)谁是课程的领导者?张其昀明确指出专家和教师应成为课程的领导,特别指出教师可以成为课程领导,教材编写应征询教师的意见,这种观点具有很强的前瞻性,肇始于21世纪之初的新课程改革也明确指出教师应成为课程领导者,二者的课程理念虽然相隔近七十年,但是其基本精神是一致的。

①课程标准应该由多数学识广博、经验宏富的专家合作制定,而不是由少数人决定。应该把课程标准交给中国地理学会去详细讨论,提出意见,再制定客观的标准。

②教师对课程的优点和缺点格外清楚些,必须征求他们的意见。

③专家研究的结论不一定都可纳入中学地理教材,但其中的许多重要的发明,很有采纳的价值。

(2)课程应如何编制?张其昀提出的课程编制理念与三十年之后美国著名教育学家布鲁纳所提出的螺旋式课程理念非常类似,都注重不同阶段课程的相互联系;张其昀又提出了乡土地理的概念,这与新课程改革所提出的校本课程理念非常类似,由此可见其课程理念的先进性与前瞻性。

④要注意小学、初中、高中的连贯性,各级课程要有恰当的联系,应该斟酌避免间断或重复的现象。

⑤乡土地理很重要,中学地理教育完成基本课程之外,应该有时间适应当地的特殊需要。

(3)课程如何实施?一方面,张其昀明确指出,课程实施需要因材施教,其目的不仅仅是学习地理知识,更重要的是激发学生的学习兴趣,激发他们进一步学习的欲望;另一方面,张其昀秉持其一贯的通才教育与专才教育相统一的理念,认为不同学科之间应相互贯通。

⑥应该针对学生个性因材施教。

⑦地理教材与其他各科关联之处甚多,要考虑地理教学与其他科目的互相贯通。

---

① 参考王永太:《凤鸣华冈——张其昀传》,第17—18页。

⑧各级教育都是教育的开始，并非教育的完成。地理课教学的目的不仅在于学习地理知识，更为重要的在于发展学生对地理的兴趣。课程标准不能规定得太呆板，需要给编辑教科书的人以创作的余地。

(4)课程编制的过程如何？张其昀指出，课程编制应遵循民主和公开原则。

⑨编制课程标准的人选，标准制定的经过，立论的依据，最好公示以供商榷。例如用《实业计划》的铁道系统作为中国地理分区的标准，理由究竟何在？

⑩修正课程的工作是教育行政机关的职责，却也不是一成不变的。地理教育的研究在不断地进步中，这项工作最好委托专门学术团体(如中国地理学会)去办，各大学当然也能供给改良课程的许多便利。

虽然这些建议已经提出接近80年了，但是直到今天仍然具有很强的指导意义，对于我们的课程改革和教材编写都有重大的借鉴价值。

二、主张中小学教材编写的意义性与趣味性

张其昀担任台湾教育行政部门最高主管期间，对于中小学教材的编写提出了许多真知灼见：

(1)小学教材编写。张其昀指出："小学课程中，语文自属作为重要。儿童用书之编纂，影响于民族之前途，故应力求审慎，务期开卷有益，又能引人入胜，必能引起儿童好学之精神。体育卫生亦为教育之基本。"[①]张其昀首先强调了儿童用书关系到民族之前途，其重要性可见一斑，所以儿童教材的编写不但应关注其意义性，而且应注重趣味性。张其昀特别强调语文以及体育卫生等科目的重要价值。

(2)中学教材编写。中学教材编写尤应重视民族精神的培养以及中国传统文化的弘扬。"设有中学标准教科书编印委员会，因鉴于'公民'、'国文'、历史、地理四科，在中学课程中特为重要，故先从此四科着手。其共同目标为知今、知己知彼，振起民族独立自强的精神。此四科标准教科书，自1953年秋季开始采用，现已完全出齐，正着手编纂其补充教材；并须利用电化教育，变现出中国数千年以来光荣史绩与全国各区域之风物，使民族精神教育故事化、行动化、生活化。"[②]张其昀在中学教材编写中不但特别注重振

---

① 张其昀：《张其昀先生文集》第16册，第8355页。

② 张其昀：《张其昀先生文集》第17册，第9129页。

起民族精神,而且非常注意运用现代教育技术。张其昀进一步指出:"语文仍为中学首要之学科,不但是继承历史文化传统,而且籍以养成深思明辨之能力。理化教育实验设备之充实,与教学方法之改进,为科学教育之重要课题。社会科学方面,除注重史地之外,对外关系之认识,国际间同情了解之增进,实为重建世界和平之根本。"①张其昀并进一步指出中学教育改进的要点,体现了其通才教育以及学以致用的理念。中学教育有待改进之要点如下:"(1)课程之简化与联系配合;(2)避免过早之专门化;(3)教材轻重详略做计划的调整;(4)注重实用性之学科,以为就业准备;(5)注重实验,谋理论与实践之沟通;(6)实施视听教育或电化教育,改进教学方法;(7)注重劳动服务与康乐活动;(8)对成绩优秀之青年,特别予以鼓励。"②

张其昀指出,工欲善其事,必先利其器。要充实学校设备,设备经费至少要占中学经费的百分之二十。各种教学之书籍、仪器、标本、模型、图书、实物等,必须满足教学之应用。此类设备中,其能自制者,应尽量由教师学生共同制作。教科书虽然作为教学上的主要参考资料,但不宜拘泥于课本之讲授。目前大家所重视的学生课业负担问题,实际未必全为"负担过重",一部分原因则为"负担失调",未能实践"手脑并用"的宗旨。要使课内外、校内外、各种作业与活动,能够凭借适当工具,而做合理之施教,使学生身心手脑均获有健全之发展。

三、重视"国文"教材的编辑

张其昀非常重视教材编写,尤其重视"国文"教材的编写。张其昀在担任台湾教育主管部门负责人期间,主持设立了台湾编译馆,专门负责台湾各级教材的编辑与审定。张其昀特别重视重视"国文"教材的编辑与实施,指出:"若将几千年来第一流的心智所产生最优美的思想与最精妙的作品,以及最可贵的格言,最动人的诗歌,千古不朽,脍炙人口者,取精用宏,精选精编,依学童的程度,定出由浅而深的进度,散文韵文,错综讲授,使儿童爱之好之,百读不厌,中国的立国精神就可以深印于儿童心中,他们一面学会了作文方法,一面接受了民族文化遗产,这岂不是'国文'教学的真正意义吗?"③张其昀明确指出,儒家学说是中国传统文化的典范,应该成为"国文"教材内容的重要部分。"儒家学说的重要典籍,乃中国固有文化的总根源。

---

① 张其昀:《张其昀先生文集》第16册,第8356页。
② 张其昀:《张其昀先生文集》第16册,第8355页。
③ 张其昀:《张其昀先生文集》第17册,第9154页。

'教育部'特约请专家编纂《中国文化基本教材》一册,此书乃摘录《论语》《孟子》《大学》《中庸》四书的原文,凡三万三千言,自 1954 年秋季起,作为师范学校'国文'的精读教材。台湾省立师范学院亦遵照'教育部'令,讲授四书,全体学生均须听讲,以期为人师者,对中国文化的真正精神均有深切认识。"①基于这种认识,张其昀于 1955 年主持设置"中华丛书委员会",组织国学专家对历代经典散文、诗词、小说、戏剧进行整理,编辑"国文总集"。此外,还着手编订"国史总集",从《史记今注》和《通鉴今注》开始,对"国史名著"进行标点、分段、注释,并附索引,作为学生自修读物,以尽可能地将民族传统文化融入学校教育中。

《中国文化基本教材》的面世和推广,都折射出张其昀深厚的历史文化情结,"使民族文化的精萃,得以深印于青年心坎,方为复兴民族传统文化的根本之图。总之,台湾地区历经日本侵略者五十年的奴化教育,直到国民党到台湾后,正是在张其昀领衔'教育部'的努力下,民族传统文化才开始重新厚植根基"②。

四、倡导教材与教法的协调统一

张其昀认为教材与教法必须相辅相成,才能收到好的效果,他指出:"教材与教法,必须相辅而行,有体有用,方能收到实效。良好的教法无他,就是上面所说,寓学习于工作游戏之中。自动自发、手脑并用,方能深入儿童的心坎里。因为读书上课不过是学习的起点,必须有相当设备,以期充实教材,改进教法:如地图、照片、图画、模型、标本、幻灯、录音片、收音机等。文字符号所代表的抽象观念,儿童往往不易了解,因此需要具体事务,即视听教育各项资料,以提高学习兴趣,增进学习效率。彩色幻灯片与录音片之使用,有声有色,收效宏多。"③

1. 针对中学方面。张其昀指出:"中学教材不宜超过学生所能思索之程度,教材之选择,实为教法之精义,宁选择精而语详,不必应有尽有,以致不宜消化。历史与地理能联带学习,最为有益。"④在有关中学教育的教材与教法方面,他指出:中学教育为整个教育的中坚。"'公民'、'国文'、历史、地理四科,在中学课程中至关重要。其宗旨为知古知今,知己知彼,振起民族独

---

① 张其昀:《张其昀先生文集》第 16 册,第 8371 页。
② 王瑞:《"圣人之徒"的儒生情怀——以探析张其昀学术思想为中心》,第 77 页。
③ 张其昀:《张其昀先生文集》第 17 册,第 9175—9176 页。
④ 张其昀:《张其昀先生文集》第 16 册,第 8126 页。

立自强的信心。此四科之标准教科书现已编订,今后应继续编纂补充教材,更须利用电化教育,表现出我数千年来光荣史迹与全国各区域之风物,使民族精神教育故事化、行动化、生活化,所以必须制造图片,充实设备,使各校图书室均能图与书二者并重。"①

2. 针对小学方面。有关小学教育的教材与教法,他指出:"小学教科书影响国家民族的命运至深且巨,台湾编译馆应根据实验结果,不断修订重编。又应提倡儿童文学,编辑良好读物,以供需要。各种教具与书本应相配合,视听教育与电化教育,尤应加强实施。例如'教育部'先后成立台湾历史文物美术馆、台湾科学馆、台湾教育资料馆与教育电影制片厂,其目的藉以开拓教师心胸,提高研习效率。"②过去图书室之观念,应予以扩大,而总称为"教育资料",包括上述各项教学设备。张其昀特别强调教材与教法的与时俱进,特别是要充分利用科技的新发展,充分利用发挥电化教育的作用,让教学更加形象化、生动化,充分调动学生的学习兴趣。

具体而言,包括以下几个方面③:

(1)生活教育。教育必须从日常生活做起,起居、饮食、洒扫、进退、应对、周旋,均能发而中节,恰到好处,这就是古人所谓的修身。惟有能修己克己者,才能与人合作互动,故修身乃善群之起点。

(2)"公民教育"。一个良好"公民",必须具有民族意识与爱国思想,史地教育在此方面贡献最大。

(3)"国语教育"。小学"国语教育",分说话、识字、阅读、作文、书法等诸方面,要培养其抒情大意、发表思想的能力。

(4)科学教育。儿童对自然现象有浓厚之兴趣,应加以启迪,使能了解如何探求科学知识之基本方法。

(5)音乐。古人称"音乐之入人也深,其化人也速"。儿童的天籁,应加以充分发扬,此与修养品性有极密切之关系。

(6)体育。健全之精神寓于健全之体格。体育教育应顾及儿童的发育,予以调护锻炼,使其身心能平衡发展。

(7)美术。美术包括"形象美术"与"工艺美术",期望能培养儿童审美的情操,善用其闲暇与娱乐。

---

①　张其昀:《张其昀先生文集》第17册,第9129页。
②　张其昀:《张其昀先生文集》第17册,第9144页。
③　张其昀:《张其昀先生文集》第17册,第9143—9144页。

(8)劳作。训练儿童劳动生产与劳动服务之能力，尤其注重实践，应当随学校所在地之环境，酌编乡土教材，以资适用。

第四节　师范为教育之本

张其昀非常重视教师教育，认为这是学校教育进步的原动力，是办学质量的根本保障。他指出，有怎样的教师，才有怎样的学校。师范教育实为一切教育进步之原动力。张其昀明确指出："教育改革之两大课题，一曰课程的修订，一曰教师的培养，而以后者尤为重要。课程、教本、设备，固有待于不断改进，但教育上之中心问题，则为有高尚人格之教师。良好的教室只要有经费便可以建筑起来，但是富于热忱与毅力之教师，则赖于多年修养与经验所积累而成，非可临时造就者。"①张其昀认为教师是教育改革的关键，认为大楼容易建造，而大师不易获得，高水平的教师绝非临时造就。师范学校主要的任务，不在于培养仅仅掌握教学技能的"教书匠"，而在于培养教育家之精神。在师范教育中，人文教育与科学教育必须融会贯通，凝为一体，同时需要对师范生施以严格的身心训练，这样才可以造就最健全的师资。

基于此，张其昀针对教师教育，提出了诸多真知灼见，概述而言，主要体现在三个方面：其一，主张大力发展师范教育，保证量的增长；其二，提出了诸多培养优秀师资的方法与策略，注重质的提升；其三，重视教师的个人修养，养成良好的风气。实际上，当时台湾教育主管部门贯彻"师资第一，师范为先"的教育方针，曾先后颁布"提高中等学校师资素质"与"提高'国民学校'师资素质"两种实施方案，以期逐步充实师范教育的内容。主要包括以下内容：改进师资训练办法，改善师范生待遇以及充实师范院校设备，健全教职员人事制度，辅导教职员进修，改善教职员待遇等。

一、大力发展师范教育

(一)师范教育的基础地位

张其昀出任台湾教育主管部门负责人一职时，深感"国民教育"为一切教育之基础，而优良师资又为"国民教育"之根本。"'国民教育'为教育之基

① 张其昀：《张其昀先生文集》第16册，第8358页。

本工作,'国民学校'师资素质之提高,尤为正本清源之要图。故本于'师范第一、师资为先'之宗旨,对师范教育特为注重。"①张其昀指出,根据台湾的当时学制,师范教育必须由政府设立,与一般教育得由私人兴办者,性质不同。这完全是由于重视师资和昌明师道的用意。张其昀认为师范为教育之本,应该大力发展师范教育。在《师道》一文中,张其昀指出:"教育上有三个主要问题,即全民教育问题、人格教育问题、师范教育问题。全民教育为教育之方法,人格教育为教育之目的,但尚需有主持之人,是谓师范教育。师范教育者,教育上之原动力,教育上成败得失最重要之关键也。譬如农夫种稻,首重育种,是为秧田,犹教育上之师范,所以培养读书种子。秧田既成,然后四散分布,禾苗油然兴起,从而获致稼穑丰登之果。倘无师范教育,则全盘教育,势必落空。"②正是由于师范教育在整个教育体系中的基础地位,张其昀坚决主张师范教育应该由政府来办,而且一定要保证教育经费,必须从教育政策上对师范教育提供充分支持。张其昀充分意识到师范教育在整个教育体系中的枢纽位置,教师犹如水稻的种子,没有种子,秧田再肥沃,仍然不能长出禾苗。所以师范教育是一切教育的基础,基于此,政府必须给予特殊的支持与保障。

(二)师范教育的独特性

张其昀认为师范教育具有独特性,这是因为教师不仅仅是一份职业,更是一份志业。"师范教育不同于一般教育者有二:其一,师范教育为双重教育,师范生之程度,当与一般大学无异,但尚需加工加料,加倍努力,讲授教育哲学,研求教材教法,使其胜任为人师表。其二,师范教育为志业教育,与一般教育之职业性教育者不同,一旦为师,终身以之,不仅视为职业,而且视为志业,不仅知之,而且好之。不但好之,而且乐之。学而不厌,教而不倦,不知老之将至。师道尊严,领袖群伦,有富贵不能淫,贫贱不能移,威武不能屈之志节。孔子为至圣先师,今日之教育家,自孔子以来,奕世相传,道统所寄之师儒也。中国教育哲学之核心思想,曰中庸之道。过犹不及,而非恰到好处,必须执两用中,确保均衡方可。中庸绝非平庸,平庸随波逐流,得过且过,中庸必须有进,且与时俱进,力求精进。"③在张其昀看来,师范生的培养一方面与普通的大学生非常类似,需要学习掌握教育哲学、教学方法等教师

①　张其昀:《张其昀先生文集》第16册,第8567—8568页。
②　张其昀:《张其昀先生文集》第16册,第8646页。
③　张其昀:《张其昀先生文集》第16册,第8646—8647页。

所必需的专业素质,但是另一方面,教师的职业性质又不同于一般的职业,教师不应仅仅把自己的职业视为一种谋生手段,而是要视为一分志业。这就是我们今天所谈及的专业化发展,作为专业的教师必须具有某种奉献精神、服务精神,不能将职业仅仅视为谋生和赚钱的手段。一个教育家,不但必须有观察、思考以及自动研究的能力,而且尤其可贵者是具有服务精神与崇高之理想,即终身从事教育事业之勇气与决心。在中国,传统的儒家教育思想与实践值得每一位教师认真学习。

由于师范教育的独特性,张其昀认为师范生人选的选拔应坚持高标准,认为教师人选不适宜在事先强为分配,而应该在事后慎重选择。"中学或大学毕业生中成绩优异、品性优良者,再予以适当之训练,方能胜任教师之职。"①

二、注重教师的在职研修

(一)教师需要"学而不厌"

教师职业的特点决定了良好的教师需要丰富的经验,所以师范教育仅仅能保证把学生培养成为一名合格的教师,但远非成为一名优秀教师,教师的专业成长需要不断的在职研修,从而不断提升个人的专业素养。张其昀非常重视教师的在职研修,在担任台湾教育主管部门负责人期间,他不但扩大师范学校的招生规模,而且大力加强在职教师的进修,这极大地促进了当时台湾师范教育的发展,大大缓解了当时师资,特别是优良师资缺乏的问题,有力保证了"国民教育"以及中学教育的师资需求。

"学而不厌"并非仅仅指学生,教师同样需要"学而不厌"。张其昀非常详尽地考察了诸位儒家大师的教授生涯,认为他们一生都在不断学习,真正做到了"学而不厌"。张其昀指出:"孔子是有史以来最伟大的教师,孔子自称:'吾十有五而至于学,三十而立,四十而不惑,五十而知天命,六十而耳顺,七十而从心所欲,不逾矩。'大概而言,当孔子到了三十而立之年,开始讲学授徒,此后的四十余年都是为学不厌,诲人不倦,发愤忘食,乐以忘忧的教师生活。"②张其昀认为:"学而不厌就是立己。孔子的地位一方面是弟子们最敬佩的老师,另方面又是一个最大的学生。学术发展,绝非偶然。后圣伟大之创获,恒由前圣之积累,导其开悟,为其造端。孔子尝曰:'温故而知

---

① 张其昀:《张其昀先生文集三编》,第107—108页。
② 张其昀:《张其昀先生文集》第16册,第8130页。

新'，此其经验语也。"①"学无常师"四字，最能道出孔子的求学实况。子曰："三人行，必有我师焉，择其善者而从之，其不善者而改之。"人之从师也，德不必优于己，有一艺之长，皆可为我师。孔子在教人之中，自己仍然好学如渴，日求上达；同时在修己之中，也永远不忘教人的义务。"董仲舒潜心学业，三年不窥园。韩愈进学解，勉励学生说：'业精于勤，荒于嬉。行成于思，毁于随。'胡瑗幼时家贫无以自给，往泰山与孙复石介同学，攻苦食淡，终夜不寝，一坐十年不归。得家书，见上有平安二字，即投之涧中，不复展，生怕干扰了他苦学的决心。"②正可谓学无常师。研究学问的根本之道为董仲舒所说的"正其义不谋其利，明其道不计其功"。我们求学，一面要格物致知，博学于文，一面又要反身用力，笃实践履，不要被书籍所遮蔽，文字所累，一扫支离散漫之弊。

张其昀通过考察各位儒学大师，明确指出教师需要学而不厌，需要教到老，学到老。教师需要"学而不厌"正是孔子"教学相长"教育思想的重要体现。"虽有佳肴，弗食不知其旨也。虽有至道，弗学不知其善也。是故学然后知不足，教然后知困。知不足，然后能自反也。知困，然后能自强也。故曰：'教学相长也。'"(《礼记·学记篇》)孔子在教人之中，自己仍然好学如渴，日求上达；同时在修己之中，也永远不忘教人的义务。

张其昀所倡导的教师需要"学而不厌"亦有需要教师不断反思之意。"教育事业根本赖于人格感化，渠认为学风不良，施教者莫如切己反省，退而自修。"③教师需要不断反思，不断自修，才能不断提升自身的专业素养。

(二)创办教师研习会

张其昀认为教师研习会是提高教师专业素养的最经济最有效的方法，因此，在他担任台湾教育行政最高主管期间，大力推动教师研习会的创办。张其昀认为，研习会应以进修教师为主体，大家集思广益，共同研究，一面示范演习，互相切磋，取精用宏，使研习会成为一个教学实验的场所、教学示范的中心，一切教学设施，务期事半功倍，简要易行，从而使研习教师坐而言起而行。

师范生需要学习教育哲学，研习新的教学方法方可以成为一名合格的教师，同样，作为在职教师，既然将其职业视为志业，那么就需要"教到老，学

---

① 张其昀：《张其昀先生文集》第16册，第8130页。
② 张其昀：《张其昀先生文集》第16册，第8131—8132页。
③ 张其昀：《张其昀先生文集三编》，第106页。

到老",需要不断的进修,以不断提升自己的专业素质。基于此,张其昀非常重视在职教师的进修。"台湾'教育部'于1954年9月26日,颁布了提高'国民学校'师资素质实施方案,其内容以'良师兴国'为主题,一面积极发展师范教育,一面注重'国民学校'教师之在职进修。前者旨在培养'国民学校'未来之师资。后者则注重'国民学校'教师之在职进修,这也就是台湾省'国民学校'教师研习会之由来。当时,台湾全省有'国民学校'教师三万余人,为谋求'国民学校'教师的在职进修,而创设了台湾省'国民学校'教师研习会,地址在台北县(今新北市)板桥公园。而且本着男女平等之义,认为女子从事教育甚为合适,所以台湾'教育部'鼓励女生学习师范,'国民教育司'与'中等教育司长'以及研习会主任,均有女性担任,以资提倡。新竹师范附属小学校长高梓女士,办学成绩卓著,被任命为该会筹备主任。该会于1956年5月10日正式成立。先办演示研究班,遴选全省各县市最优秀的'国民学校'教师,经过两个月共同研究讨论,奠立该会之始基。同年九月开办第一期,每期人数一百二十人,为期一个月,并出版《研习通讯》,以资联系。"①

高梓女士主持此一机构,以实施爱的教育与动的教育为号召。"爱的教育就是情感教育,人间的温暖发生于最优美最崇高之情感。动的教育可归纳为三句话,即'身教为先,力行第一,实践至上'。当此物力维艰之时,教育上精神与方法实在至为重要。研习会以中国文化为核心,以现代科学为工具。本于古代教育家'虚心涵泳,切己体察'的实训,采集中外教育上各种实施有效之优点,为研习之内容。而其最值得重视之特点,则为实事求是,着重实际问题之研讨,研习学员与专家教授集思广益,交换心得,以寻求有效之解决途径。孔子曰:'君子务本,本立而道生。孝悌也者,其为仁之本与?'"②

张其昀所推动创建的教师研习会并非简单的教师培训机构,而是借鉴了岛内外的有价值的教师教育经验,以民主为原则,以对话为方法,注重现实问题的解决,这种做法可为大陆当前的教师专业发展提供有益的启示。

(四)教师教育注重现实问题的解决

张其昀认为教师的在职研修应侧重于解决现实中的问题,他提出了研习会需要特别关注的重点③:

---

① 张其昀:《张其昀先生文集》第16册,第8543页。
② 张其昀:《张其昀先生文集》第16册,第8544页。
③ 张其昀:《张其昀先生文集》第16册,第8545—8549页。

（1）生活教育。"国民教育"为"国民"之基本教育，不能对任何学科有所偏重或偏枯，自不应以升学成绩为衡量学校的唯一尺度。研习会设立之宗旨，首在注重生活教育。"国民学校"中，音乐、体育、营养、卫生、美术、劳作等课，均可包括于生活教育中。就卫生而言，当前"国民学校"之要务，在于养成儿童卫生整洁之习惯，先求个体的整洁，再求团体的整齐。对厨房、厕所、宿舍以及平时最容易忽视之处，尤应注意。就劳作而言，其内容包括：校事、家事、农事、工艺、特产工艺。生活教育乃联系教室工作与户外生活，亦称为联课活动。在小学里，学习、工作与游戏，三者并重，张弛往复，以构成联课活动，而谋儿童身心之均衡发展。研习会学员得益较多者，即为生活教育之实施。

（2）社会中心教育。社会中心教育之宗旨，要把教育与实业融为一体，学校与社会打成一片，读书与生活、学习与工作凝为一体。简单地说，社会中心学校就是为当地社会所有、当地社会所治、当地社会所享的学校。社会中心教育，简而言之，就是手脑并用、教养兼施、知行合一的教育。

（3）视听教育。研习会设有视听教育室，使研习会员对视听教育教材教法之使用，能充分了解。此项设备，包括：地图、照片、图画、模型、标本、幻灯片、录音带、收音机等。

（4）儿童之操行。解决儿童的行为问题，必须兼顾生理的诊断、心理的分析与环境的检讨三方面，因材施教，对症下药，相机诱导。此种科学的训导方法，即所谓的个案研究。儿童偶有过失，应避免使用问题儿童等名称，其所需要者实为同情、安慰、协助与鼓励。青年未有不可教者，此为教育家应有之信念，健康之精神，寓于健全之身体，儿童应有适宜的游戏与休息，避免过度疲劳，使生活有规律，并以美术与音乐，以及大自然之欣赏，洗练其情感，必潜移默化，则自能孕育高尚品格，促进身心健康发展。

（5）免试升学问题。研习员新竹东门学校校长杨火木于免试升学初中方案实施后，指出："犹记方案尚未实施前，本人战战兢兢的办理学校，如何向家长会交代，不惜让六年级的毕业生夜晚补习，直至九、十点钟方放学。又恐上级机关到校抽阅，有无恶性补习事情，不得不提心吊胆，时停时补。事后，也当受良心的责备。尤其忽略技能科（音乐、体育、美术、劳作）的科目后，五六年级学童变得身体消瘦，脸色苍白，更使我内心惭愧。自升学方案推行后，这种畸形现象已经消弭。老师已能按照进度表与课程表去做，学童也能够接受正常的教育，体重已恢复正常的发展。又说，我们感觉非常愉快的是家长的协助和了解。起初他们对学生的成绩，是否因此而低落，总抱着一种怀疑的态度。等到来校参加多次家长会以后，他们称赞学校的各项活动都有意义，而能使学童获益。"台湾教育主管部门为实施面试升学所持之方针，为不增加政府预算、不影响教育经费的原则之下，唤起地方有识之士责任心与荣誉感，有力出力，有钱出钱，兴学育才，扩充初中学额，从点的发展开始，逐渐推广，以达成全面实施之目的。

三、重视教师的个人修养

(一)教师应是一位思想家与艺术家

张其昀认为教师不仅仅是一份职业，更是一份志业，因此教师需要养成一种精神，而这种精神的养成是非常艰难的，是一个长期的过程。所以张其昀更加注重教师的精神教育。他指出："教育文化事业的发展，数量的扩充容易，质量的提高很难；而风气的养成则尤其难。本部门对上述三方面同样注意，精神方面较技术与业务方面尤为重视。最近本部门编订的《中国文化基本教材》，即为精神教育的初步设施之一，先从师范生做起。"[①]由此可见，张其昀所主张的教育政策不仅仅在于促进教师数量的扩充，而更加重视教师素质的提升与风气的养成。

张其昀认为教师不仅是一位科学家，而且应是一位思想家与艺术家。张其昀认为教师不仅应具有教育方法，更应具有实践智慧。实践智慧原是一个伦理学和政治学概念。亚里士多德在《尼各马可伦理学》中描述了实践智慧的特征："其研讨的对象是可改变的事物；其本质是一种不同于生产或制作的践行；实践智慧的践行本身就是目的，也就是使人趋善避恶；实践智慧考虑的乃是对人的整个生活有益的事；实践智慧不只是对普遍事物的知识，更重要的是对特殊事物的知识，并且经验在其中起了重要作用。"[②]由此可见，儒家教育思想与西方的教育哲学有会通之处。张其昀在《教育家之培养》一文中指出："一个理想的教育家，不但能精通教育科学与技术，同时也是一位思想家和艺术家。教育学术科学本身以外，又必须厚植基础于哲学与艺术之上，以期根深叶茂，而收获发扬光大之效。"[③]张其昀指出，教育文化事业的发展，不仅仅在于扩充教师人数和提升教师的专业素质，更重要的在于提升教师的个人修养，养成良好的风气。

---

① 张其昀:《张其昀先生文集》第16册，第8223页。
② 洪汉鼎:《诠释学——它的历史与当代发展》，人民出版社2001年版，第314页。
③ 张其昀:《张其昀先生文集》第17册，第9191页。

张其昀认为,教师重在教化,而非教给学生某种获取外在利益的手段。教化以培养完善人格为主要目的,关注于从整体上培养人,把教育目的、教育方法以及教育内容等联系在一起,试图从整体和人的全面发展的角度去理解和解决教育和教学中的问题,能够实现教学与育人的有机融合。教师以"传道、授业、解惑"为职志,所以不但要使学生能专心致力于学,而且要能培养其器识,陶冶其品性,而非仅以授予智能为已足。凡优良的教师,最可宝贵者,在其精神教育。"胡瑗为宋代教育的第一人,是中国大教育家的典型。他于究明哲理以外,对艺术亦极注重。他的教学方法,注重精神感化。先生视学生如子弟,学生亦敬爱他如父兄。所以,他是中国历史上一位最成功的教育家。"[①]教学法本身实际上就是一种艺术,大教育家的教学法都有很高妙的艺术。"孔子是十分有人情味的人,推动生活绝不是枯燥刻板,而是有极高的艺术情趣的。又一次子路、曾哲、冉有、公西华四位侍坐,孔子对他们说道:'以吾一日长乎尔,毋吾以也。居则曰:"不吾知也。"如或知尔,则何以哉?'这些话,是多么亲切,多么感人啊。无怪他的学生在受教时,如坐春风,衷心悦服,对于老师只有敬爱的情怀,没有畏惧隔阂的心理。"[②]哲学与艺术的交流,其境界可以"虚心涵泳"四个字概括。虚心则此心廓然大公,客观无成见。涵泳则有从容不迫,玩味欣赏之意。所以张其昀认为教育、哲学、艺术三者合为一体,这应成为各位教师"虽不能至,心向往之"的崇高理想。

(二)教师个人修养的内容

张其昀指出,教师的个人修养需要注重以下几点:

(1)"公民"道德的发扬。仅仅说空话是没有意义的,重要的是采取行动,发挥效用。张其昀认为,学校施教的范围,决不能仅仅局限于校园之内,学校教育对整个社会都会产生影响。教育是历史的枢纽、时代的重心。每一位师范生,每一位教师都应发扬"公民"道德精神。张其昀进一步指出,在学校应有自治的精神,对地方应有"公民"的精神,对"国家"应有共和的精神。社会的领导人才,不但须有学识经验,尤其需要充分发挥"公民"道德,为群众所敬服。

(2)教育哲学的建立。教师的个人修养需要建基于儒家教育哲学之上。中国儒家哲学与其世界最新思潮适相符契,这就是我们中国教育家安身立

---

① 张其昀:《张其昀先生文集》第17册,第9192—9193页。

② 张其昀:《孔学今义》,第79—80页。

命之所在。教育哲学确定了教育的宗旨与方针,教育科学确定了教育的内容与方法。两千五百多年以来,孔子学说是中国思想的主流、东方文化的正宗。孔子学说,一言以蔽之曰仁,即以人性之普遍发扬,为教育与政治的第一真谛。

(3)修养成为一种教师的生活态度。张其昀指出:"修养可分为平时修养、假期修养与纪念日修养。"①

(三)教师个人修养策略②

孔子所说的"学而不厌,诲人不倦,发愤忘食,乐以忘忧"四句话,实在可以概括一位教育家的生平。学而不厌是立己,诲人不倦是立人。孔子在教人之中,自己仍然好学如渴,日求上达;同时在修己之中,也永远忘不了教人的义务。《礼记·学记篇》是中国古代论师道最可宝贵的文献,这显然是孔子学说的流风余韵。"虽有佳肴,弗食不知其旨也。虽有至道,弗学不知其善也。是故学然后知不足,教然后知困。知不足,然后能自反也。知困,然后能自强也。故曰:'教学相长也。'"《说命》曰:"教学半,其此之谓乎。"教学半,谓教学之功各居其半,是即教学相长之意。如果说对教师的专业提升而言重要的是学而不厌的话,那么对教师的个人修养而言,重要的是三点:诲人不倦、乐以忘忧与发愤忘食。

(1)学而不厌。孔子曰:"学如不及,犹恐失之。"我们一面要致知格物,博观约取;一面要正心诚意,笃实践履。能如是,知行之功,自然与年俱进了。试观《论语》所载,孔子与门下弟子答问周旋,和易悱恻之情,无不在在可见。师弟之间,形影相随,患难与共,情感之神,真可说是从血脉上来感动人了。

(2)诲人不倦。张其昀曾经说,孔子为一天真而富于风趣的人,唯其机趣之流露适如其分,有蕴藉不尽之妙。观其与门下弟子问答周旋,虽平易近人而感动至深,于此可见孔子之真面目。其高足弟子,皆终身形影相随,患难与共。胡瑗教人极重精神感化,使诚明者励,昏愚者达,顽傲者革。先生视诸生为子弟,诸生亦爱敬如父母。陆子教人以反省本心为主,其艺术甚为高妙。诲人不倦是立人。孔子与其高足弟子,皆终身形影相随,患难与共。

孔子是个胸襟非常宽大的教师,他尊重每个学生的人生理想。他知道人各有志,不可相强。"三军可夺帅也,匹夫不可夺志也。"(《论语·子罕》)他时

---

① 张其昀:《张其昀先生文集》第16册,第8095页。
② 张其昀:《张其昀先生文集》第16册,第8130—8135页。

常和蔼地鼓励学生述说他们的志愿,但绝不把自己的理想强迫他们去接受。即使在训导他们的时候,也是用循循善诱、切磋琢磨的方法,使他们自己去发现真理,也绝不对人责备求全。他知道各人有各人的长处,也有各人的短处。

(3)发愤忘食。发愤忘食,并非说生活不守规律,而是安贫乐道的意思。颜子居陋巷处之泰然,真所谓君子居之,何陋之有?衣食住以及其他物质生活都要能够忘怀,方可以立廉耻之节。"发愤忘食"一语,就是孔子所谓"不愤不启,不悱不发"的意思,亦即孟子所谓"劳其筋骨,饿其体肤,动心忍性,增益其所不能",即从忧思中奋斗,养成守经达变、艰苦卓绝的精神。

(4)乐以忘忧。"乐以忘忧"一语,尤为教育家的中心观念。教育家的理想,是"为国家立心,为民族立命"。有此信念,故能毕生尽瘁于教育;胸中浩然,自有坦坦荡荡、从容不迫的气象。这就是"乐以忘忧"的真正意义。乐以忘忧,尤为教师生活之中心观念。其所乐者不在于"信道笃而自知明",孔子曰:"人能弘道,非道弘人。"历代大教育家无不为大思想家,他们都相信思想为创造时代的动因,每一时代皆有新思想为之前驱。他们又都相信教育为民族的灵魂、历史的枢机。所以教师之乐不在于其门徒之盛,著述之富,而尤在其能卓然以斯道自任。教育家一面要能澄思渺虑,安心立命;一面又要有美的欣赏,怡情养性。故教育家之心境最为快乐。快乐与真善美相结合者,则为真正的美。

大教育家均享高寿,应当不是偶然的。最大的原因在于他们能自得其乐,心中充满了乐趣。教育的理想是爱人,教师的生活是教人,自立而后能爱人,好学而后能教人。这些都是天下最快乐的事情。全部《论语》,共有四十五个乐字,而未曾见一个苦字。中国教育哲学之精义在此。坦坦荡荡,乐道爱人,这是孔子的风度,也是大教育家人格的写照。我们要为善去恶,对自己要卓然有以自立,对人更要与人为善,成人之美。能自立立人者,方得称为士人。就个人而言,道德之行笃,是但问耕耘,不问收获;但问是非,不问利害;但问动机,不问功效。这就是古人所说的"正其义不谋其利,明其道不计其功"。近代社会科学的研究与发展,即以此为发轫。

四、提升教师待遇

张其昀认为,虽然作为一名教师应注重个人修养,应保持一种乐以忘忧的精神,应注重精神的追求,但是这绝不意味忽视教师的生活待遇。"教育是神圣庄严的志业,应使任教师者无生活之顾虑,尽心竭力,以教养下一代'国民'。除了当时政府设保障教师最低待遇而外,应在社会上发展尊师运动,予以物质优待与荣誉奖励。使教师均能安于其位,久于其任,这是国家最有价值的投资。"①教师作为一项神圣的志业,而且待遇往往不如那些从事工商业者优厚。所以许多国家和地区政府对教师常常采取各种方法,以改善其待遇。教育虽然是神圣严肃的志业,虽然教师更注重精神修养,但这绝不意味着教师不需要物质生活。理想的师资当然是不求荣利,乐以忘忧,但如何使他们地位有保障,学业有进步,政府是责无旁贷的。"尽管教师是清高而神圣的职业,他们安贫乐道,乐以忘忧,甘心做无名英雄;但如何使他们生活安定,专心致志,尽力教育,则为当局应有的责任。"②

张其昀的中小学教育思想从根本上讲就是追求教育的平等与公平,追求一种"有教无类"的全面教育。张其昀认为全民教育是实现人格教育之目的的重要方法。张其昀在《师道》一文中指出:教育为创造世界历史的原动力,世界的民治乃以教育为其基因,必先有全民教育的思想,才有全民政治的实现。孔子"有教无类"之说,与全民教育为同义,即为不问种族、地域、门第、家境,凡属人类,均有同等享受教育之权利。只问努力,不问出身,只问造诣,不问贫富。自孔子开始倡导私人讲学之风,自此以后,全国上下,莫不重学。

---

① 张其昀:《张其昀先生文集》第17册,第9145页。
② 张其昀:《张其昀先生文集》第17册,第9171页。

附录 1：

生活教育之"起居规律歌"①

项目	内容
一、早起	早晨早起，空气清新，练习运动，有益身心。
二、梳洗	早起饭后，都得洗脸，头发易脏，常梳常剪。
三、刷牙漱口	早晚刷牙，饭后漱口，口可清洁，牙可经久。
四、整理被服	睡醒起身，铺床挂帐，折叠被服，刷去肮脏。
五、穿衣	衣服朴素，不可离奇，收拾干净，穿着整齐。
六、戴帽穿鞋	帽要戴正，鞋要拔上，修补破绽，刷去肮脏。
七、开关门窗	早晨起来，开门开窗，流通空气，放进阳光。 晚上就睡，门窗关闭，卧室中间，乃得透气。
八、洒扫	打扫场地，必先洒水，再用箕帚，清除污秽。 桌椅门窗，都得擦洗，内外什物，一一整理。
九、进膳	细嚼饭菜，轻喝羹汤，时候一定，份量相当。
十、立正	伸直脊梁，挺起胸膛，脚跟并拢，眼看前方。
十一、端坐	坐要端正，身别偏倚，两膝略开，两脚着地。
十二、走路	身体挺直，脚步稳当，留心车辆，别尽闲荡。
十三、读书	端坐读书，距离相当，远看近视，易伤目光。
十四、写字	端坐写字，背脊别歪，指腕用力，右臂放开。
十五、咳嗽喷嚏	咳嗽喷嚏，要掩口鼻，别在人前，喷溅垂涕。
十六、洗澡	皮肤肮脏，健康难保，要免疾病，时常洗澡。
十七、便溺	便要准时，溺要择地，注重卫生，不可随意。
十八、睡	睡眠舒适，时间充足，冷别蒙头，热别露腹。

---

① 张其昀：《张其昀先生文集》第 17 册，第 9146—9147 页。

附录 2：

生活教育之"社交礼仪歌"①

项目	内容
一、敬礼	遇见尊长，立定鞠躬，身体端正，态容从容。
二、相见礼	对于亲友，也得行礼，立定鞠躬，举动得体。
三、坐立次序	长幼坐立，各有次序，上面前面，不可僭据。
四、并坐	两人并坐，各占一位，臂不横撑，股略缩退。
五、共食	齐举碗筷，共同吃饭，菜别挑选，骨别丢散。
六、宴会	举行宴会，认清坐位，客座向外，主座向内。 倘是西餐，主坐中间，右首为上，客分两边。
七、集会	准时进退，席不妄缺，依次发言，依法表决。
八、应对	客有询问，诚恳应对，不可噜苏，不可虚伪。
九、进退	上堂扬声，入室敲门，未得允许，不可进身。 轻脚行走，轻手开关，穿廊过户，不可粗蛮。
十、接受	受人物品，点头含笑，说声谢谢，别失礼貌。
十一、会客	接待客人，态度殷切，敬茶陪坐，表示欢欣。 自己作客，恭敬对人，说话谨慎，举动温文。
十二、同行	并肩走路，脚步要齐，单行同行，不接不离。
十三、行旅	上车登船，买票交票，各守秩序，不可吵闹。 船舱车厢，别争坐位，男让妇孺，幼让长辈。
十四、拾遗	意外财务，切不可贪，拣到东西，必须归还。
十五、慰问	亲友生病，邻里遭灾，恳切慰问，表示关怀。
十六、庆贺	亲友喜庆，量力送礼，恭敬登门，拜寿道喜。
十七、吊唁	亲友死亡，前往吊奠，对于丧主，表示慰唁。
十八、追念	逢时过节，追念祖先，举行仪式，必恭必虔。

---

① 张其昀：《张其昀先生文集》第 17 册，第 9147—9149 页。

附录3：

"公民教育"之"公民训练"标准①

一、"公民训练"的四大目标

(一)关于"公民"的体格训练:养成整洁卫生的习惯,快乐活泼的精神;

(二)关于"公民"的德性训练:养成礼义廉耻的观念,亲爱精诚的德性;

(三)关于"公民"的精神训练:养成节约劳动的习惯,生产合作的知能;

(四)关于"公民"的政治训练:养成奉公守法的观念,爱国爱羣的思想。

二、"公民训练"的规律

(一)关于"公民"体格方面:

(1)是强健的;(2)是清洁的;(3)是快活的。

(二)关于"公民"德性方面:

(1)是自制的;(2)是勤勉的;(3)是敏捷的;(4)是精细的;(5)是诚实的;(6)是谦和的;(7)是仁爱的;(8)是互助的;(9)是有礼貌的;(10)是服从的;(11)是负责的;(12)是知耻的;(13)是勇敢的;(14)是守规律的;(15)是重公益的。

(三)关于"公民"经济方面:

(1)是节约的;(2)是勤劳的;(3)是生产的;(4)是合作的。

(四)关于"公民"政治方面:

(1)是奉公的;(2)是守法的;(3)是爱群的;(4)是拥护公理的。

附录4：

张其昀之论孔子的教学方法：②

一、学习。《论语》开宗明义第一句:"学而时习之,不亦说乎!"学之为言,觉也,效也。觉悟是学的主义,效法是学的工夫,两意相待,不可偏废。学与习,同类而异事,学是从人学而受指导,未著于习。《说文》:"习,鸟数飞也。"即飞了又飞也。鸟雏稍长,欲飞而未能,且寻树枝,作咫尺之飞,上下左右而飞,谓之习。习宜在修行上著解。悦,怀抱欢畅之谓。悦与喜稍不同,喜者发扬于外,悦者自得于内。一种学问,只有理论,没有方法,是落空的;有了方法,才是真实的。习是学的方法。习含有实习、实验、实测、实践的意思。孔子之学,注重实习,注重力行。

---

① 张其昀:《张其昀先生文集》第17册,第9149—9152页。

② 张其昀:《孔学今义》,第71—76页。

二、疑问。学问之道,学与问两相资则两相成。疑而后问,问而后知,知之真则信矣。故疑者,进道之萌芽也。信则有诸己矣。《论语》载:"古之学者为己。"孔子曰:"知之为知之,不知为不知,是知也。"又曰:"吾犹及史之阙文也。"孔子岂不乐于人之尽知,然其势必不能。强不知以为知,则必并其所知者而淆之。是故无所不知者,非真知也;有所不知者,知之大者也。

三、正名。孔子的正名思想,开中国名学的先河。子曰:"名不正,则言不顺;言不顺,则事不成;事不成,则礼乐不兴;礼乐不兴,则刑罚不中;刑罚不中,则民无所措手足。故君子名之必可言也,言之必可行也。君子于其言,无所苟而已矣。"此处孔子所说的正名,固然表明了孔子"正名字""定名分"的重要思想,但它更说明了孔子的名理思想。名不正,则言不顺,就是必须有正确的"概念"或"名辞",然后才有正确的"命题"与"判断"。如果指鹿为马,以白为黑,那不但"命题"与"判断"不能正确,而且根本不能进行思维。

四、辩证。《论语》载:"子曰:'吾有知乎哉?无知也。有鄙夫问于我,空空如也,我叩其两端而竭焉。'""叩其两端而竭焉",亦可解释为反思之义。正反合之法,不仅适用于思维,而思维则必能应用。吾人思维,大都先提一假设答法,是谓正端,次提反对论点以勘验之,是谓反端。勘验之后,提修正解答法,是谓合端,或名为中。更就此合端,提出反对论点,以更求其中。如是反复推演,不断前进。孔子所用之"反思法",或"扣竭法",颇类似于今日之辩证法。

五、启发。《论语》载:"子曰:'不愤不启,不悱不发。举一隅,不以三隅反,则不复也。'"这是讲启发式的教学。为学贵自动自发以求,不可专待施教者的填充。自动自发以求,其所得更能深入于心,而有益于身;被动的填充,其所得容易有食而不化的恶果。愤是愤懑,悱是悲悱,愤悱即感动而激励之义,务当自强不息,力争上游,而不欲安于现状。孔子对于不愤之人则不启,对于不悱的人则不发。必待受教育者有所愤,有所悱,而后为之启,为之发。不愤不悱,即是自己不能发掘问题,以求解答,而专待施教者的填充。举,提示也,三隅不必拘泥于三,此乃反复寻求、触类引申之义。"不复"即不复告之也。如此之人,为学必少进益,不易有成,所以孔子叹为"吾未知之何也已矣"。孔子自身是"敏以求之"的,是发掘问题以求解答的。故必自发以求,而后始有学业大成的希望。唯有启发式的教育,方能深造自得;唯有自动自发的教育,方为合于现代之"教育者自教也"的原理。

六、客观。《论语》载:"子绝四,毋意、毋必、毋固、毋我。"意是臆度,必是期必,即概括地论断,固是固执,我是自我。绝者,去之务尽之意。毋意是不作胡乱的猜度,毋必是不作高度概括的论断,毋固是不作绝对的主张,毋我是不专取自我为本位。易言之,不可有武断,不可有成见,不可有偏见,不可有私心,必先去此四者，方可称为客观，方可为入德之门。孔子之绝四，即荀子所谓"解蔽"，王阳明所谓"去心中之贼"。

七、因材施教。孔子因材施教，不是用刻板的方式，是以同样的问仁、问孝、问政，而孔子的答复，则各有不同。盖用之于甲者，未必能用之于乙，用之于昔者，未必能用之于今。"叩之以小者则小鸣，叩之以大者则大鸣。""夫言岂一端而已，夫各有所当也。"总要使受者、听者，各得适切之教益。孔子总是因材施教，以期适应个性，造就人才。

第七章　张其昀的社会教育思想

　　张其昀认为,教育是一个整体,由小学、中学而大学,虽有阶段分别,而无鸿沟之分。就中学阶段而言,虽有中学、师范与职业教育三大类,实则脉络相通,无严格之分野。再推而广之,则学校教育与社会教育或成人教育,亦属互为表里,合为一体。张其昀不仅重视学校教育,而且主张大力发展社会教育,从而实现全民教育。在《当前教育的基本方针》中,张其昀指出:"教育是要训练出身心双修,手脑并用,文武合一,德、智、体、美、群五育均衡发展的健全'国民'。它是以学校教育为核心,以社会教育为整体的全民教育。"①这样一种教育理念基于全民教育思想,全民教育需要做到学校教育与社会教育的均衡发展。"只问教育,不问种类,要从教育上机会均等,而达到全民族一视同仁的心量,泯除了一切境遇之分,畛域之见,全国同胞处于一律平等之地位。中国确实是一个以教育为核心的民治国家。因孔子设教,乃是有教无类,不论男女老幼,各项职业,各项地位,乃至民族之别,时代之异,孔子之教育理想与教育精神,乃以全人类为对象。"②由此可见,张其昀认为学校教育与社会教育应同流并进,相辅相成,方能达到全民教育的伟大目标;要把社会教育当作教育的主流来办,认为社会教育是完成现代民众素养、培养新一代民众、奠定新社会的基础,从而达到改造社会的目的。

　　张其昀认为,在社会教育中,特别要注意到道德教育,故道德重整的问题就值得考虑。所谓道德标准,必须有绝对的诚实、纯洁、公正(不自私)与

---

① 张其昀:《张其昀先生文集》第 16 册,第 8207 页。
② 张其昀:《孔学今义》,第 59 页。

爱四个标准。

具体而言,张其昀的社会教育思想主要有三:其一,他强调社会教育应该立基于日常生活,所以认为社会教育即生活教育;其二,他强调社会教育需要潜移默化,尤为重视文化与艺术的熏陶;其三,强调社会教育与学校教育的融合,倡导社会中心教育。

第一节　社会教育即生活教育

一、生活教育的意义

张其昀认为学校教育不能解决社会上所存在的诸多问题,这些严重的社会问题导致严重的社会乱象,而消解这些社会问题的唯一出路就在于实行社会教育,基于此,社会教育是非常必要的,必须置于与学校教育同等的地位。张其昀的社会教育思想深受肇始于 1934 年由蒋介石所倡导并极力实施的新生活运动的影响。

"1934 年至 1949 年中华民国政府推出公民教育运动,这就是新生活运动。1934 年 2 月 19 日,蒋介石在南昌作了《新生活运动之要义》的演说,宣布发起新生活运动,开始大张旗鼓地宣传新生活运动理论,通过这一系列的理论宣传,新生活运动的内容逐渐完备。蒋介石的想法是,从人民的基本生活开始,改善其习惯与素质,从根本上革除陋习,达到'复兴民族'的目的。新生活运动的基本内容包括:以'礼义廉耻'为基本准则;以改造国民全部日常生活的'食衣住行'为实行起点,以军事化为最后要求。新生活运动以改造国民的食衣住行的日常生活为实行起点,这是新生活运动的主要内容。要养成'礼义廉耻',绝对不是单靠内心修养所能办到的,外部训练相较内心修养更切实有效。"[①]

从根本而言,新生活运动以儒家思想为核心。虽然新生活运动最终无疾而终,但是依然对张其昀产生了深刻的影响。张其昀认为新生活运动正是解决这些社会问题的一剂良药。他指出:"现在社会出现些乱象,一般民众的心理都是苟且萎靡,不分善恶,不辨公私,不知本末。因为善恶不分,所

---

① 　顾晓英:《评蒋介石的新生活运动(1934—1949 年)》,《上海大学学报》(社科版)1994年第 3 期。

以是非混淆;因为公私不辨,所以取予不当;本末不明,所以先后倒置。于是官吏则虚为贪污,人民则散漫麻木,青年则堕落放纵,成人则腐败昏庸,富有的人则繁琐浮华,贫穷的人则卑污混乱。这样的结果就使得台湾社会秩序破坏,天灾不能防备,人祸不能消弭,内忧外患,纷至沓来,乃至个人社会国家与民族同受其害。如果这样长期下去,我们的社会能不乱吗?我们的国家有希望吗?因此我们要繁衍我们群众的生命,保障我们社会的生存,发展我们'国民'的生计,就非将社会的各种病态,彻底扫除廓清,所以我们要解决社会问题,就必须重视社会教育;而社会教育的改革,就必须在社会中实行新生活运动不可。"①

张其昀认为社会教育必须以民众的日常生活为根基,这也是他非常推崇新生活运动的重要原因。张其昀多次强调,在社会教育中,最重要的就是新生活运动,主要目的即在转移风气,发展民德,扫除社会上腐败之恶习,培养社会上活泼之生机,使民众个个都能除旧布新,做一个健全的现代人;换句话来说,新生活运动注重的是人们的精神建设,也就是人民的心理建设,而本于力行哲学的大义,要求切实践履,即知即行。在现今的我们,有人说是处于"贫、愚、私、弱"的社会中,但是大家要知道,贫由于奢,愚由于懒,私由于无廉耻,弱由于不自强。所以我们必须要有志气,要有决心,更要能自强,将人们一切的食、衣、住、行皆能纳入于礼、义、廉、耻的规范之中。"新生活运动乃以'礼、义、廉、耻'为基本精神,以'军事化、生产化、艺术化'为中心目标,以'整齐、清洁、简单、朴素、迅速、确实'为实施原则,要求'国民'实现之于'食、衣、住、行、育'等日常生活都能完成现代'国民'的修养,以奠定新社会的教育观。所以如果要改造于社会,我们必须重视新生活运动。"②

二、生活教育的实施措施

张其昀在《精神教育——新生活运动》一文中指出以下措施。

(一)"三化"的推行③

张其昀指出,在我们的社会当中,谈到新生活运动的目标,主要是实现三化,即民众生活的军事化、生产化与艺术化,这样才可符合社会教育之目标。

---

① 张其昀:《张其昀先生文集》第 17 册,第 9266 页。
② 张其昀:《张其昀先生文集》第 17 册,第 9264—9265 页。
③ 张其昀:《张其昀先生文集》第 17 册,第 9271—9272 页。

军事化之推行原则有四：其一，精神方面，唤起尚武爱国之精神；其二，行动方面，注意迅速整齐之行动；其三，生活方面，实行简单朴素之生活；其四，习惯方面，养成遵守纪律之习惯。此项运动，包括之个人仪容举止及社会之秩序风习，养以成明耻、尚武、刻苦、耐劳、爱国家、重信义、尚简单、崇俭朴、守纪律、守时间之良好习惯；并普及军事常识，以养成整齐划一之社会秩序，而彻底扫除过去退缩、萎靡、散漫、颓唐、废弛之风习。

生产化之推行原则有三：其一，资金方面，崇尚节用与储蓄，务求社会资源之增益；其二，劳力方面，注意惜时与操作，务求量之增加与质之充实；其三，物质方面，注重国货之提倡，务求物品之樽节与爱护。此项运动，在恢复吾民族俭朴、节约、惜时、勤劳之美德，为将来进一步生活生产化树一基础。

艺术化之推行原则有四：其一，持躬方面，务求严谨谦和；其二，待人方面，务求诚挚宽厚；其三，处事方面，务求迅速精到；其四，接物方面，务求俭约清廉。

由此观之，张其昀推行社会教育亦是为了适应当时台湾特殊的政治、经济与军事情境。当时台湾与大陆正处于军事对峙阶段，所以提出了民众生活军事化之原则。台湾由于把大量的财力用于军费，造成许多民生项目资金缺乏，因此提出了民众生活生产化。而至于民众生活艺术化则是其一贯的儒家教育思想的体现。"三化"的提出体现了张其昀的教育理念在某种程度上存在着为政治服务的倾向。

（二）新生活运动始于家庭

张其昀指出："既然社会教育当中，必须提倡新生活运动，新生活运动必须自家庭开始做起，因为家庭是社会的单位，也是一切社会运动推行的起点。张其昀指出，如果我们要做到社会教育更有功效，就必须树立社会上共同的普遍性，例如：人与人之间的相接相待之道、对人对事的正直无私、社会中自尊和人格价值的提升，以及对社会大众的贡献等。总之，新生活运动之推行及其功效，乃是要使个个人、时时刻刻、处处地方、件件事情，都能启发个人的良知良能，且都能够力行合一，来实行社会的新生活。我们只要将中国古人所说的洒扫、应对、进退六字作为科目，切实讲求，做父兄家长的，能督促子弟做到，这就是实行新生活运动的初步，也就是社会运动推行的起点。首先，由自己做起，再推及他人。其二，由公务人员做起，再推及于民众。其三，由简要的事情做起、再推及其次。其四，由不费时不费力的事情做起，再做其余的事情。其五，由机关、团体及公共场所，如学校、公署、车站、码头、戏馆、公园、会场、茶馆等做起，再求普及于全体社会。而最紧要的，为由个人家庭首先实行。"①

这种思想亦是儒家教育思想"治国、平天下要始于修身、齐家"之具体体现，就是要大处着想，小处着手。这样才能既有理想，又有措施。

（三）新生活运动要本着"先觉觉人"的精神

张其昀认为从根本上而言，新生活运动的推行要发扬一种服务精神，一种先人后己的牺牲精神，要通过相互合作，不断提升社会道德。他指出："在社会教育中，希望各级学校的师生，本着'先觉觉人'的精神，在学校附近的地域负起责任，作成有系统组织的长期计划。例如每一教师或学生，指定几家几户为其服务指导的目标，向民众切实倡导。大、中学生可以利用放假期间，深入民间，改进农民生活，唤起农民对于国家和民族的观念，同时学生也得到服务社会的经验，和熟悉农民实际的生活，故新生活运动可以说是一种社会教育运动就是这个道理。除此之外，我们最大的毛病，就是只知有己，不知有人的心态，自私自利，不能互助合作，更不能合群要群，更爱自己的同胞，这些都是我们社会中最大的诟病与缺点；因此今后必须切实改革这些社会的劣根性，恢复中国人固有尚仁爱、讲信义的群德，发挥'泛爱众而亲仁'的固有精神，才能提升我们的社会道德与社会教育。"②

张其昀极力倡导新生活运动一方面是由于其深受儒家教育思想的影响，例如新生活运动乃以"礼、义、廉、耻"为基本精神，新生活运动的实施要从自己做起等等，另一方面是适应当时特定的政治需要，这一点也迎合了张其昀所主张的教育需要为政治服务的观点。

第二节 社会教育重在文化教育与艺术教育

张其昀明确指出，社会教育的主要内容在于文化教育与艺术教育。"社会教育的内容，则为文艺或文化，所以'教育部'对于推行社会教育，如：台湾艺术学校、台湾艺术馆、'中华艺术总团'等发展民族文化，是责无旁贷的。"③张其昀于 1956 年 11 月 28 日，在"中华舞蹈团"成立致辞中指出："提到所谓

---

① 张其昀：《张其昀先生文集》第 17 册，第 9274 页。

② 张其昀：《张其昀先生文集》第 17 册，第 9275—9276 页。

③ 张其昀：《张其昀先生文集》第 17 册，第 9319 页。

的文艺或文化，分析言之，包括文学、音乐、图画、书法、雕刻、摄影、戏剧、舞蹈、广播、电影、建筑、观光、美术工艺，各种游艺与各种技术等十五个要目；这些文艺工作，或文化活动，都是息息相关的，也都是构成民族文化的基础，更是奠定当前文艺复兴的基本工作。"①张其昀非常重视文化艺术在社会教育乃至道德教育中的重要作用。

一、从文化入手推动社会教育

为了从文化入手推动社会教育，张其昀在其任内设置了南海学园以及台湾的"故宫博物院"。张其昀认为，发展教育事业要从实际做起，而对于文化建设，尤其不可忽视，张其昀的政策乃兼筹并顾，在台北市南海路植物园内，设置科学馆、艺术馆、"中央图书馆"以及历史博物馆等，宣扬中国文化，此种文化事业的建立，均为张其昀的教育政策之功。

（一）推动中国文化研究的发展

张其昀以文化入手来推动社会教育，其对中国文化研究之总成绩，大致可分为六项②：

（1）中国文字大规模之整理与结集（《中文大辞典》第一册于 1958 年 10 月底出版）；（2）中国文学大规模之整理与结集（如《"中华文库"》，共八册，五百万字）；（3）古今学术名著之刊印（如《〈史记〉今注》《〈资治通鉴〉今注》等）；（4）中国文化论集之编纂（如《中国文学史论集》等），已出版三十种，执笔者达四百余人；（5）历代文物之清查与影印（出版《"故宫"书画录》《"中华美术图集"》等）；（6）古今图籍之清理与编目（"中央图书馆"编有书目多种）。张其昀指出，这些文化项目的目标在于温故知新，彰往察来，自孔孟遗言，以逮历代不朽之名著，经过一番整理阐述，期望能够焕然大明，而为中外人士所共喻。

（二）艺术教育是社会教育的重要部分

张其昀指出，社会教育的本真意义在于"德、智、体、群、美"五育并进。艺术教育是社会教育的重要组成部分。张其昀在担任台湾教育主管部门负责人之职时，教育学术与教育文化也有很多进步与成就。张其昀在"1954 年 10 月成立'歌剧改良研究委员会'，聘请齐如山先生为主任委员，以改良中国

---

① 张其昀：《张其昀先生文集》第 17 册，第 9319 页。
② 王永太：《凤鸣华冈——张其昀传》，第 128—129 页。

固有戏剧,使其有助于'国民'伦理教育与美育"①。

为了推动社会教育,建立了台湾艺术学校。"台湾艺术学校是培养艺术人才的中心机构,地址是台北县板桥公园;设有国剧、话剧、印刷、电影编导科与舞蹈科等。"②张其昀指出,台湾艺术学校的成立,有其必要性,因为它是中国文化艺术上的一块沃土,最主要是以培养艺术人才为目的;艺术内容包含了音乐、绘画、建筑、雕刻、戏剧、舞蹈、电影、美术等相关课程,"力谋'美育的新发展'。美是什么呢?它就是人生的写真,壮美优美两者应兼而有之;质言之,美是生活的精萃,与生命的创造。美之理想,是快乐,是幸福,所谓自寻乐趣,自求多福;美与仁爱,息息相通,美可以说是心之德,爱之理。美之功效,应该是世道人心的启发,也是'国利民福'的实践;美之为德,乃是乐观进取,朝气蓬勃,欣欣向荣,生生不已的"③。台湾艺术馆是社会教育各项活动的表演中心,主要是教育性而非营业性,馆址在南海路。"中华艺术总会"是艺术界团结人才、训练人才的中心机构,包含许多团体,如音乐团、歌剧团、话剧团等,其设立在台湾艺术馆内。

张其昀进一步指出:"电化教育的实施,是教育上之大发明,也是教育上之大革命。其中电化教育包括广播、电影与视听教育等,而电影尤可称为综合艺术。故台湾艺术学校更增设影剧编导科,台湾艺术馆则为音乐、戏剧、舞蹈与电影经常表演、映演与训练之场所,最主要培养艺术人才,为艺术奠定基础。望能凭借电影的传播,达到现代艺术的发展;故电化教育堪称教育上之原子武器,是教育上之大发明,也是教育上之大改革,影响民众深远。"④所以美育也就是张其昀的艺术教育。张其昀认为:"我们在中国的艺术当中,看见中国的文化结晶,不管是音乐、戏剧、舞蹈、图画、书法、金石、雕刻、服饰、织造、刺绣、园景、陈设,以及各种美术工艺之类等,都是中国完整之艺术;对于这样的艺术,我们每一位中国人都应该有其责任,不使艺术遭受到破坏,并且将艺术发扬光大,更让艺术作品成为世界一流并永垂不朽的成就。相信这就是艺术教育的最高价值了。"⑤

除此之外,还设有台湾历史文物美术馆,更是为艺术教育所成立的美术

---

① 张其昀:《张其昀先生文集》第 16 册,第 8409 页。
② 张其昀:《张其昀先生文集》第 17 册,第 9319 页。
③ 张其昀:《张其昀先生文集》第 18 册,第 9536 页。
④ 张其昀:《张其昀先生文集》第 18 册,第 9536—9537 页。
⑤ 张其昀:《张其昀先生文集》第 18 册,第 9536—9537 页。

馆,美术馆的宗旨,不仅在展览几千年来的光荣始迹,而欲以此为凭借、为象征,以激发民族意识和爱国思想。美术馆是以"历史、文物、美术"为标志,就是要发扬"天人合一、心物合一、知行合一"的中国文化传统精神。而中国文化的根本观念,更是以孔子的"人能弘道"为明训,发挥人性的尊严、教育的尊严,这样"历史文物美术馆"的成立,才有其民族精神教育的涵义,正如张其昀所说的艺术教育之意义。

(三)文化与艺术教育的实践

张其昀认为台湾的文艺复兴与台湾的艺术教育的传承,应分三路进行[①]:

(1)文化遗产的整理。我们应该发挥孔学的文化,因为孔学为一种人文主义,凡以人为本,更有一种"朝闻道,夕死可矣"的气概。这种实行"智仁勇"三达德,提倡文武合一、兵民合一的新风气,兴学养廉、明耻教战的古训,更是我们复兴文化与宣扬艺术之精神,应该成为民众共同努力的信条。文化的遗产,为革命精神之所诞生;艺术之教育,以文化人之所存在。所以中国数千年来的伟大事业和光荣史迹,借径于图画、音乐、雕刻、建筑、戏剧、歌咏、电影、广播等各种新艺术传承教育,使其深印于全国民众心目中,而永不能忘。

(2)世界思潮的采撷。对于世界思潮,必须审慎从事,广约专门名家,使其从容暇逸,锲而不舍,分工合作,将世界各国之文物艺术及典章制度,做有计划的与系统的撷取,融会贯通后,使中国固有的文化焕发新机。中国文化是为启发人民的一个泉源,中国艺术更是能增进中国人对文化的自信心,倘若能将中国的经典要籍译成西文,加以介绍与阐扬,相信我们的文化与艺术一定可带来一股全新的力量,对世界一定有所贡献。

(3)科学新知的普及。近代国家的建设,无处不凭学术的进展,建设近代的中国,即为建设科学的中国。中国的现代化,亦即中国的科学化,如果科学新知能够普及,相信文化亦可普遍;如果文化能够普遍,相信艺术亦可受到重视;艺术如果能受到重视,中国文化的精神就可长存。因为中国艺术所代表的就是中国文化的精神,思想是抽象的,艺术则是具体的。思想为第一流心智所创造,艺术则普及于大众,无分男女老幼和国别,都能普遍欣赏,

---

① 张其昀:《张其昀先生文集》第 18 册,第 9570—9573 页;李俊霖:《张其昀之教育思想与实践》,第 85—86 页。

深入人心;相信科学新知的普及,能够带动艺术教育的重视。

张其昀认为,文化与艺术教育的实践既需要弘扬传统文化,又需要持一种开放的态度,积极吸收借鉴中国之外的思想,本着中体西用之原则,不断创新中国的传统文化。另一方面又要持一种大文化的概念,那就是文化不仅仅包含人文科学,还应包含自然科学,不断融合科学与文化。这种思想充分体现了张其昀一贯的教育理念。

二、艺术教育为文化教育之精华

张其昀非常重视艺术教育在社会教育中所发挥的作用,他甚至指出,艺术教育是一种使社会教育的"起死回生"的运动。

(一)艺术体现了真善美

张其昀对于艺术的内涵有其独特的理解,他认为真正的艺术是一种创造,而这种创造体现了一种"爱"的精神和"美"的力量。简而言之,艺术就是真善美的集中体现。"我们常问一句话,究竟什么是'为艺术而艺术'呢?还是'为世道人心而艺术'呢?真正的艺术表现,应该是在创造上的力量,应该是在思想上奋发精进的气象。而真正艺术的表现,更是一种美的表现,凡是真正美的表现,没有不是使人相爱的;否则,没有了爱,也就不是美,更不用谈是艺术了。所以艺术的发挥,就是'真善美'的能力;亦可说艺术就是'科学',表现于'真',就是有说理的能力;亦可说艺术就是'技术',表现于'善',就是有表现的能力;当然艺术的本身就是'艺术',表现于'美',就是有感人的能力。因此艺术更可以说是哲学的综合表现,发挥其创造的能力,层层推进,洞彻本源,有了尽真、尽善与尽美,凡事就都可以集大成。"①

(二)艺术教育从礼乐入手

张其昀指出:"艺术教育,大半都先从礼乐入手,乐较礼尤为基本。"所以中国古代文化的精华之处,势必谈到中国古代艺术,而中国艺术以音乐、诗歌、舞蹈、体育、戏剧为之精华。"中国艺术就是全部中国文化的写真,我们可以从历代的中国艺术中,体会到中国文化特有的气韵与境界。中国文化就是'贯乎人情'的礼乐文化,制礼作乐之目的,在于发扬人性之真善美,培养我中正和平的'国民性',建立以中道为'国魂'的'中华',就是这个道理。所以张其昀认为艺术教育就是中国文化教育,尤其我中华民族立国东亚,数千年来,有始终一贯的政治、哲学和完整统一的社会道德。这一种民族灵魂

---

① 李俊霖:《张其昀之教育思想与实践》,第83—84页。

或精神、理想,在古代是以孔子为中心的儒家学说。"①

总之,艺术是一国民族精神最亲切的象征,从中国艺术精神里可以了解中国数千年来的文化特色,艺术教育的成就,可使得艺术作品浏览无穷,欣然忘倦。"中国古人的思想,认定宇宙一切,都是和谐均衡,相辅相成的。故不仅天地定位,万物并育,而且是繁衍绵延,生生不息的。这一席话,就是中国艺术的根本要义。因此,我们可以说中国文化的最高义谛,即为提高人之精神价值,而精神价值的提升,必须在艺术教育上的努力,才可呈现完美的艺术。"②

第三节　倡导社会中心教育

社会中心教育是张其昀社会教育思想的集大成。张其昀指出,社会中心教育虽然在台湾是一个新的名词,在他担任台湾教育行政部门负责人期间,在台湾的各县市指定中小学校从事实验,台湾教育上主要的努力,在于贯彻"建教合一"的方针,要使学校成为建设社会的中心力量;要把教育与实业冶为一炉,学校与社会打成一片,读书与生活、学习与工作融为一体;要以民族精神教育、科学教育、职业教育、成人教育四者为支柱,而构成一座新的完整的大厦。这种教育上的新思想与美国的社区中心教育(community-center education)用意相同。

一、社会中心教育的内涵

张其昀在《教育发展的根本观念》中明确提出了社会中心教育的理想③:

(1)各级和各类教育,各有其地位与价值,相辅相成,而形成一个有机体,必须均衡发展,不可使其偏枯,致生弊害。

(2)教育之目的,在于实施全面教育,社会教育应与学校教育兼顾并重。

(3)就学与就业,应当作一个问题来看待。教育宗旨首重生活教育,而就业机会与能力之增进,必有赖于民众知识水平的提高。在"国民学校"与初中阶段,职业教育的精神应全部贯注,每一个学生均有一技之长,就学与就业问题同时获得解决。

(4)一国之教育必须政府与民众协力共谋。政府财力有限,社会资源无

---

① 李俊霖:《张其昀之教育思想与实践》,第84页。
② 张其昀:《张其昀先生文集》第18册,第9556页。
③ 张其昀:《张其昀先生文集》第16册,第8541—8542页。

穷,本着取之于民用之于民之原则,一面以学校之各种设备、方法与技术,尽量贡献于社会,一面充分利用社会资源,出钱出力,以谋教育之充分发展,则质与量问题亦可同时获得解决。

简而言之,学校应充分利用当地的各种资源,包括一切人力、地力、物力、财力与心力,因地制宜,因势利导。社会应充分利用学校教育的各项设施与设备,使其成为实业发展与经济建设的原动力。因此学校愈进步,则地方愈繁荣,经济愈发展,则教育愈发达。建教合作,相辅相成,则学生的失学与失业问题有望彻底解决。这种被称为"社会中心教育"的新制度与新方法已经进入实践阶段,一方面要从实验中求创造,另一方面要不断吸收世界各国新的经验。

张其昀认为社会中心教育是台湾教育的新生命,"由'国民学校'至初中,属于基本教育阶段,应与地方基层建设密切配合。社会中心教育乃是实施基本教育的方式、实质和精神,两者互为表里,不可分离。社会中心教育即学校与社会双方交流的意思。学校社会化,社会学校化,真正做到建教合作的地步。社会资源,包括经济的(指物力、财力与各种生产)与人文的(指组织、技术与各项人才),学校应设法充分运用,以巩固教育之基础。另一方面,学校一切设备与设施,均为地方经济繁荣与文化发展而努力,使学校成为社会进步之原动力。1953年起,各县市指定若干中小学为社会中心学校,从事实验与示范工作,籍为全面推行做好准备"①。简单地说,社会中心学校就是为当地社会所有、当地社会所治、当地社会所享的学校。社会中心教育,简而言之,就是手脑并用,教养兼施,知行合一的教育。

二、社会中心教育的实践

(一)社会中心实验学校的建立

张其昀认为乡镇是实施地方自治的基础,初级中学则为教育上承前启后的关键,所以社会中心学校,应该特别注重初中阶段。实施社会中心教育的初级中学,以一乡镇为范围,本乡镇内"国民学校"毕业生志愿升学者希望均能进入初级中学,以促成台湾教育主管部门免试升学方案之实施。认为学校是发展地方文化之源泉。依据相关规定,小学除兼办失学民众补习教育外,并应从事于政教联系工作,如协助训练民众,举办社会服务,促进地方自治等事。可利用家长会等组织,以达到学校与社会打成一片之目的。

---

① 张其昀:《张其昀先生文集》第16册,第8525页。

1953 年,台湾教育行政主管部门决定设立社会中心实验学校。嘉义的东石中学与新竹的竹东中学是最初所指定的两个实验中心学校。1954 年夏天在举办中学教师暑期讲习班时,特别增设"社会中心教育"一科。同年秋天,宜兰的罗东中学、花莲的凤林中学、彰化的鹿港中学、高雄的旗山中学也被指定为实验中学,总共六所实验中学。虽然实验时间仅有短短的两年时间,但教育界同人已经对社会中心学校的成就产生莫大兴趣与信心,要求逐渐扩充,全面展开。从 1956 年秋季开始,台湾全省各县市至少各有中学及小学一所,推行此项实验工作。

(二)社会中心教育开展的关键

张其昀指出,1958 年 5 月 2 日,在社会中心教育出岛进修考察返岛人员会议上,社会中心教育的展开,其关键在于下列四个方面,即师资、课程、教材教法与经费。①

师资问题。现在省立师范大学与各师范学校,均已积极培养新的师资,"国民学校"教师研习会以及中等学校教师研习会,则为教师在职进修机构。今后更应扩大师资范围,凡社会上热心教育,学业有专长,技术有专精之人士,都应广为联系,以其一部分时间与精力,贡献于学校。寓师资于社会,师资方无缺乏之虞。

课程问题。社会中心教育为此时此地之民生教育,以社会调查为起点,以社会服务为目标。故学制与课程在全省统一规模之下,自当因地制宜,因材施教,而富于弹性。新竹县竹东中学为一社会中心学校,该校设水泥、玻璃等十五科目,供学生选修,以适应当地需要,则为一例。社会中心学校的教学设备,如礼堂、图书馆、运动场,均对外开放。并举办民众补习学校,或民众夜校,采取小先生制,指导学生,推行"国语",扫除文盲。

教材教法问题。社会中心教育的设施,经费由地方人士承担,教材与教法之编订与改进,则为政府之职责。最近教育主管部门筹设教育电台,办理教育广播,并与教育电视相配合。期能取精用宏,有声有色,以期推进教学效率,而收普及教育之效。

经费问题。中小学教育为地方自治之中心课题,应健全家长会之组织,以获得社会全力支持,本着有钱出钱,有力出力之原则,取之于社会,用之于社会,则教育经费问题自不难迎刃而解。

---

① 张其昀:《张其昀先生文集》第 16 册,第 8526—8527 页。

第七章 张其昀的社会教育思想

（三）一个案例：新竹县教育实验

新竹县教育实验工作的意义，不仅在于谋求量的发展，而且尤其在于谋求质的提高。不仅仅在于扩充儿童就学的机会，而且尤其在于促进教育理想的实现。学校应与社会打成一片，教育应与实业打成一片，这与西方人所倡导的"社会中心教育"涵义相同。台湾不断倡导的"教训合一""建教合一"的制度，亦含有此意。而过去教育上所暴露的弱点，如学校与社会脱节、教育与实业脱节、学术与建设脱节等现象，可以矫正过来。

新竹县中小学方面的实验工作，其性质非为学制的变更而为教育行政、课程、设备、教材、教法、训育、课外活动、演示、实习等项务求尽善尽美。要以学校为地方建设之中心，农村复兴的基本，希望每一乡镇均有初级中学之设立。在初中旗帜之下，集合了中小学教师的力量，来共同担任地方自治和乡村建设的导师。地方教育果真能够均衡发展，则人才下乡、充实基层的目的，就不难逐渐达到了。

结　　语

　　就在文稿即将完成之际，2014 年 4 月 2 日《中国教育报》刊登了由教育部发布的《完善中华优秀传统文化教育指导纲要》（以下简称《指导纲要》）一文，文章详尽阐释了发扬中华优秀传统文化的重要性、必要性、指导思想以及策略等等。毫无疑问，《指导纲要》发布的目的在于大力提升国人尤其是年轻学子的国学素养。早在 2013 年，中华书局就正式引进了台湾地区高中必选课教材《中华文化基本教材》，并在此基础上修订出版了国学和传统文化教材《中华文化基础教材》。这套教材将在部分合作高中试用，之后再推广到其他教育机构试用。这套教材所涵载的不是一般意义上的语文和古文，而是中国传统的儒家思想。非常巧合的是，《中华文化基本教材》正是张其昀在担任台湾教育主管部门负责人期间所极力推动编纂的，其目的就在于推动中华传统文化在岛内的传播。正是由于这套《中华文化基本教材》被列入台湾高中的必修教材，其一方面大力提升了台湾民众的国学素养，现在四五十岁的台湾人，对《四书》内容基本烂熟于心，使得台湾能够对传统文化有很好地保护。另一方面亦有力消除了部分台湾民众的"皇民化"思想，由于台湾曾被日本侵略统治五十年，部分台湾民众深受"皇民化"遗毒的影响。作为一名中国传统文化的卫道士，张其昀有着近乎极端的国家民族情结。数十年来，张其昀将传承中华传统文化作为其职志。他不但从事学术思想研究，更为重要的是，充分发扬了浙东文化经世致用之精髓，大力推动中华传统文化的实践。他不但利用曾经担任台湾教育主管部门负责人的时机在岛内大力弘扬中国传统文化，而且亲自创办了"中国文化大学"，不断厚植民族传统文化的根基。

然而,当下大陆一些人国学素养缺乏,即使学习或阅读过《四书》的部分内容,对儒学思想的理解也比较肤浅,这已经成为一项共识,近些年来,不断高涨的"国学热"也印证了这一点。由此可见,时代要求我们进一步深化儒学思想研究,对张其昀的儒学教育思想研究正好呼应了这一要求。一方面,张其昀认为教育的宗旨在于人格教育,主张培养具有完善人格的通才,试图从整体和人的全面发展的角度去理解和解决教育和教学问题;另一方面,张其昀高举弘扬中国传统文化的大旗,极力倡导儒学思想,反对盲目崇拜西方文化,主张东西文化的融合贯通。而以儒家文化为核心的传统文化,是中华民族共有的精神依归,必然会成为海峡两岸的中国人交流上的最大公约数。

弘扬以儒学为核心的中华传统文化不但可以有力地促进海峡两岸的交流,从而最终实现国家的统一,而且可有效化解当前大陆面临的两大危机。毋庸讳言,当前大陆在前进的道路上遇到两大"坎":一为自然环境的不断恶化,空气、水、土壤都在不同程度上存在着污染现象,严重影响了人民的生活品质,并且造成社会发展的不可持续性;二为人性的变质,重外在的物质享受,轻内在的精神需求,人性中"恶"的成分不断膨胀,甚至突破了做"人"的底线。而以儒学思想为核心的传统文化则为此提供了丰富的思想资源。"首先,儒家看重人性良善的本质,其修养的要旨在于唤醒人性中'善'的种子,使其成长与壮大,从而有效约束人性中'恶'的因素。强调反观内求,以'存善'养性,令人遗憾的是,很多现代人只顾向外追求,逐外物而不返,与原有的良善本性背道而驰。其次,儒家对人与自然的关系有深刻的理解。自然并非简单的客观对象,更不是让人肆意征服的外物,人与自然的关系是声气相通、息息相关并且休戚与共的。所谓'天地与我并生,万物与我为一',正是人类对于人与自然之间的有机关系的觉醒。"[1]儒学思想之中蕴含着中国传统的人格教育,这些优秀的传统价值观同时也能在潜移默化中得到传承,正是克服当下两大危机的一剂良药。事实上,从根本而言,解决这两大危机的根源在于"做人"的培养,然而大陆当前的教育存在着越来越工具化、越来越标准化的趋势,教育家潘光旦曾写过一篇《国难与教育的忏悔》文章:"认为近代以来所谓新教育有许多对不起青年与国家的地方,尤其是教育没能使受教育者做一个'人'、做一个'士'。中国教育没能跳出三个范围:一是平民教育或义务教育,目的只在普及、识字,教大众会看简单的宣传文字;二

---

① 孔垂长:《儒学的本质与精神没有时代局限》,《中国评论》月刊 10 月号,http://mag.chinareviewnews.com/crn-webapp/mag/docDetail.jsp? coluid=0&docid=102811628&page=1。

是职业教育或技能教育,只教人学些吃饭本领;三是所谓人才教育,只不过培养一些专家或文官。三者都和做人之道'离得很远'。"①时至今日,中国的教育似乎仍然局限于以上三个范围。事实上,张其昀教育理念的核心就在于突破以上的局限,把"做人"与"做士"的培养置于教育的首要目标,他非常推崇宋儒张横渠先生的话:"为天地立心,为生民立命,为往圣继绝学,为万世开太平。"张其昀认为,这四句话可说是中国古来教育所极力提倡的"大丈夫教育"的最高境界,也应成为我们未来教育的理想与目标。

---

① 徐百柯:《潘光旦:教育的忏悔》,《中国青年报》2005 年 11 月 9 日。

结

语

张其昀大事年表①

1901 年

农历九月二十九日诞生于浙江省鄞县西南乡。

1907 年　7 岁

在西南乡张氏祠堂设立的小学开始识字读书。

1913 年　13 岁

入鄞县横溪第四高级小学就读。

1915 年　15 岁

以第一名考进浙江省宁波省立第四中学。

1919 年　19 岁

进入南京高等师范学校就读。

1923 年　23 岁

从南京高等师范学校毕业。

1924 年　24 岁

应上海商务印书馆之聘，编著高中地理教科书《本国地理》，共 2 册，编辑过程中，共 3 年到处旅行，搜集第一手资料，从事撰述。

---

① 参考刘承洲、陈文尚《张创办人晓公博士的游踪（年表）》，见潘维和：《张其昀博士的生活和思想》上册，第 711—717 页；王永太：《凤鸣华冈——张其昀传》，第 286—291 页。

1927 年　27 岁

应聘至南京国立中央大学任教。

1929 年　29 岁

当年秋天,旅行浙江天台山、雁荡山、天目山、雪窦山等。

1931 年　31 岁

当年暑假率领国立中央大学学生六人,到东北考察两个月,走遍安东、凤凰城、长春、吉林等地,回程中于葫芦岛乘北宁铁路火车到北平,再换乘津浦铁路火车回南京。

1933 年　33 岁

3月,翁文灏、竺可桢、张其昀三人在《方志月刊》刊登中国地理学会成立宣言,号召地理学者组织中国地理学会。

应邀至苏州中学演讲。

1934 年　34 岁

3月,担任中国地理学会理事,并兼任干事与出版委员会主任。

9月,担任《地理学报》总编辑。

与李旭日、任美锷等两人赴西北考察,主要考察了陕西、青海、甘肃等。

1935 年　35 岁

当选为中央研究院第一届评议会评议员。

1936 年　36 岁

应聘担任浙江大学史地系主任兼史地研究所所长,前后共14年。

1937 年　37 岁

抗日战争爆发后,随浙江大学西迁,为浙大西迁的主导者;11月,到达浙江建德。

1938 年　38 岁

1月到吉安;2月到泰和;10月到广西宜山。

1940 年　40 岁

4月到贵州省遵义与湄潭。在遵义停留长达八年之久,曾积极展开实地调查工作,根据第一手资料,主编《遵义新志》一书。并与缪凤林做西北考察,曾经到兰州、陕西、甘肃、宁夏、青海、新疆等地。

1941 年　41 岁

当选第二届国民参政会参政员。

8 月主编《思想与时代》月刊,此为抗日战争期间一份极有分量的期刊,由各大学名教授张荫麟、贺麟、朱光潜、钱穆、谢幼伟等联合主编,其内容包括哲学、科学、政治、文学、教育、史地等项,而特重时代思潮与民族复兴之关系。

1943 年　43 岁

6 月以浙江大学教授身份,应美国国务院之邀,赴马塞诸塞州哈佛大学访问讲学。致力于地略学之研究,并做多次旅行。

1944 年　44 岁

4 月,应约翰霍普金斯大学校长鲍曼——闻名于世的政治地理学家——之邀,前往访问。就中国问题,双方广泛交换意见。

1945 年　45 岁

9 月乘轮船回到上海。结束美国两年的研究访问,继续担任浙江大学史地系主任和史地研究所所长。

1946 年　46 岁

1 月,继梅光迪任浙江大学文学院院长。

1947 年　47 岁

当选为国民大会代表。

1948 年　48 岁

《遵义新志》一书出版。

1949 年　49 岁

3 月任考试院第一届考试委员。

6 月渡海来台,先后出任中国国民党"总裁办公室"秘书组主任、"革命实践研究院"院务委员兼第一组组长。

7 月随蒋介石访问菲律宾。

8 月再度随蒋介石访问韩国。

1950 年　50 岁

4 月出任国民党"中央宣传部部长",创办"中国新闻出版公司"。

5 月 1 日发行《"中国一周"》。

8月出任国民党"中央改造委员会"秘书长。

1952 年　52 岁

于国民党"中央党部"秘书长任内,邀请台湾教育主管部门负责人程天放与台湾省教育厅厅长陈雪屏集议,创办"中华文化出版事业委员会",编印《现代"国民"基本知识丛书》,共出 6 辑,每辑 100 册,借以提高民众知识水准。

4月创刊《新思潮》,以译述方式,介绍世界名著。

9月出版《学术季刊》,以刊载学术论著及书评为主,对促进中西文化交流,助益良多。

1954 年　54 岁

8月出任台湾教育主管部门负责人,任内于台北市创设南海学园。设立学术审议委员会,设立学术文艺奖金、"中国文化研究所"、音乐研究所、建筑研究所、"中国医药研究所"、"国剧改良委员会"、"中华丛书"编审委员会,出版英文版《"中国文化"》季刊,努力宣扬中国传统文化。

11月推动台湾政治大学在台湾"复校"。

经核准新成立了私立东海大学、东吴大学、中原理工学院、高雄医学院等。

1955 年　55 岁

6月将当时台湾省立师范学院改制为台湾省立师范大学。

8月宣布推动台湾"清华大学""复校"。

9月通过"发展初级中等学校方案",提出"初中免试升学方案"。

1956 年　56 岁

将台南工学院改制为"省立成功大学"。

1958 年　58 岁

出任"革命实践研究院"主任,为国民党培育干部,同年筹备国民党最高的政略与战略研究学府——"国防研究院"。

1959 年　59 岁

出任"国防研究院"主任,共十四年,训练国民党高级军政人员。

1961 年　61 岁

《中华五千年史》第 1 册《远古史》由"中国文化研究所"出版。

1962 年　62 岁

创办"中国文化学院"。

主修的《清史》《中文大辞典》出版。

1963 年　63 岁

创立华冈学会,凡毕业之校友,悉纳其中。

1965 年　65 岁

接受韩国庆熙大学与美国圣若望大学颁发人文学名誉博士学位。

1966 年　66 岁

主修的《元史》出版。

10 月创立"中华学术院",设有 20 个分科协会,另有 60 多个研究所。

1968 年　68 岁

"中华学术院"举办第一届"国际华学会议"。

1971 年　71 岁

设立华冈兴业基金会,与"中国文化学院"、"中华学术院",三者合称华冈学园。

1980 年　80 岁

3 月接受蒋经国敦聘出任"总统府资政"。

6 月"中国文化学院"经过台湾教育主管部门核准,改制为"中国文化大学"。

8 月出版《华冈理想》第 9 册。

1985 年　85 岁

逝世于台湾,享年 85 岁。

附录　对"中国文化大学"董事长
张镜湖博士的访谈

　　2014年9月15日上午9点,笔者就张其昀的教育成就及教育思想访谈了张其昀先生的独子——"中国文化大学"的董事长张镜湖博士,一同参加访谈的还有:"中国文化大学"史学系的王吉林教授、理学院的刘广英教授、华冈出版部主任李仕德副教授、两岸事务处林柏杉处长以及毕玉成老师等。①

　　非常感谢董事长的邀请与会见。我们这一套书叫"近现代甬籍教育家研究丛书",选了近现代以来宁波的11位在全国范围内比较有影响的教育家。我很荣幸有机会为创办人的教育思想做个研究。实际上在这之前,我并不是特别了解创办人的教育思想。您认为创办人的教育成就主要体现在哪些方面?

　　董事长:有关于创办人的档案、传记,大陆在这方面有一位叫王永太的写过一本书。

　　笔者:对。

　　董事长:他写过,你看到过?

　　笔者:我读过。

　　董事长:他是在《浙江文化名人传记》系列丛书里面写过,他差不多在八年以前写的。我看到大陆也有一些写创办人的短文,这方面的很多,但并不是很完整。

---

　　①　访谈中的董事长指的是张镜湖董事长,王教授指的是王吉林教授,刘教授指的是刘广英教授。

笔者:对,近十年以来关于创办人的研究逐渐增多,之前还是不多的。可能在台湾这边,研究非常多,资料很多。在大陆那边并不是很多。除了您提到的王永太先生写的传记之外,还有另外一些文章,主要侧重于史地学研究这一块,对他整个教育思想做研究,在大陆应该来说现在是没有的。

董事长:大概在一个半月以前宁波市有人来说要建一个馆,是不是?

笔者:是的,宁波教育馆。

董事长:需要把有些人的资料放进去。

笔者:对,我们已经把创办人的一部分介绍放进去了。但是可能更多的一些其他文献还没有找到。

董事长:那创办人在南京大学有个纪念馆。你知道吗?

笔者:我知道的。

董事长:所以创办人去世后很多他写的东西都在那边,是完整比较的了。创办人最早是到上海参加五四运动,参加完之后就考进了南高师,在南高师的时候就写了几篇有关历史方面的文章。他老师是柳诒徵。后来创办人把法国的人文地理大师的思想与历史相结合,那可能是很早的一个贡献。他后来写了很多跟日本人在东三省侵略有关的文章,东三省当时有一个国际团体在调查。哦,是李德。有关这个调查的报告他也写了一篇。后来继续写了一些抗日的文章。他大学毕业后就到商务印书馆去了。商务印书馆就在虹口公园的旁边。以后他最重要的就是带学生到浙江省去考察,浙江省去完后是到东北、西北,到青海那边。因为当时没有关防,他走过去到朝鲜去了一下,这些都是零零碎碎有记录的。他的学生里面有一位叫任美锷的,就是宁波人。

笔者:对,宁波人,中科院院士。

董事长:创办人在中央大学的后期就是带学生去考察。那时候也写了不少历史方面的文章。到抗战的前一年,到浙大去了。因为在南高师的时候,地理方面主要是竺可桢,历史方面是柳诒徵,还有一个叫刘伯明的,他也是留美的。这些早年的学者,好像还办了一份《学衡》杂志,那是他在南京教书的时候。他在南京教书也不太久,到抗战的前一年,竺可桢被邀请到浙大当校长,他跟过去了。过去之后开始建立史地系,当时的史地系的范围是很广的,有气象的,有地质的,有土壤的,有生物的,有历史的大师,西洋史也有。现在台湾西洋史都没有人看,而当时的史地系阵容是很强很强的。1937年之后就迁移了,抗战开始了。到江西,到广西,到贵州。到贵州后,就成立了研究所。当时是国内最早开始成立研究所的。当时的研究生很多来自中央大学、西南联大等。西南联大全是念气象的,从中大来的读地理的多。到了贵州后,当时蒋介石要创办人办份杂志《思想与时代》。这个杂志的水准相当高,讲文化啦,讲历史啦。当时写的人当中有一些是西南联大的。当时可以说是国内最好的杂志。现在浙大又把其中的一些抽出来重新刊出。到了遵义之后的第三年,他被邀请到美国去。大概有7个人被美国国务院邀请了。中间有费孝通,中央大学的也有。他去了两年后回来,抗战胜利。但是浙大还没有搬回去,他就到贵州,等半年后再到杭州去。所以回杭州后,史地系好像是又加了一些历史教授,所以阵容是很强的。

王教授:另外在遵义的时候,他派学生去调查,写了《遵义新志》。

董事长:《遵义新志》是对遵义的历史、地形、气象等方面的研究。原来的旧志的话单单讲人物,而新志是每一方面,包括土壤都有。这就是当时的老师指导学生们来写的。回来后抗战就结束了,到杭州后史地系又加了些老师,当然有些也换掉了,但是总人数是增加了的。

董事长:1949年,他原本是要到美国去的,因为他刚回来,那边还有些联系。但是在广州碰到了钱穆,就想要办书院。这书院就是后来的新亚书院,新亚书院也就是香港中文大学的前身。但是到广州两个月后,书院筹备书写完后,蒋介石打了个电报给他们,叫他们到台湾来。这是因为抗战前,开过庐山会议,他去参加过。因为他在抗战前对于抗日的文章很多,像济南惨案、万宝山事件等。我记得好像这个是《大公报》上面写的。因为他对这些国际形势很了解,当时的《大公报》社论比现在台湾的要长,要丰富。他好像在抗战的时候写了18篇社论,可以算一算,他写的社论是最多的了,包括太平洋战争这些国际的大事件。

董事长:当时到台湾之前,在1949年的2月,我不记得哪一天了,蒋介石请他到奉化去。当时是蒋经国到我们家来,我们在杭州。有天晚上我开的门,就请先父到奉化。主要问究竟要搬到哪里去?先父说四川是没有用的,要到台湾来。那次他到了溪口后,跟蒋介石讲要去台湾。蒋介石听了他的话,马上把故宫的文物能搬的搬过来,并不是所有的都能搬。金圆券也带到台湾来了,金圆券有一部分到了海南岛就从飞机上掉下去了。蒋介石要先父到台湾来,就是要帮他一些忙。最重要的就是当初麦克阿瑟要求到台湾,麦克阿瑟跟当时的杜鲁门总统、国务卿艾奇逊看法两样。在他的安排下,蒋介石马上到菲律宾去看当时他们的总统基里诺,开了一个会议,叫作碧瑶会议。事实上,菲律宾并没有危险,但是第二次世界大战期间麦克阿瑟在菲律宾待过,由于他的影响力才可能开这会。这个会议开完了以后,就到韩国跟李承晚开会。后来先父帮了蒋介石一些忙,特别在教育方面,但是他对于做官没有多大的兴趣,所以后来到学校办学。

董事长:创办人到台湾后,认为他很重要的一个贡献就是编辑《中文大辞典》。这比《康熙字典》更完全,在繁体字里面是最完全的,现在是十本,单字比《康熙字典》多很多,每个字下面的单词条很多。

笔者:还有创办人刚到台湾的时候,组织编的《中国文化基本教材》。

王教授:那个是他当台湾教育主管部门负责人的时代,他要求中学生一定要读《中国文化基本教材》。

董事长:这个字典,大概是两年前还是三年前,浙大有人来谈过,想把它做成简体版的,但是工程浩大。

王教授:这是个历史的阶段,不应该转,把它编成简体字的话还不如重新编一本,应该保留这个字典,把它做成文化的传承才是对的。

董事长:这字典当初出了以后,美国国会的图书馆,德国、法国、苏联的国家图书馆都买了,我在苏联的国家图书馆看到过。创办人跟周恩来在重庆的时候见过面,重庆的政府有所谓的参政会,创办人是会员,当时有见过面,认识过。

另外的重要的贡献是,创办人想写《中华五千年史》,可是他写到汉朝就结束了。现在在河南、四川都发现有原始文化,但没有文字。现在发现最早的人在广西,并不是"北京人",创办人当时在写远古史的时候,这些并没有被发现,所以没有多提到。

《孔学今义》是非常好的,你们的孔子学院跟学堂,700多个都在用这本书,北大先出了简体版,浙大去年出了英文版,新加坡也出了,同时南大替先父造了一个纪念堂。

最后,他有个遗作,他目录上面有一条,他说是多神教的。什么意思?到现在为了宗教到处打仗,只有中国,从汉朝时候就统一了,欧洲的宗教都分离了,他的意思就是你要尊重我的宗教,我要尊重你的宗教,谁也不要说你是唯一的,这就是现在乌克兰、中东最大的问题,乌克兰基本上是东正教和天主教,各占一半,变成敌对的,这个是没有道理的。所以他认为中国的宗教没有排外。

笔者:我想请教一下,文献里面未必有的,第一个,除了刚才您讲的创办人的治学,还有生活待人这方面的事情,你能简单跟我们讲一下吗?

董事长:生活方面他几乎就是整天念书、写东西,在家里,吃饭的时候常常都是我母亲催他两三次,他都不愿意停下来,他没有什么嗜好,从小我就看他念书、整理资料。

笔者：另外创办人在他的文章里面，经常提到他的先父，就是您的爷爷，对他的影响非常大，您能谈一下具体有哪些影响吗？

董事长：我的爷爷，平常就是念书，喝点酒，酒喝得多，绍兴酒喝得很多，但是先父不喝酒，他就喝喝茶，生活很简单。我跟你讲，我们当年从杭州离开，没有什么钱，幸亏到了上海后，有一位姓蔡的，生意做得很大，我们问他借了点钱，他的儿子跟我们出来，到广州、到台湾，后来就过世了。所以我们从大陆出来是没有钱的，当时的教授很苦，稿费也有限。

王教授：创办人从杭州到上海，1949 年的 4 月 20 多日到上海，匆匆忙忙，董事长讲没有钱带出来，就是有钱也没有办法，那个火车挤得要命。

笔者：这是从杭州到上海的最后一班火车，是吧？

董事长：是的，当时赵松樵来送的，他是留美的博士，刚回国一年，因为他出国是美国国务院的奖金，而他在国内的时候在浙大所有的系里面是成绩最好的，才被挑选去的，他硕士论文是跟先父写的，写的是缅甸的问题。他在南京的金陵大学待了一年后，去了中科院，因为他在这一方面成就很高，他后来当了中科院沙漠所的所长，25 年前，他作为杰出学者第一个来台湾。

笔者：创办人的思想如果用儒学教育思想概述的话，你觉得概述准确吗？

董事长：事实上他对人文地理的贡献也很大，刚才也讲过，包括白吕纳的那本书，他是第一个翻译的，后来他带学生去考察，先去浙江的雁荡山，后来到东北、西北、青海，这一方面他也写了一些报告，所以他对人文地理是有贡献的。当时中央研究院有评议员，第一届的评议员他当选，就是因为地理方面的贡献而不是因为历史方面的贡献。所以当时到边疆去考察的相当少，他当时在上海写了一本地理书，这是三大名著。

笔者：对，高中的《本国地理》。

董事长：对，当时还有林语堂的《英语》和戴运轨的《物理》。所以当时他在地理方面的贡献还蛮多的，他们当时史地并重，而人文思想，他对王阳明也蛮有研究，对中国传统和哲学都有研究和文章。

笔者：另外一个，创办人到台湾之后，不遗余力地大力推广中国的传统文化，你觉得他的目的是什么？你觉得这对台湾整个的教育产生了哪些影响？

董事长：他觉得中国传统文化很重要，他一直都觉得很重要。他在浙大的时候请了钱穆去，钱穆之前是张荫麟，张荫麟在清华的成绩是最好的，他后来到美国留学过。

笔者：对的，英年早逝。

董事长：对，当时我念初中，可惜了。

笔者：你认为他对中国传统文化的推动，对台湾的教育有哪些影响？

董事长：我看后来的影响也不大了，现在许多人根本不谈中国文化了。

笔者：您认为创办人教育上最大的成就和遗憾是什么呢？

董事长：他在浙大的时候的确是造就了很多的人才。浙大史地系后来在中科院当所长的有 6 个，当副院长的就是叶笃正，另外是王炳文、赵松樵、毛汉礼、施雅风、陈述彭，所以这些贡献是很大的。陈述彭，他在遥感所是副的，但是当时遥感没有人晓得，遥感是后来跟科技结合的。毛汉礼当时浙大毕业后居然能考上加州大学，到美国去念海洋，他是青岛第一个海洋所所长，他太太也是浙大毕业的。

王教授：补充几句话，创办人在台湾担任教育主管部门负责人，他想把中国传统文化保留下来，所以进入了中学教材、小学教材，他甚至还跟政要申请教育经费，还提出一个政策就是初中免试升学，就是小学毕业直接进初中，不用考试了，因为在台湾的早期是精英教育，一般的人就是有钱想升学也非常困难，一级一级考试考得很厉害，创办人看到这个问题，就把当局的预算多拿一些到教育上，然后提出九年义务教育，到现在提出十二年义务教育，所以台湾的进步，跟当年形成的教育有密切的关系。

董事长：但是当年，日本人还在的时候，念的领域限制在农、医、艺术，不准本土人念人文。

王教授：那么我们来了台湾最重要的一点就是教育绝对公平，结果就是山区来的也好，本省来的也好，外省来的也好，大家都要考试，一切归根于考试。这样的话就是教育上的公平再加上创办人争取教育经费，当时认为当局预算 80％ 应该属于军事，创办人认为这个有问题，所以主管财政的人不喜欢创办人，原因在这点。

刘教授：当年我们有关规定就是教育预算不能低于 15％，在预算非常低的情况下这是非常了不起的贡献，配合当时创办人倡导的初中免试升学，加上联考，让教育的公平性非常高，所以我们才会培育出了那么多的人才，到 20 世纪五六十年代，台湾经济才会起飞，我觉得这是创办人非常重要的贡献。创办人第二个来到台湾之后很重要的贡献，我们也讨论过，就是当初两岸都一样，那些学术活动的会，或者任何团体都是不太容易被允许活动的，那你都不活动,这些学术的核心人物就慢慢死掉了。创办人那个时候就帮助让这些学会在台湾"复会"。另外在台湾教育主管部门直接管辖的这个范围之内,就是帮助大陆的一些名校在台"复校",像"清华"、"交大"以及后来的"中央大学",都"复校"了,这对台湾的教育来讲,让当地的同胞,就有很公平的机会进入大学接受教育,最后自己创办了"文化大学"。我们有很多很特殊的系,比如说劳工系,当初在台湾谈劳工问题是是很敏感的,他就创办了劳工系,今天我们当局很多的重要决策和干部都是"文化大学"毕业的。比如说我们创了这个艺术学院,一个私立学校创办一个艺术学院实际上是蛮划不来的,因为艺术需要个别的老师指导。那在这个艺术学院里,我们又保留了中国舞蹈、中国戏剧、中国音乐,还有一个很特殊的,在我们的体育系里保留了中国武术。那这些呢,了解以后你就会知道,当初创建一个学校实际上有一个非常广的面,就配合你刚才讲的那个对中国文化的倡导,推行中国文化复兴运动等,都是为了保留一脉相传下来的这个民族与历史上的非常重要的背景。所以这些我觉得都是了不起的东西。

笔者:像现在大陆这边教育公平这个词最近几年来是被频繁提起。其实我在读创办人的一些文章、著作当中也知道他的很多想法,像他那个初中免试升学这样一种做法,感觉很有价值,也很有启发意义,因为现在大陆的孩子也非常辛苦,考试的压力非常大。

刘教授:十一二岁就开始那么辛苦了,不好吧。至少延长三年让他变十五岁以后再辛苦吧。看到小孩子身体受到升学压力的摧残,下课以后晚上还要去补习的。

笔者:现在台湾这个补习还多吗?

刘教授:现在还保留一些台湾那个时候的精英高中,读完了九年义务教育之后啊,高中又出问题了,有的高中非常非常好,譬如说北一女中等,它们差不多就把五大名校的名额占光了,家长就没有办法,还是要补习,所以还是维持精英教育的这一块,是有压力的。不过好歹他已经十五岁了,孩子受压力的时候已经是十五岁这个时候,因为这样的关系啊,家长比较舍得花钱。

董事长:到了最后,一些有钱的家庭,小学毕业了,还没有进初中,还没有到平均年龄,就送到岛外去了。小学升初中,他老早老早送到岛外去了,他不碰这个考大学这一块,考大学这一关是很麻烦的事。

笔者:创办人除了这个《中华五千年史》没有写完,在教育上,还有哪些遗憾?

董事长：今天大陆的进步是教育科学的进步。大陆很多的科系都是有全盘规划的，台湾没有。大陆的很多所谓的点，这个点的观念很重要很重要，点不能重合，点要弯折。点是什么东西？点是系下面专门的东西，大陆像浙大有三百多个硕士点，有两百多个博士点。浙大的化学点很多很多，这些点我们台湾很多都没有。

王教授：我再讲一点啊，我们这个精英教育有许多坏处，我们台湾大学几乎都是坏的名声，叫什么留美、留日学堂，台大的学生，理工学系的，一般能有一个或者两个留在台湾的，算是稀有动物。大学毕业的第二年，在美国开同学会。

刘教授：所以有的时候这个教育是什么？教育是精细的统治，你最好的统治在教育上，海峡两岸都一样，全世界都一样。一个国家和地区如果要富强的话，看他的教育。

笔者：台湾的很多做法，跟大陆其实比较相似。老百姓对自己子女的教育想法其实非常相似。

刘教授：像我们台大的理学院和工学院，现在虽然好一点了，但在以前，替美国培养学生，到美国去念硕士博士。我的很多同学，在大学毕业以后，到美国去留学了，然后几十年从来没回来过。

笔者：因为他创办了"文化大学"，他在创办过程中是如何一步一步来建立他的教育思想的呢，主要体现在哪些方面？

董事长：当初，他是希望这个领域是很广的，是一个综合性的，到今天我们的系和台大是差不多的，是台湾地区最多的，有60个系，但是比起韩国，我们的系还是比较少的，韩国首尔大学有130个系，这就是因为后来台湾地区教育主管部门的限制，同时人才也没有，所以我们的科技、理工太落后，韩国譬如讲核能，它有核能系。首尔大学，电子，飞机也能造，它造船还领先大陆很多年，这些都是因为它大学里面有这些系，才能够发展的，但是台湾地区在这些区域完全没有啊，当年创办的时代，这些可能是还没有大发展，当时的科技是靠理工的，所以，那个时候他们的做法、很多的研究所还算是先进的，但是后来很多的新发展我们全没有跟上去，韩国在造汽车方面是很多年以前就有了，我们都没有。这一些都说明整个台湾地区理工方面太落伍了，台湾地区的发展将来在经济方面将受到很大的限制。

笔者：我也想问一下，就是说，创办人一直在提倡一种通才教育，这样一种理念跟理工落伍之间有什么关系？

董事长：创办人曾经写过一篇有关美国的通识教育文章，美国通识教育就是文理兼重。美国的通识教育起源于芝加哥大学,芝加哥大学大一不分系,你一定要数、理、化、生里面挑三门念,而且在历史文化方面,全世界最重要的文明、文学也占到40%,数理化40%,另外20%是国际上先进国家的历史,这个念完后,才分系,这个叫作通识教育。但是我们现在的通识教育啊,简直水准太差,什么东西都能念,都能算,芝加哥大学大概是20世纪三四十年代就已经有了,芝加哥大学有了以后,哈佛大学才有的,那后来哥伦比亚大学、普林斯顿大学等都实行了,所以真正的通识教育只有这几个好大学,而且教的人都是大师级的,而台湾地区根本谈不上大学通识教育。

笔者:现在像我们宁波大学,第一年进去,就要进阳明学院,它是不分系科的,然后从第二年开始根据学生的情况可以再选专业。只是分一个大类,就是你是学文科的,学理科的,学工科的,总的来说分得不是很详细。

董事长:这个阳明啊,这个山叫作阳明山,本来叫草山的,也是1949年从大陆来了以后改名的,是蒋介石改的。

笔者:在你看来,创办人的思想最核心的东西是什么呢?如果让你概述的话,核心你觉得是什么东西。

王教授:应该有提过的,四个字:真善美圣。

董事长:他对王阳明是很尊敬的。

笔者:对,他有没有跟你在交流中流露过对家乡的一些想法、一些思念?

董事长:那个时候可能两岸的交流还很难。两岸大学的交流,我们是开始,我们跟宁波大学签约的时候,台湾教育主管部门还不准的,现在我们大陆的姐妹校有一百零七个,北大、清华、中大、南大、浙大,都是姐妹校,最有名的都是姐妹校。推动与大陆姐妹校的交流也是创办人的想法。

王教授:创办人过世前一个多月,我去看他,他谈的还是什么"文化大学"应该聘请哪些人当教授,我说你现在已经退休了,他就叹气,还是以教育为他的唯一。

参考文献

一、著作

（一）张其昀的著作

[1] 张其昀.张其昀先生文集（共 25 册）.台北："中国文化大学"出版部，
1988—1991 年间陆续刊行.

[2] 张其昀.张其昀先生文集续编（共 3 册）.台北："中国文化大学"出版
部，1995.

[3] 张其昀.张其昀先生文集三编（共 1 册）.台北："中国文化大学"出版
部，2001.

[4] 张其昀.孔子学说与现代文化.台北："中国书刊仪器社"，1958.

[5] 张其昀.孔子传略.台北："国防研究院"，1959.

[6] 张其昀.孔孟圣迹图说.台北："中华文化出版事业委员会"，1960.

[7] 张其昀.新儒学运动.台北："国防研究院"，1968.

[8] 张其昀.孔子新传.台北：华冈出版部，1974.

[9] 张其昀.孔学今义.北京：北京大学出版社，2009.

[10] 张其昀.中华五千年史（第 2 册）.台北：华冈出版有限公司，1976.

[11] 张其昀.中华五千年史（第 3 册）.台北：华冈出版有限公司，1976.

[12] 张其昀.中华五千年史（第 4 册）.台北："中国文化大学"出版部，1982.

[13] 张其昀.中华五千年史（第 5 册）.台北：华冈出版有限公司，1979.

[14] 张其昀.中华五千年史（第 6 册）.台北：华冈出版有限公司，1980.

[15] 张其昀.中华五千年史（第 7 册）.台北：华冈出版有限公司，1980.

[16]张其昀.中华历代大教育家史略.成都:钟山书局,1944.

（二）其他相关著作

[1]程光裕.常溪集.台北:"中国文化大学"出版部,1996.

[2]贵州省遵义地区地方志编纂委员会.浙江大学在遵义.杭州:浙江大学出版社,1990.

[3]洪汉鼎.诠释学——它的历史与当代发展.北京:人民出版社,2001.

[4]柳诒徵.中国文化史（上册）.上海:上海古籍出版社,2010.

[5]柳诒徵.中国文化史（下册）.上海:上海古籍出版社,2010.

[6]潘维和主编.张其昀博士的生活和思想（上、下册）.台北:"中国文化大学"出版部,1982.

[7]宋晞.张其昀先生传略.台北:"中国文化大学"出版部,2000.

[8]沈松侨.学派与五四时期的反新文化运动.台北:台湾大学出版委员会,1984.

[9]王应麟.困学纪闻.上海:上海古籍出版社,2008.

[10]王永太.凤鸣华冈——张其昀传.杭州:浙江人民出版社,2006.

[11]吴忠良.传统与现代之间——南高史地学派研究.北京:华龄出版社,2006.

[12]张光陆.解释学视域下的对话教学.北京:中国社会科学出版社,2012.

[13]张其昀先生纪念文集编委会.张其昀先生纪念文集.台北:"中国文化大学"出版部,1986.

[14]张其昀先生纪念文集编委会.张其昀先生百年诞辰纪念文集.台北:"中国文化大学"出版部,2000.

[15]周敦颐.周子通书.上海:上海古籍出版社,2000.

[16]"中国文化大学"发展史编纂委员会."中国文化大学"发展史.台北:"中国文化大学"出版部,2002.

[17]竺可桢.竺可桢日记（第一册）.北京:人民出版社,1984.

[18]竺可桢.竺可桢日记（第二册）.北京:人民出版社,1984.

[19]竺可桢.竺可桢全集（第6卷）.上海:上海科技教育出版社,2004.

二、学位论文

[1]何方昱."科学时代的人文主义":《思想与时代》月刊(1941—1948)研究.复旦大学博士学位论文,2006.

[2] 雷婷婷.郭秉文的平衡办学理念与实践研究.南京师范大学硕士学位论文,2007.

[3] 李怡纹.张其昀因应学校教育发展课题之研究(1954—1958).花莲师范学院硕士学位论文,2000.

[4] 李俊霖.张其昀之教育思想与实践.台湾师范大学硕士学位论文,2006.

[5] 王瑞."圣人之徒"的儒生情怀——以探析张其昀学术思想为中心.华东师范大学博士论文,2013.

[6] 王瑞.张其昀新人文主义史学研究.宁波大学硕士学位论文,2009.

[7] 郑素燕.继承中国传统士大夫精神——记张其昀的生平及其言论.华东师范大学硕士论文,2008.

三、论文及文史资料

[1] 陈光全.德育教学要实现九大转变——关于德育教学生活化的探索.中国教育学刊,2003(7).

[2] 浙江省政协文史资料委员会.从名记者到幕僚长——陈布雷.浙江文史资料选辑第三十七辑.杭州:浙江人民出版社,1988.

[3] 顾晓英.评蒋介石的新生活运动(1934—1949年).上海大学学报(社科版),1994(3).

[4] 郭斌龢.南京高等师范学校二十周年纪念之意义.国风,1935,7(2).

[5] 韩光辉.张其昀及其历史地理学贡献.中国科技史料,1997(1).

[6] 何春晖,胡岚.竺可桢与张其昀交谊考.浙江大学学报(人文社科版),2011(2).

[7] 何方昱.科学与人文的融通之路:以《思想与时代》月刊同人的科学言说为中心.学术月刊,2007(10).

[8] 孔垂长.儒学的本质与精神没有时代局限.中国评论,2013(10).

[9] 乐黛云.世界文化语境中的学衡派.中国现代文学研究丛刊,2005(3).

[10] 马小菲.文大印象.中学时代,2013(11).

[11] 钱茂伟.现代浙东学人张其昀的史地学成就.浙东文化研究集刊.上海:上海古籍出版社,2005.

[12] 钱穆.改革大学制度议.大公报(重庆),1940-12-01(2).

[13] 吴忠良.南高史地学派引论(上).东方论坛,2006(5).

[14] 吴忠良.南高史地学派引论(下).东方论坛,2006(6).

[15] 王骥.张其昀编写的地理教科书.民国春秋,1994(1).

[16] 王瑞.论张其昀新人文主义史学产生的背景.中共宁波市委党校学报，2009(3).

[17] 王瑞.探析张其昀的儒生情结.中共宁波市委党校学报,2012(2).

[18] 王永太.张其昀与《遵义新志》.中国地方志,2005(2).

[19] 心浩.经世致用:浙东文化的最高宗旨.宁波大学学报(人文社科版),2000(2).

[20] 颜士之,许为民.张其昀史地结合思想与浙江大学史地系办学特色.浙江大学学报(社会科学版),1998(3).

[21] 有宝华.《品德与生活》课程性质分析.人民教育,2002年(增刊).

[22] 张其昀.东三省之考察,地理杂志,1930,3(5).

[23] 张其昀.东北地理考察团经过情形.地理杂志,1931,4(5).

[24] 张其昀.敬悼张荫麟先生.大公报(重庆),1942-10-27(1).

[25] 郑大华.论白璧德新人文主义对"学衡派"的影响.中国文化研究,2007(2).

[26] 郑素燕.国防问题丛谈——浅论张其昀的国防思想.安徽史学,2008(4).

[27] 郑素燕.1949年前张其昀的人际网络.长春工业大学学报(社会科学版),2010(5).

[28] 郑素燕,方良.出世与入世的抉择——张其昀从政浅析.湖南工业大学学报(社会科学版),2011(1).

[29] 附录:国立浙江大学文学院、师范学院史地学系概况.史地杂志,1940,1(3).

[30] 国立浙江大学文学院各系学程上课时间表,浙江省档案馆浙江大学全宗,档案号:53-1-699.

[31] Wolfgang Klafki. The Significance of Classical Theories of Bildung for a Contemporary Concept of Allgemeinbildung. In：Teaching as a Reflective Practice：The German Didaktik Tradition. Ian Westbury, Stefan Hopmann, Kurt Riquarts. (eds.). Mahwah, NJ：Lawrence Erlbaum，2000：85-107.

[32] George Mosse. Confronting History. Madison：University of Wisconsin Press，2000：184.

[33] Daniel Trohler. The Discourse of German Geisteswissenschaftliche Padagogik — A Contextual Reconstruction. Paedagogica Historica,

2003,39(6):759-778.

[34] Ian Westbury. Teaching as Reflective Practice: What Might Didaktik Teach Curriculum? In: Teaching as a Reflective Practice: The German Didaktik Tradition . Ian Westbury, Stefan Hopmann, Kurt Riquarts (eds.). Mahwah, NJ: Lawrence Erlbaum, 2000:15-39.

四、网络资源

[1] "中国文化大学"网站. http://www. pccu. edu. tw/intro/intro _ about. asp.

[2] 宁波地名网. http://www. nbdm. gov. cn/homepage/community_view. aspx? id=1489.

[3] 浙江大学求是新闻网. http://www. news. zju. edu. cn/news. php? id =36317.

索　引

后　记

当前传统在许多人的心目中成为一个贬义词,似乎只有打破传统、抛弃传统才能发展,许多人陷入了一种对传统的盲目反动状态,这样一种情结在我的成长和接受教育的历程中也经常涌现。当前由于年轻一代普遍对中国传统文化以及儒家思想知之甚少,中国传统的礼乐文化在社会上难觅踪影。有些人的道德观念荡然无存,一味追求物质享受,忽视精神的熏陶;一味追求个人利益,漠视社会利益。这不但导致自然环境不断恶化,甚而导致部分人的人性变质,突破了做"人"的底线。而中国传统的人格教育正是克服当下危机的一剂良药。数十年来,张其昀将传承中华传统文化作为其职志,以人格教育为其教育鹄的。他不但从事学术思想研究,更为重要的是,充分发扬了浙东文化经世致用之精髓,大力推动中华传统文化的实践。对我而言,这项研究就是一次难得的与传统对话、向经典学习的经历,我个人从中获益匪浅。本书写作的过程,就是一个不断学习、不断反思的过程。

本书是"近现代甬籍教育家系列丛书"的一部分,本书的写作得到了多方面人士的大力支持与协助。宁波大学甬籍教育家研究所组织了多次研讨,刘剑虹研究员、贺国庆教授、王存宽教授、沈海驯教授、龚缨晏教授、孙玉丽教授等多位领导和专家都对该书的撰写以及研究的开展提出了诸多宝贵的批评与建议;另外,华东师范大学的黄书光教授、宁波大学的钱茂伟教授以及上海大学的王瑞博士在百忙之中参与了书稿的评阅并且提出了诸多修改建议;甬籍教育家研究所的郑东辉博士、于潇博士以及杨少华老师都为研究的开展以及书稿的出版提供了诸多帮助。在此一并表示由衷的谢意。此外,作为"近现代甬籍教育家研究"课题的一分子,我亦得到了其他诸位研究者的支持与帮助,他们是宁波大学的孙善根研究员、陶志琼教授、仲建维博士、徐晓雄博士、王成如副教授、王浩博士、于潇博士,宁波市教科所的徐鸿钧副研究员,宁波城市职业技术学院的毛庆根教授以及天津工业大学的张健华教授,在此一并表示衷心的谢意。

本研究的开展亦得到了"中国文化大学"的张镜湖董事长的大力支持,他不但盛情邀请我到台湾访问,接受我的访谈,而且还帮助引荐了多位专家,他们分别是:"中国文化大学"史学系的王吉林教授、理学院的刘广英教授、华冈出版部李仕德主任、图书馆吴瑞秀馆长以及两岸事务处的林柏杉处长与毕玉成老师,他们都为研究的开展提供了诸多帮助,为书稿的撰写提出了诸多宝贵的建议;"中国文化大学"图书馆采编组徐瑟芬组长、林扬凯老师帮助我搜寻并传递相关研究资料;原两岸事务处处长李孔智博士以及蔡佩吟老师帮助我联系接洽相关赴台事宜。在此我一并表示诚挚的谢意。

此外,我的研究生孙琴琴、费敏、李鲁鲁、陈亚男等都在文献的收集方面提供了诸多帮助,在此表示感谢。责任编辑吴伟伟老师为本书的出版付出了大量心血,在此深表谢忱。

我们坚定拥护祖国统一,认为台湾是中国不可分割的一部分。在引用相关文献时,有违祖国统一的文字表述,我们在最大程度保持原貌的基础上做了一些处理,以保证论述的理据性。

由于作者水平有限,书中许多地方定会存在不足,还望各位读者批评指正。

张光陆

2015 年 3 月 22 日于宁波大学

图书在版编目(CIP)数据

张其昀教育思想研究 / 张光陆著. —杭州:浙江
大学出版社,2015.6
ISBN 978-7-308-14831-3

Ⅰ.①张… Ⅱ.①张… Ⅲ.①张其昀(1901～1985)
—教育思想—研究 Ⅳ.①G40-092.7

中国版本图书馆 CIP 数据核字(2015)第 149346 号

张其昀教育思想研究

张光陆 著

丛书策划		
责任编辑	吴伟伟 weiweiwu@zju.edu.cn	
出版发行	浙江大学出版社	
	(杭州市天目山路 148 号 邮政编码 310007)	
	(网址:http://www.zjupress.com)	
排 版	浙江时代出版服务有限公司	
印 刷	杭州日报报业集团盛元印务有限公司	
开 本	710mm×1000mm 1/16	
印 张	15.5	
字 数	270 千	
版 印 次	2015 年 6 月第 1 版 2015 年 6 月第 1 次印刷	
书 号	ISBN 978-7-308-14831-3	
定 价	45.00 元	